行业会计实训

张海晓　邹　婷　主编

刘艳蔚　吕秀娥　主审

中国书籍出版社
China Book Press

图书在版编目（CIP）数据

行业会计实训 / 张海晓 , 邹婷主编 . —— 北京 : 中
国书籍出版社 , 2016.3

ISBN 978-7-5068-5460-3

Ⅰ . ①行… Ⅱ . ①张… ②邹… Ⅲ . ①部门经济 – 会
计 – 高等职业教育 – 教材 Ⅳ . ① F235-03

中国版本图书馆 CIP 数据核字（2016）第 048792 号

行业会计实训

张海晓　邹婷　主编

责任编辑	丁　丽	
责任印制	孙马飞　马　芝	
封面设计	管佩霖	
出版发行	中国书籍出版社	
地　　址	北京市丰台区三路居路 97 号（邮编：100073）	
电　　话	（010）52257143（总编室）　　（010）52257153（发行部）	
电子邮箱	eo@chinabp.com.cn	
经　　销	全国新华书店	
印　　刷	青岛新华印刷有限公司	
开　　本	787 毫米 × 1092 毫米　1/16	
字　　数	385 千字	
印　　张	41.25	
版　　次	2016 年 3 月第 1 版　2017 年 2 月第 2 次印刷	
书　　号	ISBN 978-7-5068-5460-3	
定　　价	68.00 元	

本书编委会

主　审　刘艳蔚　吕秀娥

主　编　张海晓　邹　婷

副主编　李新花　王　冰　曲丹丹

编　委　唐荣君　马述珍　迟丹风　王　磊

　　　　刘　鹏　乔雅梅　姚晓刚　吴　楠

　　　　左伟令　丁　鸿　林　军　卢　君

　　　　赵卫卫

前言
preface

根据高等职业教育的教学要求和培养目标，各高职院校不断研究和探索实践性教学的方式方法，许多高职院校把校内会计模拟实训作为实践性教学的重要方式。从会计教学实践来看，高职院校使用的会计模拟实训教材多以制造业为主进行编写的，时间段多以期末为主。为了适应高职综合实训的教学需要，我们组织有着丰富会计实训指导经验的教师和丰富实践经验的会计人员编写了该实训教材，满足高职院校会计相关专业的会计教学需要，目的在于把理论教学与实践教学有机地结合起来，提高学生的实践操作能力，培养学生较强的就业适应能力，同时兼顾高职学生的就业去向，为就业时进入各行业奠定了一个良好的基础。

该教材有三大特点：一是实训内容的综合化。实训内容涉及多个行业企业，分为商品流通业、制造业、粮食流通业、涉外企业、小企业会计实训五大模块，内容系统全面且综合性强，既考虑专业课体系，又能使学生循序渐进地掌握知识，不断提高实践能力；既能照顾每个学生基本功的训练，又能提高学生的综合能力。二是业务时间的全面性。实训模块分别选择了不同的时间段，商品流通业模块为年初，制造业模块为年末，粮食企业模块为年中，实训内容既有年初建账和月报，又有年末结账和年报，同时还考虑了月份之间账簿数据的衔接。三是经济业务实用性。依据国家最新颁布的《企业会计准则》、《小企业会计准则》、《企业会计制度》和财税方面的法规、制度，以实际单位的业务资料为依据，贴近实际，实用性强。

该教材由山东商务职业学院组织编写，刘艳蔚、吕秀娥担任主审，张海晓、邹婷担任主编，李新花、王冰、曲丹丹担任副主编，参编人员有唐荣君、马述珍、迟丹风、王磊、刘鹏、乔雅梅、姚晓刚、吴楠、左伟令、丁鸿、林军（威海港湾建设工程有限公司）、卢君（烟台市粮油储运公司）。

由于编者水平有限，书中难免存在纰漏和不足之处，恳请读者批评指正。

编者
2015年12月

目 录
CONTENTS

实训模块一

商品流通业会计实训

一、实训目的

商品流通业会计综合实训突出了商品购销业务的特点,简化了与制造业重复的经济业务,经济业务发生的时间段与制造业会计综合实训不同。尽管业务核算比较简单,但有其特有的实训目的。

1.通过实训,可以使学生掌握企业年初建立新账的方法。因为在实际工作中,账簿更换是在会计年度末,将本年度旧账更换为下一年度新账。除了对个别财产物资明细账,如固定资产卡片明细账,可以跨年度使用不必每年更换外,总分类账、日记账和大多数明细分类账必须每年更换一次。

2.通过实训,可以使学生系统地掌握商品流通业商品核算的"数量进价金额核算法"和"售价金额核算法",明确两种核算方法的不同。

3.通过实训,可以使学生了解商品流通业会计核算与制造业会计核算的共同点和差异。

二、实训过程和要求

1.建立 2015 年新账。

(1)建立总分类账。开设总分类账户,并将余额过入新账第一行"余额"栏内,在摘要栏内注明"上年结转"字样。总分类账应采用三栏式订本账。

(2)建立库存现金日记账,并将余额过入新账第一行"余额"栏内,在摘要栏内注明"上年结转"字样。库存现金日记账采用三栏式订本账。

(3)建立银行存款日记账,并将余额过入新账第一行"余额"栏内,在摘要栏内注明"上年结转"字样。银行存款日记账采用三栏式订本账。

(4)建立其他明细分类账。在数量进价金额核算法下,库存商品采用"数量金额式"明细账,按品名开设账户,并将期初结存的数量、金额过入第一行"余额"栏中的"数量"、"金额栏"内,在摘要栏内注明"上年结转"字样。在售价金额核算法下,库存商品采用三栏式明细账,按柜组开设明细账户,并将期初结存金额过入第一行"余额"栏内,在摘要栏内注明"上年结转"字样。"应交税费—应交增值税"等明细账,应采用多栏式,并将期初余额过入相应的栏次;其他明细账,如"应收账款"、"短期借款"等,采用三栏式明细账,并将期初余额过入第一行"余额"栏内。

2.对"期初余额"进行试算平衡,试算平衡的内容包括:

(1)总账账户"借方"余额合计=总账账户"贷方"余额合计。

(2)总账账户余额=所属明细账账户余额之和。

(3)总账库存现金账户余额=库存现金日记账余额。

(4)总账银行存款账户余额=银行存款日记账余额。

3.根据审核无误的原始凭证编制记账凭证。

记账凭证可以采用收款凭证、付款凭证和转账凭证三种凭证。因经济业务不多,也可以采用单式记账凭证(借项记账凭证和贷项记账凭证)。

原始凭证有的是从外部或本单位其他部门取得的,有的则需要自制。不论从哪里取得的原始凭证,必须经审核后方可据以编制记账凭证。

原始凭证审核的内容包括：

（1）凭证内容是否真实。

（2）凭证是否合法。

（3）凭证是否合理。

（4）凭证是否完整，包括原始凭证各项基本要素是否齐全，是否有漏项情况，日期是否完整，数字是否清晰，文字是否工整，有关人员签章是否齐全，凭证联次是否正确等。

（5）审核凭证的正确性。

（6）审核凭证是否及时。

4. 根据记账凭证编制科目汇总表（10天汇总一次）。

5. 根据科目汇总表登记总账。

6. 计算账户的本期发生额及余额。库存现金、银行存款日记账；收入、成本、费用明细账需结计本月发生额。应收、应付、财产物资明细账月末只需结计"余额"，总账账户平时只需结计月末余额。

7. 进行月末对账、结账。对账：包括账证核对、账账核对和账实核对，在模拟实训过程中，只需要进行账证核对和账账核对；结账：对只需结计月末余额的账户，只需要在最后一笔经济业务之下通栏划单红线，对需结计本月发生额的账户，需在最后一笔经济业务下面通栏划单红线，结出本月发生额和余额，在摘要栏注明"本月合计"，在下面通栏划单红线。

8. 根据总账和明细账，编制资产负债表、利润表。

9. 进行会计档案整理，将会计凭证与账簿装订成册。

实训结束后，应将1月份的记账凭证连同所附的原始凭证，按照编号顺序装订成册并加具封面，注明模拟企业名称、经济业务的年度、月份和起讫日期，并由装订人员在装订线处签名或盖章；会计报表也要按月装订成册，加具封面。

三、实训企业基本信息

（一）模拟企业概况

企业名称：振兴商贸有限责任公司

注册地址：烟台市福海区江海路68号

联系电话：0535-6950023

法人代表：马振兴

财务主管：韩梅

会计：宋涛

出纳：李鹏

注册资本：人民币120万元

企业类型：有限责任公司

纳税人登记号：370602112276543

企业代码：72288867-4

开户行：中国工商银行烟台市福海区支行

账号：3701123451234

（二）模拟企业营业柜组及人员

部门	负责人	营业员
电视机专柜	曲欢	王敏
电冰箱专柜	杨杰	孙红
洗衣机专柜	王琳	于曼
小家电专柜	张立	李明
手机专柜	王芳	刘丽
食品专柜	李志	王坤

（三）实训说明

1. 振兴商贸有限责任公司主要经营电视机、电冰箱、洗衣机和其他小家电等，分别设电视机专柜、电冰箱专柜、洗衣机专柜、手机专柜、小家电专柜、食品专柜。对电视机、电冰箱、洗衣机商品核算采用"数量进价金额核算法"，对手机、小家电商品、食品专柜采用"售价金额核算法"。采用进价核算的商品，已销商品的成本采用"月终一次加权平均法"计算结转；采用售价核算的商品，销售成本按"含税售价"结转，月终已销商品应分摊的商品进销差价分别按柜组差价率计算结转。

2. 商场为增值税一般纳税人，增值税税率为17%，运费涉及的增值税税率为11%，城建税税率7%，教育费附加税率3%，所得税税率为25%，所得税采用按月支付，年终清算的办法缴纳。

3. 涉及的运费计入销售费用，购入商品的自然损耗计入成本。

四、示范核算

为了方便实习操作，现将商品进价、售价核算示范如下，以供参考。

例如：某种商品进价200元，零售价351元（含税）。

过程	数量进价金额核算	售价金额核算
1. 购进时	购入时 借：在途物资 200 　应交税费—应交增值税（进项税）34 　　贷：银行存款（等）234 商品入库时 借：库存商品 200 　　贷：在途物资 200	购入时同进价核算分 商品入库 借：库存商品 351 　　贷：在途物资 200 　　　商品进销差价 151
2. 销售时	借：银行存款（等）351 　　贷：主营业务收入 300 　　应交税费—应交增值税(销项)51	借：银行存款（等）351 　　贷：主营业务收入 351
3. 结转成本	借：主营业务成本 200 　　贷：库存商品 200	借：主营业务成本 351 　　贷：库存商品 351

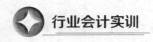

4. 结转差价时		借：商品进销差价 151 贷：主营业务成本 151
5. 结转销项税时		借：主营业务收入 51 贷：应交税费—应交增值税（销项税） 51
6. 毛利计算	300-200=100（元）	351-51-（351-151）=100（元）

五、实训资料

（一）2015 年年初有关总账、明细账余额

1. 2015 年年初总账及有关明细账余额

资产类	余额（借方）	有关明细账户	负债权益类	余额（贷方）	有关明细账户
库存现金	3,800.00		短期借款	602,802.64	
银行存款	1,300,860.00		应付账款	75,120.00	中兴
应收账款	122,000.00	滨海酒店	预收账款	120,000.00	三元公司
预付账款	36,000.00	佳隆公司	应付职工薪酬	65,615.00	
	24,000.00	东方财产保险公司	应交税费	-2,156.00	增值税进项税
库存商品	1,817,090.00			171,387.36	应交所得税
商品进销差价	-401,950.00		实收资本	1,200,000.00	
存货跌价准备	-1,700.00		盈余公积	360,000.00	
周转材料	14,576.00		利润分配	852,067.00	未分配利润
固定资产	830,160.00				
累计折旧	-300,000.00				
合计	3,444,836.00		合计	3,444,836.00	

2. 库存商品（大型家电）明细账余额

品名	单位	数量	单价	金额
电视机	台	30	2,150.00	64,500.00
电冰箱	台	70	3,215.00	225,050.00
洗衣机	台	25	2,412.00	60,300.00
合计		125	7,777.00	349,850.00

3. 采用售价法核算的库存商品明细账余额

部门	售价金额	商品进销差价
小家电专柜	74,240.00	19,300.00
手机专柜	1,327,000.00	364,170.00
食品专柜	66,000.00	18,480.00
合计	1,467,240.00	401,950.00

4. 采用售价法核算的库存商品进销价明细表

柜组名称	品名	单位进价	单位售价	柜组名称	品名	单位进价	单位售价
手机专柜	蓝新手机	581.00	780.00	食品专柜	康师傅方便面	35.00	45.00
	飞亚手机	600.00	800.00		龙大花生油	200.00	260.00
	凯帝手机	1,000.00	1,200.00		红枣	14.00	19.60
	摩迪手机	1,050.00	1,350.00		核桃	30.00	39.00
小家电专柜	电饭锅	256.00	300.00				
	电磁炉	267.00	356.00				
	电熨斗	158.00	212.00				

（二）模拟企业 2015 年 1 月份经济业务的原始凭证

1-1

山东省商品销售统一发票

发票代码：137060722561

发票号码：34244501

客户名称及地址：烟台市牟平区关海路 78 号　许君　　　　2015 年 01 月 01 日　　填制

品　名	规格	单位	数量	单价	金额									备注
					百	十	万	千	百	十	元	角	分	
彩虹电视机	29 吋	台	1	4,095.00				4	0	9	5	0	0	
合计人民币	（大写）肆仟零玖拾伍元整				￥	4	0	9	5	0	0			

填票人：张虹　　　　　　　　收款人：李鹏　　　　　　　单位名称（盖章）：

第三联：记账联

1-2

山东省商品销售统一发票

发票代码：137060722561

发票号码：34244502

客户名称及地址：烟台市兴福路 58 号　李朋　　　　　2015 年 01 月 01 日　　填制

品　名	规格	单位	数量	单价	金额									备注
					百	十	万	千	百	十	元	角	分	
彩虹电视机	29 吋	台	1	4,095.00				4	0	9	5	0	0	
合计人民币	（大写）肆仟零玖拾伍元整				￥	4	0	9	5	0	0			

填票人：张虹　　　　　　　　收款人：李鹏　　　　　　　单位名称（盖章）：

第三联：记账联

1–3

振兴商贸有限责任公司
商品销售结报单

2015 年 01 月 01 日　　　　　　　　　　　　　　　　编号：0101

购货单位：个人　　　　　　　　　　　　　　　销货柜组：电视机专柜

商品编号	品名	规格	单位	数量	单价	金额
	彩虹电视机	29 吋	台	2	4,095.00	8,190.00
合计				2		¥8,190.00
大写金额：人民币捌仟壹佰玖拾元整						

业务主管：曲欢　　　　　　　　　　　　　营业员：王敏

1–4

中国工商银行现金交款单（回单）①

2015 年 01 月 01 日　　　　　　　　　　　№·0001245

收款单位	全称	振兴商贸有限责任公司						款项来源	销货款							
	账号	3701123451234						交款部门	电视机柜台							
金额（大写）	人民币捌仟壹佰玖拾元整							百	十	万	千	百	十	元	角	分
										¥	8	1	9	0	0	0

券别	张数	十	万	千	百	十	元	券别	张数	千	百	十	元	角	分	上列款项已如数收妥入账
一百元	81			8	1	0	0	一元								
五十元	1					5	0	五角								中国工商银行（收款银行盖章）烟台市福海支行 2015.01.01
十元	4					4	0	二角								复核：　经办：
五元								一角								年　月　日
二元								分币								收讫 （1）

第一联　由银行盖章后退回单位

2-1（共 64 张）

山东省商品销售统一发票

记 账 联

发票代码：137060722561

发票号码：34244503

客户名称及地址：烟台市福山区福海路 128 号　孙莉　　　　2015 年 01 月 04 日　　　　填制

品　名	规格	单位	数量	单价	金额									备注
					百	十	万	千	百	十	元	角	分	
电饭锅		个	1	300.00				3	0	0	0	0		
合计 人民币	（大写）叁佰元整							¥	3	0	0	0	0	

填票人：张虹　　　　　收款人：李鹏　　　　　单位名称（盖章）：

第三联：记账联

2-2（共 85 张）

山东省商品销售统一发票

记 账 联

发票代码：137060722561

发票号码：34244567

客户名称及地址：烟台市牟平区青年路 88 号　苏婷　　　　2015 年 01 月 04 日　　　　填制

品　名	规格	单位	数量	单价	金额									备注
					百	十	万	千	百	十	元	角	分	
电磁炉		个	1	356.00				3	5	6	0	0		
合计人民币	（大写）人民币叁佰伍拾陆元整							¥	3	5	6	0	0	

填票人：张虹　　　　　收款人：李鹏　　　　　单位名称（盖章）：

第三联：记账联

2-3（共 94 张）

山东省商品销售统一发票

記　账　联

发票代码：137060722561

发票号码：34244652

客户名称及地址：烟台市牟平区学院路 36 号　宋英　　　　2015 年 01 月 04 日　　　填制

品　名	规格	单位	数量	单价	金额									备注
					百	十	万	千	百	十	元	角	分	
电熨斗		个	1	212.00				2	1	2	0	0		
合计人民币　（大写）贰佰壹拾贰元整								¥	2	1	2	0	0	

填票人：张虹　　　　　　　收款人：李鹏

2-4

振兴商贸有限责任公司
商品销售结报单

2015 年 01 月 04 日　　　　　　　　　　　编号：0102

购货单位：个人　　　　　　　　　　　　　　销货柜组：小家电柜

商品编号	品名	规格	单位	数量	单价	金额
	电饭锅		个	64	300.00	19,200.00
	电磁炉		个	85	356.00	30,260.00
	电熨斗		个	94	212.00	19,928.00
合计						¥69,388.00

大写金额：人民币陆万玖仟叁佰捌拾捌元整

业务主管：张立　　　　　　　　　　营业员：李明

2–5

中国工商银行现金交款单（回单）①

2015 年 01 月 04 日 №.0001246

<table>
<tr><td rowspan="2">收款
单位</td><td>全称</td><td colspan="5">振兴商贸有限责任公司</td><td>款项来源</td><td colspan="9">销货款</td><td rowspan="11">第
一
联
由
银
行
盖
章
后
退
回
单
位</td></tr>
<tr><td>账号</td><td colspan="5">3701123451234</td><td>交款部门</td><td colspan="9">小家电柜台</td></tr>
<tr><td>金额
（大写）</td><td colspan="6">人民币陆万玖仟叁佰捌拾捌元整</td><td>百</td><td>十</td><td>万</td><td>千</td><td>百</td><td>十</td><td>元</td><td>角</td><td>分</td></tr>
<tr><td colspan="7"></td><td colspan="2">¥</td><td>6</td><td>9</td><td>3</td><td>8</td><td>8</td><td>0</td><td>0</td></tr>
<tr><td>券别</td><td>张数</td><td>十</td><td>万</td><td>千</td><td>百</td><td>十</td><td>元</td><td>券别</td><td>张数</td><td>千</td><td>百</td><td>十</td><td>元</td><td>角</td><td>分</td></tr>
<tr><td>一百元</td><td>693</td><td></td><td>6</td><td>9</td><td>3</td><td>0</td><td>0</td><td>一元</td><td>1</td><td></td><td></td><td></td><td>1</td><td>0</td><td>0</td></tr>
<tr><td>五十元</td><td>1</td><td></td><td></td><td></td><td>5</td><td>0</td><td></td><td>五角</td><td></td><td></td><td></td><td></td><td></td><td></td><td></td></tr>
<tr><td>十元</td><td>3</td><td></td><td></td><td></td><td>3</td><td>0</td><td></td><td>二角</td><td></td><td></td><td></td><td></td><td></td><td></td><td></td></tr>
<tr><td>五元</td><td>1</td><td></td><td></td><td></td><td></td><td>5</td><td></td><td>一角</td><td></td><td></td><td></td><td></td><td></td><td></td><td></td></tr>
<tr><td>二元</td><td>1</td><td></td><td></td><td></td><td></td><td>2</td><td></td><td>分币</td><td></td><td></td><td></td><td></td><td></td><td></td><td></td></tr>
</table>

上列款项已如数收妥入账

中国工商银行
（收款银行盖章）
烟台市福海支行
复核： 经办：
2015.01.04
年 月 日
收讫
（1）

3

中 华 人 民 共 和 国

税收电子转账专用完税证 （20151）鲁国电 国

484889

填发日期：2015 年 01 月 05 日

<table>
<tr><td>税务登记代码</td><td>370602112276543</td><td>征收机关</td><td>福海区国税一管理二科</td></tr>
<tr><td>纳税人全称</td><td>振兴商贸有限责任公司</td><td>收款银行（邮局）</td><td>工商银行福海支行</td></tr>
<tr><td>税（费）种</td><td colspan="2">税款所属时期</td><td>实缴金额</td></tr>
<tr><td>企业所得税</td><td colspan="2">2014 年 12 月 01 日至 2014 年 12 月 31 日</td><td>171,387.36</td></tr>
<tr><td>金额合计</td><td colspan="3">（大写）人民币壹拾柒万壹仟叁佰捌拾柒元叁角陆分</td></tr>
<tr><td>税务机关
（盖章）
征税专用章</td><td>收款银行
（邮局）
（盖章）</td><td>中国工商银行
烟台市福海支行
2015.01.05
付讫
（1）</td><td>经手人
（签章）
刘阳 备注</td></tr>
</table>

电脑打印 手工无效

4-1

增值税专用发票

3702151265　　　　　　　　　　　　　　　　　　　　　　　No.05779588

开票日期：2015 年 01 月 06 日

购货单位	名　　　称：振兴商贸有限责任公司 纳税人识别号：370602112276543 地 址、电话：烟台市福海区江海路 68 号 0535-6950023 开户行及账号：中国工商银行烟台市福海区支行 3701123451234				密码区	5<-/566<273>21/0990// >/59220556+4/75>+980 -7->0008+8//525889<0 *1>28*036+55-170>>0-	加密版本： 01 3702151265 05779588

货物或应税劳务、服务名称	规格型号	单位	数量	单价	金额	税率	税额
康师傅方便面		箱	500	35.00	17500.00	17%	2975.00
龙大花生油		箱	100	200.00	20000.00	17%	3400.00
合　　计					¥ 37500.00		¥ 6375.00

价税合计(大写)	人民币肆万叁仟捌佰柒拾伍元整　　（小写)¥ 43875.00	
销货单位	名　　　称：青岛食品公司 纳税人识别号：370202161215688 地 址、电话：青岛科技产业园 0532-86087156 开户行及账号：青岛市农行延安路支行 82060087589	备注

收款人：李乐　　　　复核人：王坤　　　　开票人：朱科　　　　销货单位：(章)

第三联：发票联　购买方记账凭证

4-2

增值税专用发票

3702151265　　　　　　　　　　　　　　　　　　　　　　　No.05779588

开票日期：2015 年 01 月 06 日

购货单位	名　　　称：振兴商贸有限责任公司 纳税人识别号：370602112276543 地 址、电话：烟台市福海区江海路 68 号 0535-6950023 开户行及账号：中国工商银行烟台市福海区支行 3701123451234				密码区	5<-/566<273>21/0990// >/59220556+4/75>+980 -7->0008+8//525889<0 *1>28*036+55-170>>0-	加密版本： 01 3702151265 05779588

货物或应税劳务、服务名称	规格型号	单位	数量	单价	金额	税率	税额
康师傅方便面		箱	500	35.00	17500.00	17%	2975.00
龙大花生油		箱	100	200.00	20000.00	17%	3400.00
合　　计					¥ 37500.00		¥ 6375.00

价税合计(大写)	人民币肆万叁仟捌佰柒拾伍元整　　（小写)¥ 43875.00	
销货单位	名　　　称：青岛食品公司 纳税人识别号：370202161215688 地 址、电话：青岛科技产业园 0532-86087156 开户行及账号：青岛市农行延安路支行 82060087589	备注

收款人：李乐　　　　复核人：王坤　　　　开票人：朱科　　　　销货单位：(章)

第二联：抵扣联　购买方扣税凭证

19

5-3

振兴商贸有限责任公司
收货单

2015 年 01 月 06 日 　　　　　　　　　　　　　　　编号：010101

供货单位：宏远电视机有限公司 　　　　　　　　　　收货部门：电视机专柜

商品编号	品名	规格	单位	应收数量	实收数量	单价	金额
	电视机	29 吋	台	400	400	2,100.00	840,000.00
合计				400	400		¥840,000.00

业务主管：曲欢 　　　　　　　收货人：王敏 　　　　　　　业务员：赵军

5-4

宏远电视机有限公司
发货单

2015 年 01 月 06 日 　　　　　　　　　　　　　　　编号：001336

购货单位：振兴商贸有限责任公司 　　　　　　　　　　收货地址：烟台福海区江海路 68 号

商品编号	品名	规格	单位	数量	单价	金额
	电视机	29 吋	台	400	2,100.00	840,000.00
合计				400		¥840,000.00
大写金额：人民币捌拾肆万元整						
结算方式：支票结算方式			合同号：NO.060115			
发货单位：宏远电视机有限公司						

财务经理：张辉 　　　业务人员：张娇 　　　业务主管：姚茜 　　　仓库经手人：郭诚

5–5

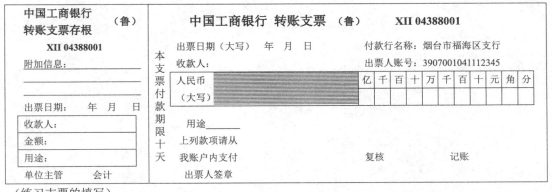

（练习支票的填写）

中国工商银行

转账支票存根　　　　　　（鲁）

XII 04388001

附加信息：＿＿＿＿＿＿＿＿＿＿＿＿＿

＿＿＿＿＿＿＿＿＿＿＿＿＿＿＿＿＿＿＿

出票日期：2015 年 01 月 06 日

收款人：	宏远
金额：	¥982,800.00
用途：	支付货款

单位主管　　　会计

6

借　款　借　据

2015 年 01 月 07 日

部门名称	采购部	借款人		王伟					
借款用途	去深圳出差差旅费								
借款金额（大写）	人民币壹仟伍佰元整		万	千	百	十	元	角	分
			¥ 1	5	0	0	0	0	
部门负责人	王坤	主管领导	现金付讫 牟新						
财务处		陈红							

7-1（共 18 张）

山东省商品销售统一发票
记　账　联

发票代码：137060722561

发票号码：34244746

客户名称及地址：烟台市苔山路 35 号　余敏　　　　　　2015 年 01 月 07 日　　填制

品　名	规格	单位	数量	单价	金额									备注
					百	十	万	千	百	十	元	角	分	
蓝新手机		个	1	780.00				7	8	0	0	0		
合计人民币	（大写）柒佰捌拾元整					¥	7	8	0	0	0			

填票人：张虹　　　　　　　　收款人：李鹏　　　　　　　　单位名称（盖章）：

第三联：记账联

7-2（共 300 张）

山东省商品销售统一发票
记　账　联

发票代码：137060722561

发票号码：34244764

客户名称及地址：烟台市泰州路 65 号　张蒙　　　　　　2015 年 01 月 07 日　　填制

品　名	规格	单位	数量	单价	金额									备注
					百	十	万	千	百	十	元	角	分	
飞亚手机		个	1	800.00				8	0	0	0	0		
合计人民币	（大写）捌佰元整					¥	8	0	0					

填票人：张虹　　　　　　　　收款人：李鹏　　　　　　　　单位名称（盖章）：

第三联：记账联

7-3（共8张）

山东省商品销售统一发票

发票代码：137060722561

发票号码：34245064

客户名称及地址：烟台市香山路25号　张禄　　　　　2015 年 01 月 07 日　　　填制

品　名	规格	单位	数量	单价	金额										备注
					百	十	万	千	百	十	元	角	分	
凯帝手机		个	1	1,200.00				1	2	0	0	0	0	
合计 人民币	（大写）　壹仟贰佰元整						￥	1	2	0	0	0	0	

填票人：张虹　　　　　　收款人：李鹏　　　　　　　　　单位发票专用章：

7-4

振兴商贸有限责任公司
商 品 销 售 结 报 单

2015 年 01 月 07 日　　　　　　　　　　　编号：0103

购货单位：　个人　　　　　　　　　　销货柜组：手机专柜

商品编号	品名	规格	单位	数量	单价	金额
	蓝新手机		个	18	780.00	14,040.00
	飞亚手机		个	300	800.00	240,000.00
	凯帝手机		个	8	1,200.00	9,600.00
合计				326		￥263,640.00

大写金额：人民币贰拾陆万叁仟陆佰肆拾元整

业务主管：王芳　　　　　　　营业员：刘丽

7-5

中国工商银行现金交款单（回单）①

2015 年 01 月 07 日 №.0001245

收款单位	全称	振兴商贸有限责任公司						款项来源			销货款						
	账号	370112351234						交款部门			手机专柜						
金额（大写）	人民币贰拾陆万叁仟陆佰肆拾元整								百	十	万	千	百	十	元	角	分
									¥	2	6	3	6	4	0	0	0
券别	张数	十	万	千	百	十	元	券别	张数	千	百	十	元	角	分	上列款项已如数收妥入账	
一百元	2636	2	6	3	6	0	0	一元									
五十元								五角									
十元	4					4	0	二角									
五元								一角									
二元								分币									

中国工商银行
（收款银行盖章）
烟台市福海支行
复核　　　经办：
2015.01.07
收讫
年　月　日
（1）

第一联 由银行盖章后退回单位

8

中国工商银行 托收凭证（收账通知） 4

委托日期：2015 年 01 月 08 日 第 00742974 号

业务类型		委托收款（□邮划、☑电划）					托收承付（□邮划、□电划）						
付款人	全称	威海市滨海酒店		收款人	全称	振兴商贸有限责任公司							
	账号或地址	3701123457685			账号或地址	3701123451234							
	开户银行	农行华光路分理处			开户银行	中国工商银行烟台市福海支行							
金额	人民币壹拾贰万贰仟元整（大写）			千	百	十	万	千	百	十	元	角	分
					¥	1	2	2	0	0	0	0	0
款项内容		货款		附寄单证张数									
商品发运情况				合同名称号码									
备注：		上列款项已划回收入你方账户内。											

中国工商银行
烟台市福海支行
2015.01.08
收讫
收款人开户银行签章
（1）
复核　　记账　　　　　　　年　　　月　　　日

此联收款人开户银行作收款通知

9-1（共42张）

山东省商品销售统一发票

发票代码：137060722561

发票号码：34245072

客户名称及地址：烟台市花园路　丁妍　　　　　　　　2015 年 01 月 09 日　　　填制

品　名	规格	单位	数量	单价	金额									备注
					百	十	万	千	百	十	元	角	分	
电冰箱		台	1	4,864.00				4	8	6	4	0	0	
合计 人民币	（大写）肆仟捌佰陆拾肆元整					¥	4	8	6	4	0	0		

填票人：张虹　　　　　　　　收款人：李鹏　　　　　　　单位名称（盖章）：发票专用章

370602112276543

9-2

振兴商贸有限责任公司
商品销售结报单

2015 年 01 月 09 日　　　　　　　　　　　　　　编号：0104

购货单位：个人　　　　　　　　　　　　销货柜组：电冰箱专柜

商品编号	品名	规格	单位	数量	单价	金额
	电冰箱		台	42	4,864.00	204,288.00
合计				42		¥204,288.00

大写金额：人民币贰拾万肆仟贰佰捌拾捌元整

业务主管：杨杰　　　　　　　　　　　营业员：孙红

9-3

中国工商银行现金交款单（回单）①

2015 年 01 月 09 日 №0001245

收款单位	全称	振兴商贸有限责任公司						款项来源	销货款								
	账号	370112351234						交款部门	电冰箱柜台								
金额（大写）		人民币贰拾万肆仟贰佰捌拾捌元整								百	十万	千	百	十	元	角	分
										¥ 2	0	4	2	8	8	0	0
券别	张数	十	万	千	百	十	元	券别	张数	千	百	十	元	角	分		上列款项已如数收妥入账
一百元	2042	2	0	4	2	0	0	一元	1				1	0	0		中国工商银行
五十元	1					5	0	五角									（收款银行盖章）
十元	3					3	0	二角									烟台市福海支行
五元	1						5	一角									复核 经办：2015.01.09
二元	1						2	分币									收讫 年 月 日 （1）

10-1

增值税专用发票

3702151130							No.05500123

国家税务总局监制 记账联

开票日期：2015 年 01 月 10 日

购货单位	名　　称：三源商贸有限公司 纳税人识别号：370202116896789 地址、电话：威海黄海路 25 号 0631-5879432 开户行及账号：中行沧州路支行 3702666660051				密码区	5<-/566<273>21/0990// >/59220556+4/75>+980 -7->0008+8//525889<0 *1>28*036+55-170>>0-	加密版本：01 3702151130 05500123
货物或应税劳务、服务名称	规格型号	单位	数量	单价	金额	税率	税额
电视机	29 吋	台	380	3200.00	1216000.00	17%	206720.00
合　　计					¥ 1216000.00		¥ 206720.00
价税合计(大写)	人民币壹佰肆拾贰万贰仟柒佰贰拾元整				（小写)¥ 1422720.00		
销货单位	名　　称：振兴商贸有限责任公司 纳税人识别号：370602112276543 地址、电话：烟台福海区江海路 68 号 0535-6950023 开户行及账号：工行烟台市福海支行 3701123451234				备注	振兴商贸有限责任公司 370602112276543 发票专用章	

收款人：李鹏　　复核人：韩秀　　开票人：张虹　　销货单位：(章)

10-2

| 中国工商银行
转账支票存根　（鲁）
XII 04388002

附加信息：_____
_____

出票日期：　年　月　日
收款人：
金额：￥
用途：
单位主管　　会计 | 本支票付款期限十天 | 中国工商银行　转账支票　（鲁）　　XII 04388002

出票日期（大写）　年　月　日　　　付款行名称：烟台市福海区支行
收款人：　　　　　　　　　　　　出票人账号：3907001041112345 |

		亿	千	百	十	万	千	百	十	元	角	分
人民币 （大写）												

用途_____

上列款项请从

我账户内支付　　　　　　　　　复核　　　　　记账

出票人签章

中国工商银行　　　　　　　（鲁）
转账支票存根

　　XII 04388002

附加信息：_____
_____

出票日期：2015 年 01 月 10 日

收款人：天马运输公司

金额：￥4,440.00

用途：支付运费

单位主管　　　会计

10-3

货物运输业增值税专用发票

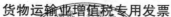

3706151178

国家税务总局监制
抵扣联

No.05500243

开票日期：2015 年 01 月 10 日

承运人及纳税人识别号	烟台运输公司 370602116886732		密码区	>/59220556+4/75 >+980/ >/59220556+4/75 >/59220556+4/75 >+980/ >/59220556+4/75 >/59220556+4/75 >+980/ >/59220556+4/75 >/59220556+4/75 >+980/ >/59220556+4/75	
实际受票方及纳税人识别号	三源商贸有限公司 370202116896789				
收货人及纳税人识别号	三源商贸有限公司 370202116896789	发货人及纳税人识别号		振兴商贸有限责任公司 370602112276543	
起运地、经由、到达地	烟台　威海				
费用项目及金额	费用项目　　金额 运费　　　4000.00	费用项目　　金额	运输货物信息		
合计金额	￥4000.00	税率 11% 税额 ￥440.00	机器编号	589874625443	
价税合计（大写）	人民币肆仟肆佰肆拾元整	（小写）￥4440.00			
车种车号	F17653	车船吨位 6	备注	烟台运输公司 370602116886732 发票专用章	
主管税务机关及代码	烟台国家税务局福海区税务支行 1620108				

收款人：王丽　　　复核人：朱伟　　　开票人：张希　　　承运人：（章）

第二联　抵扣联　受票方扣税凭证

10-4

货物运输业增值税专用发票

3706151178

国家税务总局监制
发票联

No.05500243

开票日期：2015 年 01 月 10 日

承运人及纳税人识别号	烟台运输公司 370602116886732		密码区	>/59220556+4/75 >+980/ >/59220556+4/75 >/59220556+4/75 >+980/ >/59220556+4/75 >/59220556+4/75 >+980/ >/59220556+4/75 >/59220556+4/75 >+980/ >/59220556+4/75	
实际受票方及纳税人识别号	三源商贸有限公司 370202116896789				
收货人及纳税人识别号	三源商贸有限公司 370202116896789	发货人及纳税人识别号		振兴商贸有限责任公司 370602112276543	
起运地、经由、到达地	烟台　威海				
费用项目及金额	费用项目　　金额 运费　　　4000.00	费用项目　　金额	运输货物信息		
合计金额	￥4000.00	税率 11% 税额 ￥440.00	机器编号	589874625443	
价税合计（大写）	人民币肆仟肆佰肆拾元整	（小写）￥4440.00			
车种车号	F17653	车船吨位 6	备注	烟台运输公司 370602116886732 发票专用章	
主管税务机关及代码	烟台国家税务局福海区税务支行 1620108				

收款人：王丽　　　复核人：朱伟　　　开票人：张希　　　承运人：（章）

第三联　发票联　受票方付款凭证

10-5

振兴商贸有限责任公司
垫付费用报账凭证

委托单位：三源商贸有限公司　　　　　　　　　　2015 年 01 月 10 日

摘　要	费用项目	金　额						备注
		仟	佰	拾	元	角	分	
代垫运杂费	铁(公)路运输费	4	4	4	0	0	0	
								存款垫付
合计金额	¥4440.00							
	人民币（大写）肆仟肆佰肆拾元整							

复核：韩梅　　　　　　　　　　　　　　　　经手人：李丹

10-6

振兴商贸有限责任公司
发货单

2015 年 01 月 10 日　　　　　　　　　　　　　　编号：020101

购货单位：三源商贸有限公司　　　　　　　　收货地址：威海市黄海路 25 号

商品编号	品名	规格	单位	数量	单价	金额
	电视机	29 吋	台	380	3,200.00	1,216,000.00
合计	大写金额：人民币壹佰贰拾壹万陆仟元整					¥1,216,000.00
结算方式：托收承付结算方式			合同号：NO.00101			
销货柜组：电视机专柜						

财务经理：韩梅　　　　　　业务主管：曲欢　　　　　　营业员：王敏

10-7

中国工商银行 托收凭证（受理回单）

1

委托日期：2015 年 01 月 10 日

业务类型		委托收款（□邮划、☑电划）		托收承付（□邮划、□电划）									
付款人	全　称	三源商贸有限公司	收款人	全　称	振兴商贸有限责任公司								
	账号或地址	3702666660051		账号或地址	3701123451234								
	开户银行	中行沧州路支行		开户银行	工行烟台市福海支行								
金额	人民币壹佰肆拾贰万柒仟壹佰陆拾元整（大写）			千	百	十	万	千	百	十	元	角	分
				¥ 1	4	2	7	1	6	0	0	0	
款项内容		购货款	附寄单证张数		2								
商品发运情况		已发货	合同名称号码										
备注：		款项收妥日期		中国工商银行 收款人开户银行签章 烟台市福海支行 2015.01.10 收讫 （1）									
复核　　记账			年　月　日	年　月　日									

11-1

中国工商银行　　　　　　　　　（鲁）

转账支票存根

XII 04388002

附加信息：＿＿＿＿＿＿＿＿

＿＿＿＿＿＿＿＿＿＿＿＿＿＿

出票日期：2015 年 01 月 10 日

收款人：振兴商贸

金额：¥65,615.00

用途：工资款

单位主管　　　会计

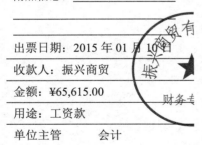

11-2

12 月份工资结算汇总表

车间部门	基本工资	岗位工资	绩效奖	加班费	津贴、补贴		应扣工资		应付工资	代扣款项				实发工资
					夜班补贴	物价补贴	病假	事假		医疗保险2%	养老8% 失业保险0.5%	住房公积金8%	个人所得税	
商品经营部	50000	1200	1800			3000	100		55900	1000	4250	4000	150	46500
行政管理部	20000	840	560	100		1600		200	22900	400	1700	1600	85	19115
合计	70000	2040	2360	100		4600	100	200	78800	1400	5950	5600	235	65615

12-1（共 380 张）

山东省商品销售统一发票

记 账 联

发票代码：137060722561

发票号码：34245114

客户名称及地址：烟台市兴富路 35 号　郭芳　　　　　2015 年 01 月 11 日　　填制

品　名	规格	单位	数量	单价	金额										备注
					百	十	万	千	百	十	元	角	分	
蓝新手机		个	1	780.00				7	8	0	0	0	0	
合计人民币	（大写）柒佰捌拾元整							¥	7	8	0	0	0	0	

填票人：张虹　　　　　　收款人：李鹏　　　　　　单位名称（盖章）：

第三联：记账联

12-2（共 150 张）

山东省商品销售统一发票

记 账 联

发票代码：137060722561

发票号码：34245494

客户名称及地址：烟台市阳光路 65 号　胡征　　　　　2015 年 01 月 11 日　　填制

品　名	规格	单位	数量	单价	金额										备注
					百	十	万	千	百	十	元	角	分	
凯帝手机		个	1	1,200.00				1	2	0	0	0	0	
合计人民币	（大写）壹仟贰佰元整							¥	1	2	0	0	0	0	

填票人：张虹　　　　　　收款人：李鹏　　　　　　单位名称（盖章）：

第三联：记账联

12–3（共70张）

山东省商品销售统一发票

记账联

发票代码：137060722561

发票号码：34245644

客户名称及地址：烟台市青年路98号　钱惠　　　　　2015年01月11日　　填制

品　名	规格	单位	数量	单价	金额										备注
					百	十	万	千	百	十	元	角	分	
摩迪手机		个	1	1,350.00				1	3	5	0	0	0	
合计 人民币	（大写）壹仟叁佰伍拾元整					￥	1	3	5	0	0	0		

填票人：张虹　　　　　　　　收款人：李鹏　　　　　单位名称（盖章）：

第三联：记账联

12–4

振兴商贸有限责任公司
商品销售结报单

2015年01月11日　　　　　　　　　　编号：0105

购货单位：个人　　　　　　　　　　　　销货柜组：手机专柜

商品编号	品名	规格	单位	数量	单价	金额
	蓝新手机		个	380	780.00	296,400.00
	凯帝手机		个	150	1,200.00	180,000.00
	摩迪手机		个	70	1,350.00	94,500.00
合计				600		￥570,900.00
大写金额：人民币伍拾柒万零玖佰元整						

业务主管：王芳　　　　　　　　　营业员：刘丽

12—5

中国工商银行现金交款单（回单）①

2015 年 01 月 11 日　　　　　　　　　　№.0001245

收款单位	全称	振兴商贸有限责任公司				款项来源	销货款									
	账号	3701123451234				交款部门	手机专柜									
金额（大写）		人民币伍拾柒万零玖佰元整					百	十	万	千	百	十	元	角	分	
							¥	5	7	0	9	0	0	0	0	

券别	张数	十	万	千	百	十	元	券别	张数	千	百	十	元	角	分	上列款项已如数收妥入账
一百元	5709	5	7	0	9	0	0	一元								中国工商银行（收款银行盖章）烟台市福海支行复核：　经办：2015.01.11 年 月 日 收讫（1）
五十元								五角								
十元								二角								
五元								一角								
二元								分币								

第一联　由银行盖章后退回单位

13

差旅费报销单

2015 年 01 月 12 日

姓　　名	王伟	工作部门	采购部	出差时间	1 月 7—12 日
出差事由	采购	出差地点	深圳	往返天数	6 天
发生费用	交通费	住宿费	伙食补贴	其他	合计
	800.00	400.00	240.00	260.00	1700.00
	现金付讫				
合　　计	（大写）人民币壹仟柒佰元整			¥1700.00	
预借金额	1500.00	报销金额	1700.00	应补金额	200.00

批准人：李鑫　　　　审核人：王悦　　　　部门主管：王坤　　　　出差人：王伟

14-1

增值税专用发票

3706151319　　　　　　　　　　　　　　　　No.05779647

开票日期：2015 年 01 月 13 日

购货单位	名　称：振兴商贸有限责任公司 纳税人识别号：3706021122276543 地　址、电话：烟台市福海区江海路 68 号 0535-6950023 开户行及账号：中国工商银行烟台市福海区支行 3701123451234	密码区	5＜-/566＜273＞21/0990// ＞/59220556+4/75＞+980 -7-＞0008+8//525889＜0 *1＞28*036+55-170＞＞0-	加密版本： 01 3702151319 05779647

货物或应税劳务、服务名称	规格型号	单位	数量	单价	金　额	税率	税　额
广告费					1000.00	6%	60.00
合　　计					￥1000.00		￥60.00

价税合计(大写)	人民币壹仟零陆拾元整	(小写)￥1060.00

销货单位	名　称：天马广告公司 纳税人识别号：370602161215633 地　址、电话：烟台芝罘区辛庄街 22 号 0535-6087243 开户行及账号：中国工商银行烟台市辛庄街支行 3701123451576	备注	天马广告公司 370602161215633 发票专用章

收款人：隋新　　　复核人：贾琳　　　开票人：李乐　　　销货单位：(章)

第三联：发票联　购买方记账凭证

14-2

增值税专用发票

3706151319　　　　　　　　　　　　　　　　No.05779647

开票日期：2015 年 01 月 13 日

购货单位	名　称：振兴商贸有限责任公司 纳税人识别号：3706021122276543 地　址、电话：烟台市福海区江海路 68 号 0535-6950023 开户行及账号：中国工商银行烟台市福海区支行 3701123451234	密码区	5＜-/566＜273＞21/0990// ＞/59220556+4/75＞+980 -7-＞0008+8//525889＜0 *1＞28*036+55-170＞＞0-	加密版本： 01 3702151319 05779647

货物或应税劳务、服务名称	规格型号	单位	数量	单价	金　额	税率	税　额
广告费					1000.00	6%	60.00
合　　计					￥1000.00		￥60.00

价税合计(大写)	人民币壹仟零陆拾元整	(小写)￥1060.00

销货单位	名　称：天马广告公司 纳税人识别号：370602161215633 地　址、电话：烟台芝罘区辛庄街 22 号 0535-6087243 开户行及账号：中国工商银行烟台市辛庄街支行 3701123451576	备注	天马广告公司 370602161215633 发票专用章

收款人：隋新　　　复核人：贾琳　　　开票人：李乐　　　销货单位：(章)

第二联：抵扣联　购买方扣税凭证

14-3

中国工商银行
转账支票存根　　　（鲁）
XII 04388006

附加信息：_____

_____

_____

出票日期：2015 年 01 月 13 日

收款人：天马广告公司

金额：￥1,060.00　　财务专

用途：广告费

单位主管　　会计

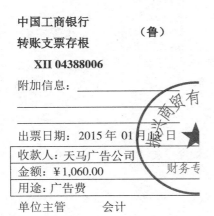

15-1

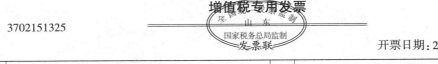

增值税专用发票

3702151325　　　　　　　　　　　　　　　　　　　　　No.05779665

开票日期：2015 年 01 月 13 日

购货单位	名　称：振兴商贸有限责任公司					密码区	5<-/566<273>21/0990//>/59220556+4/75>+980 -7->0008+8//525889<0 *1>28*036+55-170>>0-	加密版本：01 3702151325 05779665
	纳税人识别号：370602112276543							
	地　址、电话：烟台市福海区江海路 68 号 0535-6950023							
	开户行及账号：中国工商银行烟台市福海区支行 3701123451234							

货物或应税劳务、服务名称	规格型号	单位	数量	单价	金　额	税率	税　额
红枣		千克	250	14.00	3500.00	13%	455.00
核桃		千克	150	30.00	4500.00	13%	585.00
合　计					￥8000.00		￥1040.00

价税合计(大写)	人民币玖仟零肆拾元整　　　　（小写)￥9040.00

销货单位	名　称：青岛食品公司	备注
	纳税人识别号：370202161215688	
	地址、电话：青岛科技产业园 0532-86087156	
	开户行及账号：青岛市农行延安路支行 82060087589	

青岛食品公司
370202161215688
发票专用章

收款人：李爽　　　复核人：王坤　　　开票人：王珂　　　销货单位：(章)

第三联：发票联　购买方记账凭证

15-2

增值税专用发票

3702151325

No.05779665

开票日期：2015 年 01 月 13 日

购货单位	名　　称：振兴商贸有限责任公司 纳税人识别号：370602112276543 地址、电话：烟台市福海区江海路 68 号 0535-6950023 开户行及账号：中国工商银行烟台市福海区支行 3701123451234				密码区	5<-/566<273>21/0990// >/59220556+4/75>+980 -7->0008+8//525889<0 *1>28*036+55-170>>0-	加密版本： 01 3702151325 05779665
货物或应税劳务、服务名称	规格型号	单位	数量	单价	金　额	税率	税　额
红枣		千克	250	14.00	3500.00	13%	455.00
核桃		千克	150	30.00	4500.00	13%	585.00
合　　计					¥ 8000.00		¥ 1040.00
价税合计（大写）	人民币玖仟零肆拾元整				（小写）¥ 9040.00		
销货单位	名　　称：青岛食品公司 纳税人识别号：370202161215688 地址、电话：青岛科技产业园 0532-86087156 开户行及账号：青岛市农行延安路支行 82060087589				备注	青岛食品公司 370202161215688 发票专用章	

收款人：李爽　　　复核人：王坤　　　开票人：王珂　　　销货单位：（章）

第二联：抵扣联 购买方扣税凭证

15-3

货物运输业增值税专用发票

3702151344

No.05779532

开票日期：2015 年 01 月 13 日

承运人及纳税人识别号	青岛运输公司 370202321215298					密码区	>/59220556+4/75>+980/ >/59220556+4/ 16-*62665//<53>/5922083*9227<*8>76< 18+81Q8*6>-85>980/ /59220556+4/75 36/*6**<8*/8->>+9823>16-*62665//<535		
实际受票方及纳税人识别号	振兴商货有限责任公司 370602112276543								
收货人及纳税人识别号	振兴商货有限责任公司 370602112276543			发货人及纳税人识别号			青岛食品公司 370202161215688		
起运地、经由、到达地		烟台							
费用项目及金额	费用项目 运费	金额 600.00		费用项目	金额		运输货物信息	红枣　核桃	
合计金额	¥600.00		税率	11%	税额	¥ 66.00	机器编号	589875624574	
价税合计（大写）	人民币陆佰陆拾陆元整					（小写）¥ 666.00			
车种车号	鲁 B18581			车船吨位	5		备注	青岛运输公司 370202321215298 发票专用章	
主管税务机关及代码	青岛国家税务局经济开发区税务支行 137028502								

收款人：朱文卿　　　复核人：林静　　　开票人：王坤　　　承运人：（章）

第三联 发票联 受票方付款凭证

15–4

货物运输业增值税专用发票

3702151344  No.05779532

开票日期：2015 年 01 月 13 日

承运人及纳税人识别号	青岛运输公司 370202321215298		密码区	>/59220556+4/75 >+980/ >/59220556+4/ 16-*62665// < 53 >5922083*9227<*8>76 < 18+81Q8*6>-85 >980/ >/59220556+4/75 36/*6**<8*/8->>+9823 >16-*62665//<535
实际受票方及纳税人识别号	振兴商货有限责任公司 370602112276543			
收货人及纳税人识别号	振兴商货有限责任公司 370602112276543	发货人及纳税人识别号	青岛食品公司 370202161215688	
起运地、经由、到达地	烟台			

费用项目及金额	费用项目 运费	金额 600.00	费用项目	金额	运输货物信息	红枣　核桃

合计金额	¥600.00	税率	11%	税额	¥66.00	机器编号	589875624574
价税合计（大写）	人民币陆佰陆拾陆元整				（小写）¥666.00		
车种车号	鲁 B18581		车船吨位	5	备注		
主管税务机关及代码	青岛国家税务局经济开发区税务支行 137028502						

收款人：朱文卿　　复核人：林静　　开票人：王坤　　承运人：（章）发票专用章

第二联　抵扣联　购买方扣税凭证

16–1

增值税专用发票

3702151143 No.05500625

开票日期：2015 年 01 月 14 日

购货单位	名　称：振兴商贸有限责任公司		密码区	5<-/566<273>21/0990// >/59220556+4/75 >+980 -7->0008+8//525889<0 *1>28*036+55-170>>0-	加密版本： 01 3702151143 05500625
	纳税人识别号：370602112276543				
	地址、电话：烟台市福海区江海路 68 号 0535-6950023				
	开户行及账号：中国工商银行烟台市福海区支行 3701123451234				

货物或应税劳务、服务名称	规格型号	单位	数量	单价	金　额	税率	税　额
电饭锅		个	200	256.00	51200.00	17%	8704.00
电磁炉		个	150	267.00	40050.00	17%	6808.50
电熨斗		个	400	158.00	63200.00	17%	10744.00
合　计					¥154450.00		¥26256.50

价税合计（大写）	人民币壹拾捌万零柒佰零陆元伍角整		（小写）¥180706.50

销货单位	名　称：新星家电有限公司	备注	
	纳税人识别号：370202118978647		
	地址、电话：青岛科技产业 0532-8088632		
	开户行及账号：建行市南区支行 380302160920006		

收款人：刘强　　复核人：张红　　开票人：孙梦　　销货单位：（章）

第三联：发票联　购买方记账凭证

59

16-2

增值税专用发票

3702151143　　　　　　　　　　　　　　　　　　　　　　No.05500625

开票日期：2015 年 01 月 14 日

购货单位	名　　　称：振兴商贸有限责任公司 纳税人识别号：370602112276543 地　址、电话：烟台市福海区江海路 68 号 0535-6950023 开户行及账号：中国工商银行烟台市福海区支行 3701123451234	密码区	5<-/566<273>21/0990// >/59220556+4/75>+980 -7->0008+8//525889<0 *1>28*036+55-170>>0-	加密版本： 01 3702151143 05500625

货物或应税劳务、服务名称	规格型号	单位	数量	单价	金　额	税率	税　额
电饭锅		个	200	256.00	51200.00	17%	8704.00
电磁炉		个	150	267.00	40050.00	17%	6808.50
电熨斗		个	400	158.00	63200.00	17%	10744.00
合　　计					￥154450.00		￥26256.50

价税合计(大写)	人民币壹拾捌万零柒佰零陆元伍角整　　　（小写)￥180706.50

销货单位	名　　　称：新星家电有限公司 纳税人识别号：370202118978647 地　址、电话：青岛科技产业 0532-8088632 开户行及账号：建行市南区支行 380302160920006	备注	新星家电有限公司 3702021189786 47 发票专用章

收款人：刘强　　　　　复核人：张红　　　　　开票人：孙梦　　　　　销货单位：(章)

第二联：抵扣联　购买方扣税凭证

16-3

中国工商银行 托收凭证（付款通知）

委托日期：2015 年 01 月 14 日　　　　　　　第 00840761 号

业务类型		委托收款（□邮划、□电划）	托收承付（□邮划、☑电划）		
付款人	全　　称	振兴商贸有限责任公司	收款人	全　　称	新星家电有限公司
	账号或地址	3701123451234		账号或地址	380302160920006
	开户银行	工商银行烟台市福海支行		开户银行	建行市南区支行

金额	人民币壹拾捌万零柒佰零陆元伍角整 （大写）	千	百	十	万	千	百	十	元	角	分
			￥	1	8	0	7	0	6	5	0

款项内容	购货款	附寄单证张数	2
商品发运情况		合同名称号码	

备注： 付款人开户银行收到日期 　年　月　日 复核　　记账	付款人开户银行签章 中国工商银行烟台市福海支行 到期　2015.01.16　日期 　　　月　日 收到　2015.01.14　日期 委托收款专用章（1）	付款人注意： 1. 根据支付结算办法，上列委托收款（托收承付）款项在付款期限内未提出拒付，即视为同意付款，以此代付款通知。 2. 如需提出全部或部分拒付，应在规定期限内，将拒付理由书并附债务证明退交开户银行。

此联是付款人开户银行给付款人的受理回单

17

银行汇票申请书（存　根）　　① 　NO. 000397

申请日期：2015 年 01 月 15 日

申请人	振兴商贸有限责任公司	收款人	上海彩虹电器有限公司
账号或住址	3701123451234	账号或住址	28603006000374600
用　途	购冰箱、电视款	代理付款行	上海工商银行城东办事处

汇款金额	人民币叁拾伍万元整 （大写）	万	千	百	十	万	千	百	十	元	角	分
				¥	3	5	0	0	0	0	0	0

备注：

中国工商银行
烟台市福海支行
2015.01.15
付讫
（1）

科目＿＿＿＿＿＿＿

对方科目＿＿＿＿＿＿＿

财务主管　　复核　　　经办

此联申请人留存

18-1

增值税专用发票

3100151140　　　　　　　　区　　上海　　监制　　　　　　No.05500126

国家税务总局监制
发票联　　　　　　　开票日期：2015 年 01 月 15 日

购货单位	名　称：振兴商贸有限责任公司 纳税人识别号：370602112276543 地址、电话：烟台市福海区江海路 68 号 0535-6950023 开户行及账号：中国工商银行烟台市福海区支行 3701123451234	密码区	5<-/566<273>21/0990// >/59220556+4/75>+980 -7->0008+8//525889<0 *1>28*036+55-170>>0-	加密版本： 01 3702151140 05500126

货物或应税劳务、服务名称	规格型号	单位	数量	单价	金　额	税率	税　额
电冰箱		台	60	3260.00	195600.00	17%	33252.00
洗衣机		台	50	2350.00	117500.00	17%	19975.00
合　计					¥313100.00		¥53227.00

价税合计(大写)	人民币叁拾陆万陆仟叁佰贰拾柒元整　（小写)¥366327.00

销货单位	名　称：上海彩虹电器有限公司 纳税人识别号：3101156087648356 地址、电话：上海自动化产业园碧波路 56 号 021-5486752 开户行及账号：建行市南区支行 380302160920006	备注	上海彩虹电器有限公司 3101156087648356 发票专用章

收款人：崔燕　　复核人：唐军　　开票人：杨兰　　销货单位：(章)

第三联：发票联　购买方记账凭证

18-2

增值税专用发票

3100151140

No.05500126

开票日期：2015 年 01 月 15 日

| 购货单位 | 名　　称：振兴商贸有限责任公司
纳税人识别号：370602112276543
地址、电话：烟台市福海区江海路 68 号 0535-6950023
开户行及账号：中国工商银行烟台市福海区支行 3701123451234 | | | 密码区 | 5＜-/566＜273＞21/0990//
＞/59220556+4/75＞+980
-7-＞0008+8//525889＜0
*1＞28*036+55-170＞＞0- | 加密版本：
01
3702151140
05500126 | |

货物或应税劳务、服务名称	规格型号	单位	数量	单价	金　额	税率	税　额
电冰箱		台	60	3260.00	195600.00	17%	33252.00
洗衣机		台	50	2350.00	117500.00	17%	19975.00
合　计					￥313100.00		￥53227.00

价税合计(大写)	人民币叁拾陆万陆仟叁佰贰拾柒元整 　　(小写)￥366327.00

销货单位	名　　称：上海彩虹电器有限公司 纳税人识别号：3101156087648356 地址、电话：上海自动化产业园碧波路 56 号 021-5486752 开户行及账号：建行市南区支行 380302160920006	备注	上海彩虹电器有限公司 3101156087648356 发票专用章

收款人：崔燕　　　　复核人：唐军　　　　开票人：杨兰　　　　销货单位：(章)

第二联：抵扣联 购买方扣税凭证

18-3

振兴商贸有限责任公司

收 货 单

2015 年 01 月 17 日

编号：010102

供货单位：上海彩虹电器有限公司　　　　　　　　　　　　　　收货部门：电冰箱专柜

商品编号	品名	规格	单位	应收数量	实收数量	单价	金额
	电冰箱		台	60	60	3,260.00	195,600.00
合计				60	60	3,260.00	￥195,600.00

业务主管：杨杰　　　　　　收货人：孙红　　　　　　业务员：赵军

18-4

振兴商贸有限责任公司
收货单

2015 年 01 月 17 日　　　　　　　　　　　　　　　编号：010103

供货单位：上海彩虹电器有限公司　　　　　　　　　收货部门：洗衣机专柜

商品编号	品名	规格	单位	应收数量	实收数量	单价	金额
	洗衣机		台	50	50	2,350.00	117,500.00
合计				50	50	2,350.00	¥117,500.00

业务主管：王琳　　　　　　　收货人：于曼　　　　　　　业务员：赵军

18-5

上海彩虹电器有限公司
发货单

2015 年 01 月 15 日　　　　　　　　　　　　　　　编号：001351

购货单位：振兴商贸有限责任公司　　　　　　　　收货地址：烟台市福海区江海路 68 号

商品编号	品名	规格	单位	数量	单价	金额
	冰　箱		台	60	3,260.00	195,600.00
	洗衣机		台	50	2,350.00	117,500.00
合计	大写金额：人民币叁拾壹万叁仟壹佰元整					¥313,100.00
结算方式：银行汇票结算方式			合同号：NO.00117			
发货单位：上海彩虹电器有限公司						

财务经理：李月　　　　业务人员：王玉　　　　业务主管：刘一涵　　　　仓库经手人：赵阳

18-6

中国工商银行　　　　　（鲁）
转账支票存根
XII 04388003

附加信息：_____

_____

_____

出票日期：2015 年 01 月　　日

收款人：彩虹公司

金额：¥16,327.00

用途：补货款

单位主管　　　会计

19-1

新星家电有限责任公司
发货单

2015 年 01 月 14 日　　　　　　　　　　　　　编号：01187

购货单位：振兴商贸有限责任公司　　　　　收货地址：烟台市福海区江海路 68 号

商品编号	品名	规格	单位	数量	单价	金额
	电饭锅		个	200	256.00	51,200.00
	电磁炉		个	150	267.00	40,050.00
	电熨斗		个	400	158.00	63,200.00
合计						¥154,450.00

大写金额：人民币壹拾伍万肆仟肆佰伍拾元整

结算方式：托收承付结算方式　　　　　　合同号：NO.00389

发货单位：新星家电有限责任公司

财务经理　杨宁　　　业务主管：王勃　　　业务员：张奇　　　仓库经手人：刘帅

19-2

振兴商贸有限责任公司
收货单

2015 年 01 月 17 日　　　　　　　　　　　　　　　　编号：010104

供货单位：　新星家电有限责任公司　　　　　　　　收货部门：小家电柜

商品编号	品名	规格	单位	应收数量	实收数量	单位进价	进价金额	单位售价	售价金额	商品进销差价
	电饭锅		个	200	200	256.00	51,200.00	300.00	60,000.00	8,800.00
	电磁炉		个	150	150	267.00	40,050.00	356.00	53,400.00	13,350.00
	电熨斗		个	400	399	158.00	63,200.00	212.00	84,588.00	21,388.00
合计							¥154,450.00		¥197,988.00	¥43,538.00

业务主管：张立　　　　　　　　收货人：李明　　　　　　　　业务员：赵军

20

振兴商贸有限责任公司
收货单

2015 年 01 月 18 日　　　　　　　　　　　　　　　　编号：010158

供货单位：　青岛食品公司　　　　　　　　　　　　收货部门：食品专柜

商品编号	品名	规格	单位	应收数量	实收数量	单位进价	进价金额	单位售价	售价金额	商品进销差价
	康师傅方便面		箱	500	500	35.00	17,500.00	45.00	22,500.00	5,000.00
	龙大花生油		箱	100	100	200.00	20,000.00	260.00	26,000.00	6,000.00
合计				600	600		¥37,500.00		¥48,500.00	¥11,000.00

业务主管：曲欢　　　　　　　　收货人：王硕　　　　　　　　业务员：赵军

21-1

增值税专用发票

3702151135

国家税务总局监制
发票联

No.05500712

开票日期：2015 年 01 月 18 日

购货单位	名　　　称：振兴商贸有限责任公司
	纳税人识别号：370602112276543
	地 址、电话：烟台市福海区江海路 68 号 0535-6950023
	开户行及账号：中国工商银行烟台市福海区支行 3701123451234

密码区	5<-/566<273>21/0990// >/59220556+4/75>+980 -7->0008+8//525889<0 *1>28*036+55-170>>0-	加密版本： 01 3702151135 05500712

货物或应税劳务、服务名称	规格型号	单位	数量	单价	金　额	税率	税　额
蓝新手机		个	100	581.00	58100.00	17%	9877.00
摩迪手机		个	120	1050.00	126000.00	17%	21420.00
合　计					￥184100.00		￥31297.00

价税合计（大写）	人民币贰拾壹万伍仟叁佰玖拾柒元整（小写）￥215397.00	
销货单位	名　　　称：中兴有限责任公司 纳税人识别号：370202117676482 地 址、电话：青岛科技园 0532-86076589 开户行及账号：农行延安路支行 82664938932	备注

收款人：李啸　　　复核人：秦丽　　　开票人：赵鸣　　　销货单位：(章)

第三联：发票联 购买方记账凭证

21-2

增值税专用发票

3702151135

国家税务总局监制
抵扣联

No.05500712

开票日期：2015 年 01 月 18 日

购货单位	名　　　称：振兴商贸有限责任公司
	纳税人识别号：370602112276543
	地 址、电话：烟台市福海区江海路 68 号 0535-6950023
	开户行及账号：中国工商银行烟台市福海区支行 3701123451234

密码区	5<-/566<273>21/0990// >/59220556+4/75>+980 -7->0008+8//525889<0 *1>28*036+55-170>>0-	加密版本： 01 3702151135 05500712

货物或应税劳务、服务名称	规格型号	单位	数量	单价	金　额	税率	税　额
蓝新手机		个	100	581.00	58100.00	17%	9877.00
摩迪手机		个	120	1050.00	126000.00	17%	21420.00
合　计					￥184100.00		￥31297.00

价税合计（大写）	人民币贰拾壹万伍仟叁佰玖拾柒元整（小写）￥215397.00	
销货单位	名　　　称：中兴有限责任公司 纳税人识别号：370202117676482 地 址、电话：青岛科技园 0532-86076589 开户行及账号：农行延安路支行 82664938932	备注

收款人：李啸　　　复核人：秦丽　　　开票人：赵鸣　　　销货单位：(章)

第二联：抵扣联 购买方扣税凭证

21-3

振兴商贸有限责任公司
收货单

2015 年 01 月 18 日　　　　　　　　　　　　　　　　编号：010105

供货单位：中兴有限责任公司　　　　　　　　　　　　收货部门：手机专柜

商品编号	品名	规格	单位	应收数量	实收数量	单位进价	进价金额	单位售价	售价金额	商品进销差价
	蓝新手机		个	100	100	581.00	58,100.00	780.00	78,000.00	19,900.00
	摩迪手机		个	120	120	1,050.00	126,000.00	1,350.00	162,000.00	36,000.00
合计							¥184,100.00		¥240,000.00	¥55,900.00

业务主管：王芳　　　　　　　　收货人：刘丽　　　　　　　　业务员：赵军

21-4

中兴有限责任公司
发货单

2015 年 01 月 18 日　　　　　　　　　　　　　　　　编号：0215

购货单位：振兴商贸有限责任公司　　　　　　　　收货地址：烟台市福海区江海路 68 号

商品编号	品名	规格	单位	数量	销售价	金额
	蓝新手机		个	100	581.00	58,100.00
	摩迪手机		个	120	1,050.00	126,000.00
合计	大写金额：壹拾捌万肆仟壹佰元整					¥184,100.00
结算方式：支票结算方式			合同号：NO.12538			
发货单位：中兴有限责任公司						

财务经理：赵大林　　　　　业务主管：张红　　　　　业务员：李军　　　　　仓库经手人：王昊

21-5

中国工商银行
转账支票存根 （鲁）

XII 04388004

附加信息：_____

_____

_____

出票日期：2015 年 01 月 18 日

收款人：中兴

金额：¥184,100.00

用途：支付货款

单位主管　　会计

22-1（共 55 张）

山东省商品销售统一发票

发票代码：137060722561

发票号码：34245714

客户名称及地址：烟台市芝罘区西山花苑 6 号　王丽　　　　2015 年 01 月 19 日　　填制

品 名	规格	单位	数量	单价	金额								备注
					百	十	万	千	百	十	元	角	分	
电冰箱		台	1	4,865.00				4	8	6	5	0	0	
合计 人民币	（大写）肆仟捌佰陆拾伍元整						¥	4	8	6	5	0	0	

填票人：张虹　　　　　　收款人：李鹏　　　　　　　　　单位发票专用章：

第三联：记账联

77

22-2（共 48 张）

山东省商品销售统一发票

记账联

发票代码：137060722561

发票号码：34245769

客户名称及地址：烟台市福山区东湖路 11 号　张明　　　　2015 年 01 月 19 日　　填制

品　名	规格	单位	数量	单价	金额									备注
					百	十	万	千	百	十	元	角	分	
洗衣机		台	1	4,165.00				4	1	6	5	0	0	
合计 人民币	（大写）肆仟壹佰陆拾伍元整					￥	4	1	6	5	0	0		

填票人：张虹　　　　　　收款人：李鹏　　　　　　　　　　单位发票专用章：

第三联：记账联

22-3

振兴商贸有限责任公司
商品销售结报单

2015 年 01 月 19 日

编号：0106

购货单位：　个人　　　　　　　　　　　　　　　　销货柜组：电冰箱专柜

商品编号	品名	规格	单位	数量	单价	金额
	电冰箱		台	55	4,865.00	267,575.00
合计				55		￥267,575.00

大写金额：人民币贰拾陆万柒仟伍佰柒拾伍元整

业务主管：杨杰　　　　　　　　　　　营业员：孙红

22-4

振兴商贸有限责任公司

商品销售结报单

2015 年 01 月 19 日

编号：0107

购货单位：个人　　　　　　　　　　　　　　　　　　销货柜组：洗衣机专柜

商品编号	品名	规格	单位	数量	单价	金额
	洗衣机		台	48	4,165.00	199,920.00
合计				48		¥199,920.00

大写金额：人民币壹拾玖万玖仟玖佰贰拾元整

业务主管：　王琳　　　　　　　　　　　　　　业务员：于曼

22-5

中国工商银行现金交款单（回单）①

2015 年 01 月 19 日

№.0001245

收款单位	全称	振兴商贸有限责任公司						款项来源	销货款							
	账号	3701123451234						交款部门	振兴商贸有限责任公司							

金额（大写）	人民币肆拾陆万柒仟肆佰玖拾伍元整		百	十万	千	百	十元	元	角	分
		¥	4	6	7	4	9	5	0	0

券别	张数	十	万	千	百	十	元	券别	张数	千	百	十	元	角	分
一百元	4674	4	6	7	4	0	0	一元							
五十元	1				5	0		五角							
十元	4				4	0		二角							
五元	1					5		一角							
二元								分币							

上列款项已如数收妥入账

中国工商银行
（收款银行盖章）
烟台市福海支行
复核：　　　经办：
2015.01.19
年 月 日
收讫
（1）

第一联　由银行盖章后退回单位

23-1

振兴商贸有限责任公司
收货单

2015 年 01 月 20 日　　　　　　　　　　　　　　　　　　编号：010172

供货单位：青岛食品公司　　　　　　　　　　　　　收货部门：食品专柜

商品编号	品名	规格	单位	应收数量	实收数量	单位进价	进价金额	单位售价	售价金额	商品进销差价
	红枣		千克	250	248	14.00	3,472.00	19.60	4,860.80	1,388.80
	核桃		千克	150	150	30.00	4,500.00	39.00	5,850.00	1,350.00
合计				400	400		¥7,972.00		¥10,710.80	¥2,738.80

业务主管：杨冲　　　　　　　　收货人：孙红　　　　　　　　业务员：赵丽

23-2

商品购进短缺溢余报告单

2015 年 01 月 20 日　　　　　　　　　　　　　　　　　　编号：12687

货号	品名	单位	应收数量	实收数量	单价	短缺		溢余	
						数量	金额	数量	金额
	红枣	千克	250	248	14.00	2	28.00		
合计						2	28.00		
供货单位：青岛食品公司				处理意见：		溢余或短缺原因： 待查			

制单：李丽

24-1（共 150 张）

山东省商品销售统一发票

记 账 联

发票代码：137060722561

发票号码：34245817

客户名称及地址：烟台市开发区新园路 36 号　李啸　　　　2015 年 01 月 21 日　　填制

品　名	规格	单位	数量	单价	金额									备注
					百	十	万	千	百	十	元	角	分	
电饭锅		个	1	300.00					3	0	0	0	0	
合计人民币	（大写）叁佰元整							¥	3	0	0	0	0	

填票人：张虹　　　　　　　收款人：李鹏　　　　　　　单位名称（盖章）：

第三联：记账联

24-2（共80张）

山东省商品销售统一发票

记账联

发票代码：137060722561
发票号码：34245967

客户名称及地址：烟台市开发区新园路36号　李啸　　　　2015年01月21日　　填制

品　名	规格	单位	数量	单价	金额										备注
					百	十	万	千	百	十	元	角	分	
电磁炉		个	1	356.00					3	5	6	0	0	
合计人民币	（大写）叁佰伍拾陆元整							¥	3	5	6	0	0	

填票人：张虹　　　　　　收款人：李鹏　　　　　　　单位名称（盖章）：

第三联：记账联

24-3（共310张）

山东省商品销售统一发票

记账联

发票代码：137060722561
发票号码：34246047

客户名称及地址：烟台市开发区新园路36号　李啸　　　　2015年01月21日　　填制

品　名	规格	单位	数量	单价	金额										备注
					百	十	万	千	百	十	元	角	分	
电熨斗		个	1	212.00					2	1	2	0	0	
合计人民币	（大写）贰佰壹拾贰元整							¥		2	1	2	0	0	

填票人：张虹　　　　　　收款人：李鹏　　　　　　　单位名称（盖章）：

第三联：记账联

24-4

振兴商贸有限责任公司
商品销售结报单

2015 年 01 月 21 日   编号：0108

购货单位：个人   销货柜组：小家电专柜

商品编号	品名	规格	单位	数量	单价	金额
	电饭锅		个	150	300.00	45,000.00
	电磁炉		个	80	356.00	28,480.00
	电熨斗		个	310	212.00	65,720.00
合计						¥139,200.00

大写金额：人民币壹拾叁万玖仟贰佰元整

业务主管：张立   营业员：李明

24-5

中国工商银行现金交款单（回单）①

2015 年 01 月 21 日   №.0001262

收款单位	全称	振兴商贸有限责任公司		款项来源	销货款										
	账号	3701123451234		交款部门	振兴商贸有限责任公司										
金额（大写）	人民币壹拾叁万玖仟贰佰元整				百	十	万	千	百	十	元	角	分		
					¥	1	3	9	2	0	0	0	0		

券别	张数	十	万	千	百	十	元	券别	张数	千	百	十	元	角	分
一百元	1392	1	3	9	2	0	0	一元							
五十元								五角							
十元								二角							
五元								一角							
二元								分币							

上列款项已如数收妥入账

中国工商银行
（收款银行盖章）
烟台市福海支行
复核： 经办：
2015.01.21
年 月 日
收讫
（1）

第一联 由银行盖章后退回单位

25-1

增值税专用发票

3706154238 　　　国家税务总局监制　　　　No.05771288

发票联　　　　　　　　　　开票日期：2015 年 01 月 22 日

购货单位	名　　称：振兴商贸有限责任公司 纳税人识别号：370602112276543 地址、电话：烟台市福海区江海路 68 号 0535-6950023 开户行及账号：中国工商银行烟台市福海区支行 3701123451234	密码区	5<-/566<273>21/0990// >/59220556+4/75>+980 -7->0008+8//525889<0 *1>28*036+55-170>>0-	加密版本： 01 3706154238 05771288

货物或应税劳务、服务名称	规格型号	单位	数量	单 价	金　额	税率	税　额
电力		千瓦时	5000	0.81	4050.00	17%	688.50
合　　计					￥4050.00		￥688.50

价税合计（大写）	人民币肆仟柒佰叁拾捌元伍角整	（小写）￥4738.50

销货单位	名　　称：烟台市供电公司 纳税人识别号：370602680497592 地　址、电话：烟台市解放路 158 号 0535-6229214 开户行及账号：烟台建行胜利支行 6217000340000565980	备注	烟台市供电公司 370602680497592 发票专用章

收款人：赵晓　　　复核人：苏北　　　开票人：王珂　　　销货单位：(章)

第三联：发票联　购买方记账凭证

25-2

增值税专用发票

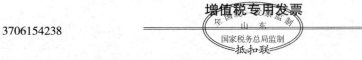

3706154238 　　　国家税务总局监制　　　　No.05771288

抵扣联　　　　　　　　　　开票日期：2015 年 01 月 22 日

购货单位	名　　称：振兴商贸有限责任公司 纳税人识别号：370602112276543 地址、电话：烟台市福海区江海路 68 号 0535-6950023 开户行及账号：中国工商银行烟台市福海区支行 3701123451234	密码区	5<-/566<273>21/0990// >/59220556+4/75>+980 -7->0008+8//525889<0 *1>28*036+55-170>>0-	加密版本： 01 3706154238 05771288

货物或应税劳务、服务名称	规格型号	单位	数量	单 价	金　额	税率	税　额
电力		千瓦时	5000	0.81	4050.00	17%	688.50
合　　计					￥4050.00		￥688.50

价税合计（大写）	人民币肆仟柒佰叁拾捌元伍角整	（小写）￥4738.50

销货单位	名　　称：烟台市供电公司 纳税人识别号：370602680497592 地　址、电话：烟台市解放路 158 号 0535-6229214 开户行及账号：烟台建行胜利支行 6217000340000565980	备注	烟台市供电公司 370602680497592 发票专用章

收款人：赵晓　　　复核人：苏北　　　开票人：王珂　　　销货单位：(章)

第二联：抵扣联　购买方扣税凭证

25-3

中国工商银行 **托收凭证**（付款通知）

委托日期：2015 年 01 月 22 日　　　　　　　　第 00793587 号

业务类型		委托收款（□邮划、□电划）		托收承付（□邮划、☑电划）										
付款人	全　称	振兴商贸有限责任公司	收款人	全　称		烟台市供电公司								
	账号或地址	烟台市福海区江海路 68 号		账号或地址		烟台市解放路 158 号								
	开户银行	工行烟台市福海区支行		开户银行		烟台建行胜利支行								

金额	人民币（大写）肆仟柒佰叁拾捌元伍角整	千	百	十	万	千	百	十	元	角	分
					¥	4	7	3	8	5	0

款项内容	电费	附寄单证张数	1
商品发运情况		合同名称号码	0200910281245

备注：

付款人开户银行收到日期

2015 年 01 月 22 日

复核　记账

中国工商银行
烟台市福海支行
2015.01.22
转讫
（1）
付款人开户银行签章
2015 年 01 月 22 日

付款人注意：

1. 根据支付结算办法，上列委托收款（托收承付）款项在付款期限内未提出拒付，即视为同意付款，以此代付款通知。

2. 如需提出全部或部分拒付，应在规定期限内，将拒付理由书并附债务证明退交开户银行。

此联是付款人开户银行给付款人的受理回单

26-1

增值税专用发票

3706154348　　　　　　　国家税务总局监制　　　　　　No.05772145

发票联　　　　　　　　　　　　　　开票日期：2015 年 01 月 24 日

购货单位	名　称：振兴商贸有限责任公司 纳税人识别号：3706021122 76543 地址、电话：烟台市福海区江海路 68 号 0535-6950023 开户行及账号：中国工商银行烟台市福海区支行 3701123451234	密码区	5<-/566<273>21/0990// >/59220556+4/75>+980 -7->0008+8//525889<0 *1>28*036+55-170>>0-	加密版本： 01 3706154348 05772145

货物或应税劳务、服务名称	规格型号	单位	数量	单价	金额	税率	税额
水费		吨	200	5.50	1100.00	13%	143.00
合　计					¥1100.00		¥143.00

价税合计（大写）	人民币壹仟贰佰肆拾叁元整	（小写）¥ 1243.00

销货单位	名　称：烟台市自来水公司 纳税人识别号：370602165008895 地址、电话：烟台市大海阳路 8 号 0535-2123456 开户行及账号：建行银行烟台环山支行 6227000131210366361	备注	烟台市自来水公司 370602165008895 发票专用章

收款人：赵正　　　复核人：李泽　　　开票人：王珂　　　销货单位：（章）

第三联：发票联　购买方记账凭证

26-2

增值税专用发票

3706154348

国家税务总局监制
抵扣联

No.05772145

开票日期：2015 年 01 月 24 日

购货单位	名　　称：振兴商贸有限责任公司					密码区	5<-/566<273>21/0990//	加密版本：
	纳税人识别号：370602112276543						>/59220556+4/75>+980	01
	地址、电话：烟台市福海区江海路 68 号 0535-6950023						-7->0008+8//525889<0	3706154348
	开户行及账号：中国工商银行烟台市福海区支行 3701123451234						*1>28*036+55-170>>0-	05772145

货物或应税劳务、服务名称	规格型号	单位	数量	单价	金　额	税率	税　额
水费		吨	200	5.50	1100.00	13%	143.00
合　　计					￥1100.00		￥143.00
价税合计(大写)	人民币壹仟贰佰肆拾叁元整				(小写)￥1243.00		

销货单位	名　　称：烟台市自来水公司		备注	
	纳税人识别号：370602165008895			
	地址、电话：烟台市大海阳路 8 号 0535-2123456			
	开户行及账号：建行银行烟台环山支行 6227000131210366361			

烟台市自来水公司
370602165008895
发票专用章

第二联：抵扣联 购买方扣税凭证

收款人：赵正　　　复核人：李泽　　　开票人：王珂　　　销货单位：(章)

26-3

中国工商银行 托收凭证（付款通知）　　　　5

委托日期：2015 年 01 月 24 日　　　　　第 00793587 号

业务类型		委托收款（□邮划、□电划）		托收承付（□邮划、☑电划）										
付款人	全　　称	振兴商贸有限责任公司	收款人	全　　称		烟台市自来水公司								
	账号或地址	烟台市福海区江海路 68 号		账号或地址		6227000131210366361								
	开户银行	工行烟台市福海区支行		开户银行		建设银行烟台环山支行								
金额	人民币（大写）壹仟贰佰肆拾叁元整		千	百	十	万	千	百	十	元	角	分		
						￥	1	2	4	3	0	0		
款项内容		水费	附寄单证张数			1								
商品发运情况			合同名称号码			0200910281041								

备注： 付款人开户银行收到日期 2015 年 01 月 24 日 复核　记账	中国工商银行 烟台市福海支行 2015年1月24日 转讫 （1） 付款人开户银行签章 2015 年 01 月 22 日	付款人注意： 1. 根据支付结算办法，上列委托收款（托收承付）款项在付款期限内未提出拒付，即视为同意付款，以此代付款通知。 2. 如需提出全部或部分拒付，应在规定期限内，将拒付理由书并附债务证明退交开户银行。

27-1

增值税专用发票

3702151133　　　　　　　　　　　　　　　　　　　　No.05500812

开票日期：2015 年 01 月 25 日

购货单位	名　称：振兴商贸有限责任公司 纳税人识别号：370602112276543 地址、电话：烟台市福海区江海路 68 号 0535-6950023 开户行及账号：中国工商银行烟台市福海区支行 3701123451234			密码区	5<-/566<273>21/0990// >/59220556+4/75>+980 -7->0008+8//525889<0 *1>28*036+55-170>>0-	加密版本： 01 3702151133 05500812

货物或应税劳务、服务名称	规格型号	单位	数量	单价	金额	税率	税额
电视机		台	10	2000.00	20000.00	17%	3400.00
电冰箱		台	5	3100.00	15500.00	17%	2635.00
洗衣机		台	6	2400.00	14400.00	17%	2448.00
合　计					¥49900.00		¥8483.00

价税合计（大写）	人民币伍万捌仟叁佰捌拾叁元整　（小写）¥ 58383.00

销货单位	名　称：爱华家电有限责任公司 纳税人识别号：370202111234567 地址、电话：青岛科技产业园 0532-86087549 开户行及账号：建行香港路支行 82600058794	备注	爱华家电有限责任公司 370202111234567 发票专用章

收款人：张华　　　复核人：王淼　　　开票人：秦琴　　　销货单位：(章)

第三联：发票联　购买方记账凭证

27-2

增值税专用发票

3702151133　　　　　　　　　　　　　　　　　　　　No.05500812

开票日期：2015 年 01 月 25 日

购货单位	名　称：振兴商贸有限责任公司 纳税人识别号：370602112276543 地址、电话：烟台市福海区江海路 68 号 0535-6950023 开户行及账号：中国工商银行烟台市福海区支行 3701123451234			密码区	5<-/566<273>21/0990// >/59220556+4/75>+980 -7->0008+8//525889<0 *1>28*036+55-170>>0-	加密版本： 01 3702151133 05500812

货物或应税劳务、服务名称	规格型号	单位	数量	单价	金额	税率	税额
电视机		台	10	2000.00	20000.00	17%	3400.00
电冰箱		台	5	3100.00	15500.00	17%	2635.00
洗衣机		台	6	2400.00	14400.00	17%	2448.00
合　计					¥49900.00		¥8483.00

价税合计（大写）	人民币伍万捌仟叁佰捌拾叁元整　（小写）¥ 58383.00

销货单位	名　称：爱华家电有限责任公司 纳税人识别号：370202111234567 地址、电话：青岛科技产业园 0532-86087549 开户行及账号：建行香港路支行 82600058794	备注	爱华家电有限责任公司 370202111234567 发票专用章

收款人：张华　　　复核人：王淼　　　开票人：秦琴　　　销货单位：(章)

第二联：抵扣联　购买方扣税凭证

27–3

振 兴 商 贸 有 限 责 任 公 司
收 货 单

2015 年 01 月 25 日　　　　　　　　　　　　　　　　编号：010106

供货单位：爱华家电有限责任公司　　　　　　　　　收货部门：洗衣机专柜

商品编号	品名	规格	单位	应收数量	实收数量	单价	金额
	洗衣机		台	6	6	2,400.00	14,400.00
合计				6	6	2,400.00	¥14,400.00

业务主管：王琳　　　　　　　　收货人：于曼　　　　　　　　业务员：赵军

27–4

振 兴 商 贸 有 限 责 任 公 司
收 货 单

2015 年 01 月 25 日　　　　　　　　　　　　　　　　编号：010107

供货单位：爱华家电有限责任公司　　　　　　　　　收货部门：电视机专柜

商品编号	品名	规格	单位	应收数量	实收数量	单价	金额
	电视机		台	10	10	2,000.00	20,000.00
合计				10	10	2,000.00	¥20,000.00

业务主管：曲欢　　　　　　　　收货人：王敏　　　　　　　　业务员：赵军

27-5

振 兴 商 贸 有 限 责 任 公 司
收 货 单

2015 年 01 月 25 日   编号：010108

供货单位：爱华家电有限责任公司   收货部门：电冰箱专柜

商品编号	品名	规格	单位	应收数量	实收数量	单价	金额
	电冰箱		台	5	5	3,100.00	15,500.00
合计				5	5	3,100.00	¥15,500.00

业务主管：杨杰   收货人：孙红   业务员：赵军

27-6

爱 华 家 电 有 限 责 任 公 司
发 货 单

2015 年 01 月 25 日   编号：010756

购货单位：振兴商贸有限责任公司   收货地址：烟台市福海区江海路 68 号

商品编号	品名	规格	单位	数量	销售价	金额
	电视机		台	10	2,000.00	20,000.00
	电冰箱		台	5	3,100.00	15,500.00
	洗衣机		台	6	2,400.00	14,400.00
合计	大写金额：人民币肆万玖仟玖佰元整					¥49,900.00
结算方式：支票结算方式			合同号：NO.02120			
发货单位：爱华家电有限责任公司						

财务经理：张丽丽   业务主管：孙大明   业务员：刘佩   仓库经手人：李强

27-7

中国工商银行
（鲁）
转账支票存根
XII 04388005

附加信息：_____

_____

出票日期：2015 年 01 月 25 日

收款人：爱华家电

金额：¥58,383.00

用途：支付货款

单位主管　　会计

28-1

山东省商品销售统一发票

记账联

发票代码：137060722762

发票号码：34244576

客户名称及地址：个人　　　　　　　　　　2015 年 01 月 25 日　　填制

品 名	规格	单位	数量	单价	金额									备注
					百	十	万	千	百	十	元	角	分	
红枣		千克	20	19.60					3	9	2	0	0	
合计	（大写）人民币叁佰玖拾贰元整				¥			3	9	2	0	0		

填票人：张虹　　　　　　　收款人：李鹏

第三联：记账联

28-2

山东省商品销售统一发票

记 账 联

发票代码：137060722763

发票号码：34244577

客户名称及地址：烟台市渔业公司 芝罘区青年路81号 　　2015 年 01 月 25 日 　　填制

第三联：记账联

品　名	规格	单位	数量	单价	金额									备注
					百	十	万	千	百	十	元	角	分	
花生油		箱	10	260.00				2	6	0	0	0	0	
合计	（大写）人民币贰仟陆佰元整				￥	2	6	0	0	0	0			

填票人 张虹 　　　　　收款人 李鹏　　　　　370602112276543

单位名称（盖章）

振兴商贸有限责任公司

发票专用章

28-3

振兴商贸有限责任公司

商品销售结报单

2015 年 01 月 25 日 　　　　　　　　　　　　编号：0189

购货单位： 个人 　　　　　　　　　　　　　销货柜组：食品专柜

商品编号	品名	规格	单位	数量	单价	金额
	红枣		千克	20	19.60	392.00
	花生油		箱	10	260.00	2,600.00
合计						￥2,992.00
大写金额：人民币贰仟玖佰玖拾贰元整						

业务主管：曲欢 　　　　　　　　　营业员：王敏之

28–4

中国工商银行现金交款单（回单）①

2015 年 01 月 25 日　　　　　　　　　　　№.0001245

收款单位	全称	振兴商贸有限责任公司					款项来源	销货款								
	账号	3701123451234					交款部门	食品柜台								
金额（大写）		人民币贰仟玖佰玖拾贰元整						百	十	万	千	百	十	元	角	分
										¥	2	9	9	2	0	0

券别	张数	十	万	千	百	十	元	券别	张数	千	百	十	元	角	分
一百元	29			2	9	0	0	一元	2				2	0	0
五十元	1					5	0	五角							
十元	4					4	0	二角							
五元								一角							
二元								分币							

上列款项已如数收妥入账

中国工商银行
（收款银行盖章）
烟台市福海支行
复核：　　经办：
2015.01.25
年 月 日
收讫
（1）

第一联 由银行盖章后退回单位

29–1

烟台市电信有限公司

编号：126895

2015 年 01 月 26 日

客户名称：振兴商贸有限责任公司	
市话月租费：20.00 元　　区内通话费：2700 次　　270.00 元	
国内通话费：52 次　　820 分　　410.00 元	
应付金额（大写）人民币柒佰元整　　　　　　　　　¥700.00	

中国电信股份有限公司烟台分公司
财务专用章

29–2

中国工商银行 托收凭证（付款通知）

委托日期：2015 年 01 月 26 日　　　　　　　　第 00793587 号

业务类型		委托收款（□邮划、□电划）			托收承付（□邮划、☑电划）							
付款人	全　　称	振兴商贸有限责任公司	收款人	全　　称	烟台市电信公司							
	账号或地址	烟台市福海区江海路 68 号		账号或地址	烟台市幸福中路 220 号							
	开户银行	工行烟台市福海区支行		开户银行	建行烟台幸福支行							
金额	人民币（大写）柒佰元整				千	百	十	万	千	百	十	元	角	分
									￥	7	0	0	0	0
款项内容	1 月份通讯费			附寄单证张数		1							
商品发运情况				合同名称号码								

中国工商银行
烟台市福海支行
2015.01.26
（1）

30–1（共 8 张）

山东省商品销售统一发票

山东省
国税务局

记账联

发票代码：137060722561

发票号码：34246357

客户名称及地址：烟台市南门路 33 号 李瑞　　　　2015 年 01 月 27 日　　填制

品　名	规格	单位	数量	单价	金额									备注
					百	十	万	千	百	十	元	角	分	
电视机		台	1	4,000.00				4	0	0	0	0	0	
合计 人民币	（大写）人民币肆仟元整						￥	4	0					

填票人：张虹　　　　　　收款人：李鹏

振兴商贸有限责任公司
370602112276543
单位名称（盖章）：
发票专用章

第三联：记账联

30-2（共 3 张）

山东省商品销售统一发票

记账联

发票代码：137060722561

发票号码：34246365

客户名称及地址：烟台市新华路 56 号　张莉　　　　　　　2015 年 01 月 27 日　　　填制

品　名	规格	单位	数量	单价	金额									备注
					百	十	万	千	百	十	元	角	分	
电冰箱		台	1	4,864.00				4	8	6	4	0	0	
合计人民币	（大写）肆仟捌佰陆拾肆元整						￥	4	8	6	4	0	0	

填票人：张虹　　　　　　　收款人：李鹏　　　　　　　单位名称（盖章）：

振兴商贸有限责任公司
370602112276543
发票专用章

第三联：记账联

30-3（共 4 张）

山东省商品销售统一发票

记账联

发票代码：137060722561

发票号码：34246368

客户名称及地址：烟台市华海路 28 号　孙雷　　　　　　　2015 年 01 月 27 日　　　填制

品　名	规格	单位	数量	单价	金额									备注
					百	十	万	千	百	十	元	角	分	
洗衣机		台	1	4,165.00				4	1	6	5	0	0	
合计人民币	（大写）肆仟壹佰陆拾伍元整						￥	4	1			5	0	0	

填票人：张虹　　　　　　　收款人：李鹏　　　　　　　单位名称（盖章）：

振兴商贸有限责任公司
370602112276543
发票专用章

第三联：记账联

30-4

振兴商贸有限责任公司
商品销售结报单

2015 年 01 月 27 日   编号：0109

购货单位：个人   销货柜组：电视机专柜

商品编号	品名	规格	单位	数量	单价	金额
	电视机		台	8	4,000.00	32,000.00
合计				8		¥32,000.00

大写金额：人民币叁万贰仟元整

业务主管：曲欢   营业员：王敏

30-5

振兴商贸有限责任公司
商品销售结报单

2015 年 01 月 27 日   编号：0110

购货单位：个人   销货柜组：电冰箱专柜

商品编号	品名	规格	单位	数量	单价	金额
	电冰箱		台	3	4,864.00	14,592.00
合计				3		¥14,592.00

大写金额：人民币壹万肆仟伍佰玖拾贰元整

业务主管：杨杰   营业员：孙红

30–6

振兴商贸有限责任公司
商品销售结报单

2015 年 01 月 27 日　　　　　　　　　　　　　　　　编号：0111

购货单位：个人　　　　　　　　　　　　　　销货柜组：洗衣机专柜

商品编号	品名	规格	单位	数量	单价	金额
	洗衣机		台	4	4,165.00	16,660.00
合计				4	4,165.00	¥16,660.00

大写金额：人民币壹万陆仟陆佰陆拾元整

业务主管：王琳　　　　　　　　　　营业员：于曼

30–7

中国工商银行现金交款单（回单）①

2015 年 01 月 27 日　　　　　　　　　№.0001245

收款单位	全称	振兴商贸有限责任公司							款项来源	销货款					
	账号	3701123451234							交款部门	振兴商贸有限责任公司					
金额（大写）	人民币陆万叁仟贰佰伍拾贰元整								百	十万	千	百	十元	角	分
										¥6	3	2	5	2	0	0

券别	张数	十	万	千	百	十	元	券别	张数	千	百	十	元	角	分
一百元	632		6	3	2	0	0	一元	2				2	0	0
五十元	1					5	0	五角							
十元								二角							
五元								一角							
二元								分币							

上列款项已如数收妥入账

中国工商银行
（收款银行盖章）
烟台市福海支行
复核：　经办：
2015.01.27
年　月　日
收讫
（1）

第一联　由银行盖章后退回单位

31

固定资产报废申请单

编号：015

2015 年 01 月 28 日

固定资产名称	数量	原值	已提折旧额	账面净值	报废原因
拖车	1	60,000.00	50,000.00	10,000.00	无法使用
领导审批意见	同意				

制单：赵明　　　　　　　　　　　　　审核：王丹

32

商品购进短缺溢余报告单

编号：12687

2015 年 01 月 29 日

商品编号	品名	单位	应收数量	实收数量	单位进价	短缺		溢余		单位售价	售价金额	商品进销差价
						数量	金额	数量	金额			
	红枣	千克	250	248	14.00	2	28.00			19.60	39.20	11.20
	合计					2	28.00				39.20	11.20
供货单位：青岛食品公司			处理意见： 同意转销			溢余或短缺原因： 自然损耗						

制单：李丽

33

振 兴 商 贸 有 限 责 任 公 司
收 货 单

2015 年 01 月 29 日　　　　　　　　　　　　　编号：010109

供货单位：新星家电有限责任公司　　　　　　　　收货部门：小家电专柜

商品编号	品名	规格	单位	应收数量	实收数量	单位进价	进价金额	单位售价	售价金额	商品进销差价
	电熨斗		个	1	1	158.00	158.00	212.00	212.00	54.00
合计							¥158.00		¥212.00	¥54.00

业务主管：张立　　　　　　　收货人：李明　　　　　　　业务员：赵军

34

中国工商银行烟台市福海区支行贷款计付利息清单（付款通知）

单位名称：振兴商贸有限责任公司　　　　　　　　　　　　　2015 年 01 月 31 日

结算户账号	3701123451234	计息起讫日	2015 年 1 月 1 日至 2015 年 1 月 31 日
计息户账号	3701123451234	计息总积数	¥602,802.64
年利率	4.35%	利息金额	¥2185.16
摘要：贷款利息			

中国工商银行
你单位上述贷款利息
烟台市福海支行
已付出到你账户。
2015.01.31
贷款单位：
转讫
（1）

35-1

固定资产清理结果报告单

编号：02

2015 年 01 月 30 日

固定资产名称	原值	已提折旧额	账面净值	收回残值额	清理净收益	清理净损失
拖车	60,000.00	50,000.00	10,000.00	3,000.00		7,000.00
领导审批意见	同意　熊乃进　2015.01.30					

制单：赵明　　　　　　　　　　　　会计主管：王赢

35-2

烟台市废旧物资回收公司
收购单

2015 年 01 月 30 日　　　　　　　　　　　　　　　No.908712

项目	单位	数量	单价	收购金额									备注
				百	十	万	千	百	十	元	角	分	
旧钢铁							3	0	0	0	0	0	
人民币金额合计（小写）						¥	3	0	0	0	0	0	
人民币金额合计（大写）				叁仟元整									

收款单位盖章：　　　　　　　　　　　　　　　　　　　开票人：王原

117

35-3

中国工商银行现金交款单（回单）①

2015 年 01 月 30 日　　　　　　　№ 0001264

收款	全称	振兴商贸有限责任公司		款项来源	拖车残值款										
单位	账号	3701123451234		交款部门	管理部门										
金额（大写）		人民币叁仟元整			百	十	万	千	百	十	元	角	分
							¥	3	0	0	0	0	0

券别	张数	十	万	千	百	十	元	券别	张数	千	百	十	元	角	分	上列款项已如数收妥入账
一百元	30			3	0	0	0	一元								
五十元								五角								中国工商银行（收款银行盖章）烟台市福海支行复核：　经办：2015.01.30 年 月 日 收讫（1）
十元								二角								
五元								一角								
二元								分币								

第一联　由银行盖章后退回单位

36

1 月份工资结算汇总表

车间部门	基本工资	岗位工资	绩效奖	加班费	津贴、补贴		应扣工资		应付工资	代扣款项				实发工资
					夜班补贴	物价补贴	病假	事假		医疗保险2%	养老8%、失业保险0.5%	住房公积金8%	个人所得税	
商品经营部	48000	1200	1800			3000	100		53900	960	4080	3840	120	44900
行政管理部	20000	840	560	100		1600		200	22900	400	1700	1600	85	19115
合计	68000	2040	2360	100		4600	100	200	76800	1360	5780	5440	205	64015

37

保 险 费 用 摊 销 计 算 表

年　　月

项目名称	待摊金额	受益期限	本月应摊金额	计入科目
		1 年		
合计				

主管：　　　　　记账：　　　　　复核：　　　　　制表：

38

商 品 销 售 成 本 计 算 表

2015 年 01 月 31 日

品名	商品编号	期初		本期购进		加权平均单价	本期销售	
		数量	金额	数量	金额		数量	金额
电视机								
电冰箱								
洗衣机								
合计								

制表人：

39

商 品 进 销 差 价 计 算 表

2015 年 01 月 31 日

柜组	期初商品进销差价	期初商品售价	本期购入商品进销差价	本期购入商品售价	商品进销差价率	本期商品销售收入	本期分摊的进销差价
合计							

制表人：

40

售价核算销项税额换算表

2015 年 01 月 31 日

柜组	含税收入	不含税收入	增值税（销项税）
合计			

制表人：

41

未交增值税计算表

编制单位：振兴商贸有限责任公司　　　　　　　　2015 年 01 月 31 日

项目	进项税额	销项税额	本月未交增值税
增值税			
合计			

制单：

42

城建税、教育费附加计算表

2015 年 01 月 31 日

税种	计税依据	计税金额	税率	应纳税额
合计				

43

本年利润结转表

2015 年 01 月 31 日

转入本年利润（借方）科目	金额	转入本年利润（贷方）科目	金额
合计		合计	

44

所得税计算表

2015 年 01 月 31 日

本期应纳税额	所得税税率	所得税税额

实训模块二

制造业会计实训

制造业会计实训，是以培养学生专业技能为宗旨，以制造业 11~12 月的经济业务为例，设计了从建账开始，到填制审核凭证、登记账簿和编制会计报表的全程实务操作演练，有助于增强学生的综合分析能力，提高操作技能，为学生毕业后尽快胜任会计工作提供充分的准备。

一、实训目的

通过对实际业务的模拟实训，比较系统地练习制造业会计核算的基本程序和具体方法，包括：各种原始凭证的填制和审核、对各种经济业务进行会计确认和计量、记账凭证的填制和审核、科目汇总表的编制、各种账簿的设置和登记、成本费用的归集和分配以及会计报表的编制等内容。通过直观的仿真实训，将学生在课堂上所学的知识进行巩固和消化，加深对企业财务会计核算流程和方法的理解。

通过实训，不但可以增强学生对理论知识的理解，还可以从会计实务角度塑造学生从事会计及财务管理工作应具备的专业作风、心理素质和道德风范；特别是将经济业务的来龙去脉与企业的生产经营有机结合起来，有助于学生了解和掌握财经法规、制度，培养学生实事求是的科学态度和一丝不苟的工作作风，为学生日后从事会计及财务管理工作奠定较为扎实的基础。

二、实训过程和要求

1. 经济业务的处理要严格遵守 2006 年发布的新《企业会计准则》。

2. 根据建账资料所提供的 2015 年 11 月初各账户余额和发生额，开设总分类账、明细分类账及库存现金日记账、银行存款日记账，将数据过入账中，在摘要栏写"承前页"。

（1）建立总分类账。开设总分类账户，并将余额和发生额过入第一行内。总分类账应采用三栏式订本账。

（2）建立库存现金日记账，并将余额和发生额过入第一行内。库存现金日记账采用三栏式订本账。

（3）建立银行存款日记账，并将余额和发生额过入第一行内。银行存款日记账采用三栏式订本账。

（4）建立其他明细分类账。需要记录数量的账户，如原材料明细账、周转材料明细账、库存商品明细账等，应采用"数量金额式"明细分类账，并将期初结存的数量、单价和金额过入第一行"余额"栏中的"数量"、"单价"和"金额"栏内；"生产成本"、"应交税费——应交增值税"等明细账，应采用"多栏式"账页，并将期初余额记入相应的栏次；其他明细账，如"应收账款"、"应收票据"、"短期借款"等，采用"三栏式"账页，并将期初余额过入第一行"余额"栏内。

3. 对"期初余额"进行试算平衡，试算平衡内容包括：

（1）总账账户"借方"余额合计＝总账账户"贷方"余额合计；

（2）总账账户余额＝所属明细账账户余额之和；

（3）库存现金总账账户余额＝库存现金日记账账户余额；

（4）银行存款总账账户余额＝银行存款日记账账户余额。

4. 根据审核无误的原始凭证编制记账凭证。

（1）记账凭证采用收款凭证、付款凭证和转账凭证三种凭证。

（2）原始凭证，不论是从外部或本单位其他部门取得的，还是自制的，都必须经过审核无误后，方可据以编制记账凭证。

（3）原始凭证审核的内容包括：

① 凭证内容是否真实；

② 凭证是否合法；

③ 凭证是否合理；

④ 凭证是否完整，包括原始凭证的各项基本要素是否齐全，是否有漏项情况，日期是否完整，数字是否清晰，文字是否工整，有关人员签章是否齐全，凭证联次是否正确等；

⑤ 审核凭证的正确性；

⑥ 凭证是否及时。

5. 根据记账凭证编制科目汇总表（10天汇总一次）。

6. 根据科目汇总表登记总账。

7. 计算账户的本期发生额及余额。库存现金、银行存款日记账，收入、成本、费用明细账，月末需结计本月发生额和余额；应收款项、应付款项、财产物资明细账，月末只需结计"余额"；总账账户平时只需结计月末余额。

8. 进行对账、结账。

（1）对账。对账包括账证核对、账账核对和账实核对，模拟实训过程中不需要做账实核对。

（2）结账。对只需结计月末余额的账户，只在最后一笔经济业务记录之下通栏划单红线；对需要结计本月发生额的账户，要在最后一笔经济业务记录下面结出本月发生额和余额，在摘要栏注明"本月合计"，在下面通栏划单红线；需要结计本年累计发生额的账户，每月结账时，应在"本月合计"行下结出自年初起至本月末止的累计发生额，登记在月份发生额下面，在摘要栏内注明"本年累计"字样，并在下面通栏划单红线，12月末的"本年累计"就是全年累计发生额，全年累计发生额下通栏划双红线。

年终结账时，要将所有总账账户结出全年发生额和年末余额，在摘要栏内注明"本年合计"字样，并在合计数下通栏划双红线"封账"；有余额的账户，要将其余额结转下一年度，并在摘要栏注明"结转下年"字样，将余额直接记入新账余额栏内，不需要编制记账凭证。

9. 根据总账和明细账，编制资产负债表、利润表。

10. 进行会计档案整理，将会计凭证与账簿装订成册。

（1）11月份会计档案整理。

11月末，在编制会计报表后，应将11月份的记账凭证连同所附的原始凭证，按照编号顺序装订成册，加具封面，注明模拟企业名称及经济业务的所属年度、月份和起讫日期，并由装订人员在装订线处签名或盖章；会计报表也要按月装订成册，加具封面。

（2）12月份会计档案整理。

记账凭证和会计报表的整理：同11月份。

账簿的整理：12月份业务实训结束后，还需要将各种各样的账页按类整理，装订成册。

注意：活页账整理。将活页账已使用的账页按账簿启用表上的科目顺序排列，然后按会计账簿封面、账簿启用表、账户目录、排序整理好的账页顺序装订成册；封面应注明单位名称、所属年度及账簿名称、编号，会计主管人员和装订人或经办人签章，封口要严密并加盖印章；多栏式活页账、三栏式活页账、数量金额式活页账等不得混装，应将同类业务、同类账页装订在一起。

三、实训企业基本信息

（一）模拟企业概况

企业名称：烟台荣昌股份有限公司

注册地址：烟台市福海区 APEC 产业园 17 号

联系电话：0535–7928188

法人代表：吕英胜

注册资本：人民币 3000 万元

企业类型：股份有限公司

纳税人登记号：370602117625137

企业代码：72288867–4

开户行：中国工商银行烟台市福海区支行，行号 23679

账号：23000371006113200327

（二）生产特点

烟台荣昌股份有限公司设有一个基本生产车间，两个辅助生产车间（机修车间和动力车间）。该公司采用大量单步骤生产，平时从仓库领用原材料甲–101、乙–102 和辅助材料丙–201、丁–202 进行加工，生产出 A–01 和 B–02 产品，产品生产完工验收合格后，送交仓库。

（三）公司机构及人员分工

公司机构及人员分工见表 1。

表 1　公司机构及人员分工

部门	负责人	部门	负责人
办公室	吕英胜	机修车间	姚遥
销售门市部	马丹	动力车间	卓兰
行政科、供应科	刘刚	财务部	财务科长：马俊
材料库	王晓（保管员：蒋霞）		会计：实训学生
产品库	张磊		出纳：韩虹
基本生产车间	徐青		

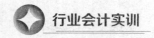

（四）账务处理程序

科目汇总表账务处理程序又称记账凭证汇总表账务处理程序，它是根据记账凭证定期编制科目汇总表，再根据科目汇总表登记总分类账的一种账务处理程序。其一般程序如图 1 所示：

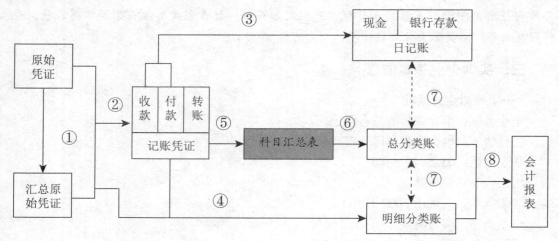

图 1 账务处理程序图

① 根据原始凭证编制汇总原始凭证；

② 根据原始凭证或汇总原始凭证编制记账凭证；

③ 根据收款凭证、付款凭证逐笔登记现金日记账和银行存款日记账；

④ 根据原始凭证、汇总原始凭证和记账凭证登记各种明细分类账；

⑤ 根据各种记账凭证编制科目汇总表；

⑥ 根据科目汇总表登记总分类账；

⑦ 期末，现金日记账、银行存款日记账和明细分类账的余额同有关总分类账的余额核对相符；

⑧ 期末，根据总分类账和明细分类账的记录，编制会计报表。

（五）会计核算说明

1. 流动资产核算部分

（1）库存现金限额为 6,000.00 元。

（2）备用金采用定额备用金制。

（3）坏账损失采用备抵法核算，按年末应收账款和其他应收款余额的 0.3% 计提坏账准备。

（4）原材料的日常收发频繁，按计划成本计价核算。材料入库时逐笔结转材料成本差异；月底根据"原材料"和"材料成本差异"账户，按原材料综合计算材料成本差异率，计算并结转发出材料成本差异。

（5）低值易耗品和包装物采用实际成本计价核算，本月发出周转材料的实际成本按全月一次加权平均法计算，采用一次摊销法摊销。

（6）购入材料必须办理入库手续，填制收料单。

（7）产成品的收发按实际成本计价核算，本月发出产成品的实际成本按全月一次加权平均法计算。

2. 长期股权投资核算部分

公司对万隆科贸公司的投资比例为25%，采用权益法核算。

3. 固定资产核算部分

对固定资产按平均年限法分类计提折旧，房屋、建筑物年折旧率3.6%，机器设备年折旧率9.6%。

4. 产品成本核算部分

（1）公司成本核算采用公司一级成本核算形式，即将企业所有会计工作都集中在会计部门进行核算。产品成本计算采用品种法，辅助生产车间费用采用直接分配法（辅助生产车间不设"制造费用"账户）分配。

（2）本公司"生产成本"设置4个成本项目：直接材料、燃料及动力、直接人工、制造费用。

（3）基本生产车间的人工费用按当月 A-01 和 B-02 产品生产工时比例进行分配（当月生产工时参考表 12）。

（4）制造费用按生产工时比例分配。

（5）月末在产品成本采用约当产量法计算。在产品完工程度均为50%，产品所耗原材料均为开工时一次投入。

5. 税金及附加核算部分

（1）增值税。本公司为增值税一般纳税人，税率为17%。

（2）企业所得税。本公司的企业所得税税率为25%，按照资产负债表债务法进行核算。

（3）个人所得税。公司职工应负担的个人所得税由公司代扣代缴。

（4）其他税金及附加。城市维护建设税按流转税额的7%计算；教育费附加按流转税额的3%计算。

6. 与工资有关的各项经费、基金的计提

（1）企业负担的社会保险费和住房公积金按上年平均工资的一定比例计提，计提标准和比例见"基金计提标准及比例表"和"计提基金的上年工资额表"。

（2）企业从职工工资中代扣代缴的由个人负担的社会保险费和住房公积金见"工资结算汇总表"。

7. 利润及利润分配核算部分

（1）年末分别按本年税后利润的10%计提法定盈余公积，按5%计提任意盈余公积。

（2）按本年税后利润的40%向股东支付现金股利。

8. 其他

（1）采用委托收款和托收承付结算方式的付款业务，均在接到银行付款通知的当日通知银行付款。

（2）计算中要求精确到小数点后4位，尾差按业务需要进行调整。

四、实训资料

（一）模拟企业建账资料

1. 2015 年总账账户年初余额、1~10 月份累计发生额和 11 月初余额见表 2。

2. 2015 年 1~10 月份损益类各明细账户累计发生额见表 3。

3. 2015 年三栏式明细账 11 月初余额见表 4。

4. 2015 年日记账年初余额、1~10 月份累计发生额和 11 月初余额资料见表 5。

5. 2015 年数量金额式明细账 11 月初余额资料：

原材料明细账 2015 年 11 月初余额资料见表 6。

周转材料明细账 2015 年 11 月初余额资料见表 7。

库存商品明细账 2015 年 11 月初余额资料见表 9。

6. 多栏式明细账资料：

生产成本明细账 2015 年 11 月初余额资料见表 8。

7. 固定资产明细账户 2015 年 11 月初余额资料见表 10。

8. 劳务量、工时记录、月初在产品数量、当月投产数量及完工产品数量资料：

2015 年 11、12 月份各车间、部门耗用辅助生产车间劳务量资料见表 11。

2015 年 11、12 月份 A–01、B–02 两种产品耗用工时量资料见表 12。

2015 年 11、12 月份在产品数量、当月投产数量及完工产品数量资料见表 13。

表2　2015年总账账户年初余额、1~10月份累计发生额和11月初余额

账户名称	2015年初余额		2015年1~10月份累计发生额		2015年11月初余额	
	借方	贷方	借方	贷方	借方	贷方
库存现金	6,000.00		161,662.60	162,320.00	5,342.60	
银行存款	3,443,898.65		244,260.85	1,106,675.00	2,581,484.50	
其他货币资金	200,000.00			20,000.00	180,000.00	
交易性金融资产			108,000.00		108,000.00	
应收票据	2,850,000.00			2,250,000.00	600,000.00	
应收账款	1,340,000.00		5,000,000.00	5,084,900.00	1,255,100.00	
其他应收款	3,000.00			2,000.00	1,000.00	
坏账准备		4,029.00	1,029.00			3,000.00
预付账款	42,000.00		1,000,000.00	35,000.00	1,007,000.00	
材料采购			32,750,536.54	32,750,536.54	0.00	
原材料	601,468.72		32,758,481.28	30,608,000.00	2,751,950.00	
材料成本差异	8,475.24			7,944.74	530.50	
周转材料			18,000.00		18,000.00	
生产成本	56,230.45		33,774,781.18	33,790,611.13	40,400.50	
制造费用			3,425,865.40	3,425,865.40	0.00	
库存商品	784,400.87		33,790,611.13	33,175,012.00	1,400,000.00	
长期股权投资	8,000,000.00				8,000,000.00	
固定资产	22,060,000.00		1,010,000.00		23,070,000.00	
累计折旧		260,123.02		909,876.88		1,169,999.90
固定资产减值准备		100,000.00				100,000.00
在建工程	1,033,929.09		482,940.91		1,516,870.00	
工程物资	900,800.00			900,800.00		

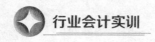

续表

表2 2015年总账账户年初余额、1~10月份累计发生额和11月初余额

	年初余额	1~10月份累计发生额	11月初余额	
短期借款		180,000.00	90,000.00	90,000.00
应付票据		170,000.00	140,000.00	30,000.00
应付账款	3,826,500.00	22,400,000.00	20,000,000.00	1,426,500.00
应付职工薪酬	42,961.23	2,517,979.00	2,527,050.97	52,033.20
应交税费	160,430.00	10,771,700.80	10,832,195.80	220,925.00
应付利息	3,530.00	20,000.00	21,120.00	4,650.00
其他应付款	126,800.00	104,970.00		21,830.00
长期借款	840,000.00	240,000.00		600,000.00
股本	30,000,000.00			30,000,000.00
资本公积	20,000.00		732,200.00	752,200.00
盈余公积	340,000.00			340,000.00
本年利润		37,140,295.56	40,509,805.79	3,369,510.23
利润分配	4,355,029.77			4,355,029.77
主营业务收入		37,298,760.79	37,298,760.79	
其他业务收入		308,154.80	308,154.80	
投资收益		2,828,025.20	2,828,025.20	
营业外收入		74,865.00	74,865.00	
主营业务成本		33,175,012.00	33,175,012.00	
其他业务成本		268,193.00	268,193.00	
营业税金及附加		45,462.48	45,462.48	
销售费用		881,275.00	881,275.00	
管理费用		1,002,756.00	268,193.00	
财务费用		560,214.00	1,002,756.00	
营业外支出		84,213.00	560,214.00	
所得税费用		1,123,170.08	84,213.00	
合计	40,429,403.02	296,502,015.60	1,123,170.08	42,535,678.10
	40,429,403.02	296,502,015.60	42,535,678.10	

表3 2015年1~10月份损益类各明细账户累计发生额表

总账账户	明细账户	发生额	
		借方	贷方
主营业务收入	A-01	11,596,726.56	11,596,726.56
	B-02	25,702,034.23	25,702,034.23
	合计	37,298,760.79	37,298,760.79
其他业务收入	材料销售	308,154.80	308,154.80
投资收益		2,828,025.20	2,828,025.20
营业外收入	固定资产处置利得	74,865.00	74,865.00
主营业务成本	A-01	11,092,736.24	11,092,736.24
	B-02	22,082,275.76	22,082,275.76
	合计	33,175,012.00	33,175,012.00
其他业务成本	材料销售	268,193.00	268,193.00
营业税金及附加		45,462.48	45,462.48
销售费用	广告费	501,725.00	501,725.00
	人工费	195,728.00	195,728.00
	水电费	162,291.37	162,291.37
	其他	21,530.63	21,530.63
	合计	881,275.00	881,275.00
管理费用	公司经费	515,465.55	515,465.55
	水电费	15,634.78	15,634.78
	税金	168,237.83	168,237.83
	折旧费	101,395.49	101,395.49
	修理费	89,564.73	89,564.73
	其他	112,457.62	112,457.62
	合计	1,002,756.00	1,002,756.00
财务费用	手续费	12,437.91	12,437.91
	利息支出	547,776.09	547,776.09
	合计	560,214.00	560,214.00
营业外支出	固定资产处置损失	84,213.00	84,213.00
所得税费用		1,123,170.08	1,123,170.08

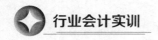

表4　2015 年三栏式明细账 11 月初余额

一级科目	二级科目	明细科目	11 月初余额	
			借方	贷方
其他货币资金	存出投资款		180,000.00	
交易性金融资产	股票	九龙（成本）	100,000.00	
		九龙（公允价值变动）	8,000.00	
应收票据	商业承兑汇票	烟台振兴百货公司	600,000.00	
应收账款	青岛鹏程公司		255,100.00	
	烟台联合公司		1,000,000.00	
其他应收款	备用金	刘刚	1,000.00	
坏账准备				3,000.00
预付账款	报刊费		1,000.00	
	财产保险费		6,000.00	
	市科研所		1,000,000.00	
材料成本差异	原材料成本差异		530.50	
长期股权投资	万隆科贸公司	成本	8,000,000.00	
累计折旧				1,169,999.90
固定资产减值准备				100,000.00
在建工程	综合楼建造工程		1,516,870.00	
工程物资				0.00
短期借款	工商银行	生产周转借款		90,000.00
应付票据	上海尧顺公司			30,000.00
应付账款	上海青山公司			800,000.00
	烟台金果公司			626,500.00
应付职工薪酬	医疗保险			11,800.00
	养老、失业保险			25,370.00
	住房公积金			9,440.00
	职工教育经费			5,423.20
应交税费	应交个人所得税			1,650.00
	未交增值税			159,000.00
	应交所得税			44,375.00
	应交城建税			11,130.00
	应交教育费附加			4,770.00
应付利息				4,650.00

	医疗保险费			2,360.00
其他应付款	养老、失业保险费			10,030.00
	住房公积金			9,440.00
长期借款	更新改造借款			600,000.00
股本	永盛股份有限公司			20,000,000.00
	金利股份有限公司			10,000,000.00
资本公积	其他资本公积			752,200.00
盈余公积	法定盈余公积			226,667.00
	任意盈余公积			113,333.00
本年利润				3,369,510.23
利润分配	未分配利润			4,355,029.77

　　注：应付职工薪酬中的医疗保险、养老、失业保险、住房公积金为企业负担的"三险一金"；其他应付款中的医疗保险、养老、失业保险、住房公积金为职工个人负担的、企业从职工工资中代扣代缴的"三险一金"。

表5　2015年日记账年初余额、1~10月份累计发生额和11月初余额

账户名称	2015年初借方余额	2015年1~10月份累计发生额		2015年11月初借方余额
		借方	贷方	
库存现金日记账	6,000.00	161,662.60	162,320.00	5,342.60
银行存款日记账——工行	3,443,898.65	244,260.85	1,106,675.00	2,581,484.50

表6　原材料明细账2015年11月初余额

二级科目	编号	名称	计量单位	计划单价	2015年11月初余额	
					库存数量	金　额
原料及主要材料	101	甲材料	吨	23,000.00	34.4	791,200.00
	102	乙材料	吨	38,000.00	51.3	1,949,400.00
辅助材料	201	丙材料	吨	5,100.00	0.5	2,550.00
	202	丁材料	吨	11,000.00	0.8	8,800.00
合　　　　　　　计						2,751,950.00

表7 周转材料明细账 2015 年 11 月初余额

二级科目	明细账户	计量单位	库存数量	单位成本	金　额
低值易耗品	工具	件	20	190	3,800.00
	管理用具	件	23	40	920.00
	工作服	套	160	80	12,800.00
	小　　　　计				17,520.00
包装物	包装箱	只	80	5	400.00
	塑料桶	个	20	4	80.00
	小　　　　计				480.00
合　　　　计					18,000.00

表8 生产成本明细账 2015 年 11 月初余额

产品名称	计量单位	数量	成　本　项　目				合　　计
			直接材料	燃料及动力	直接人工	制造费用	
A-01	件	800	14,000.00	640.50	7,200.00	1,800.00	23,640.50
B-02	件	700	10,000.00	750.00	4,250.00	1,760.00	16,760.00
合　　　　计							40,400.50

表9 库存商品明细账 2015 年 11 月初余额

产品名称	计量单位	库存数量	单位成本	金　　额
A-01	件	15,000	60	900,000.00
B-02	件	4,000	125	500,000.00
合　　　　计				1,400,000.00

表10 固定资产明细账户 11 月初余额

车间、部门	类　别	金　　额
基本生产车间	厂房	13,000,000.00
	机器设备	6,000,000.00
	小　计	19,000,000.00
机修车间	厂房	300,000.00
	机器设备	450,000.00
	小　计	750,000.00
动力车间	厂房	580,000.00
	机器设备	690,000.00
	小　计	1,270,000.00
销售门市部	房屋建筑物	300,000.00
厂部	房屋建筑物	900,000.00
	运输设备	850,000.00
	小　计	1,750,000.00
合　　计		23,070,000.00

表11　2015 年 11、12 月份各车间、部门耗用辅助生产车间劳务量

车间、部门	11 月份			12 月份		
	机修车间（工时）	动力车间（度）		机修车间（工时）	动力车间（度）	
		照明用电	生产用电		照明用电	生产用电
基本生产车间	5,200	500	19,500	6,900	520	24,980
机修车间		200	1,000		240	1,020
动力车间	500			550		
销售门市部	800	3,000		900	3,400	
厂部	2,000	2,000		2,200	3,100	
合计	8,500	5,700	20,500	10,550	7,260	26,000

表12　2015 年 11、12 月份 A-01、B-02 两种产品耗用工时量

项目	11 月份		12 月份	
	A-01	B-02	A-01	B-02
耗用工时	6,500	3,500	7,500	4,500

表13　2015 年 11、12 月份在产品数量、当月投产数量及完工产品数量

单位：件

项目	11 月份		12 月份	
	A-01	B-02	A-01	B-02
月初在产品	800	700		
本月投入	20,100	17,900	20,500	18,400
本月完工产品	20,000	18,000	21,000	18,500
月末在产品	900	600	400	500

（二）模拟企业 2015 年 11 月份发生的各项经济业务

1. 11 月 1 日购料，用转账支票付讫，材料已如数验收入库。

要求：（1）填制收料单；

（2）签发转账支票。

2. 11 月 2 日，销售给烟台鑫磊公司 A-01 产品 10,000 件，不含税单价 100.00 元，收到转账支票一张（号码：009986102），金额为 1,170,000.00 元，当即送存银行。

要求：（1）开具增值税专用发票；

（2）填制银行进账单；

（3）填制产品出库单。

3. 11 月 2 日，开出转账支票购买工具，工具已如数验收入库。

要求：（1）填制收料单；

（2）签发转账支票。

4. 11 月 5 日，签发现金支票一张，提取现金 2,000.00 元备用。

要求：签发现金支票。

5. 11 月 5 日，供应科采购员张林出差预借差旅费 2,000.00 元，出纳以现金付讫。

要求：填制借款单。

6. 11 月 5 日，向银行申请银行汇票一张，票面金额 500,000.00 元，交采购员张林向上海青山公司采购 202 号丁材料（上海青山公司开户行为建行中山北路支行，账号为 11050003402）。

要求：填制银行汇票委托书。

7. 11 月 6 日，收到青岛鹏程公司交来银行汇票一张（号码：013986101），金额为 35,100.00 元，系偿还上月所欠购货款（青岛鹏程公司开户行为中国工商银行青岛市四方区支行，账号 2400036100613200637）。

要求：填制银行进账单。

8. 11 月 6 日，购料，材料已如数验收入库，按合同开给凤祥公司期限为一个月的无息商业承兑汇票一张，金额为 234,200.00 元。

要求：（1）填制商业承兑汇票；

（2）填制收料单。

9. 11 月 7 日，按合同约定，采用电汇方式向上海尧顺公司预付采购 201 号丙材料款 20,000.00 元（上海尧顺公司开户行为农行黄兴路支行，账号 110500067509）。

要求：填制电汇凭证。

10. 11 月 8 日，开出转账支票支付广告费 8,480.00 元。

要求：签发转账支票。

11. 11 月 9 日，签发转账支票一张，购买本月印花税票。

要求：填制转账支票。

12. 11 月 12 日，销售给青岛鹏程公司 B-02 产品 2,000 件，不含税单价 190.00 元，以现金代鹏程公司垫付运杂费 400.00 元，货已发出，并向工商银行办妥托收承付结算手续。

要求：（1）开具增值税专用发票；

（2）填制托收承付凭证；

（3）填制产品出库单。

13. 11 月 12 日，通过银行缴纳上月应交未交税费。

14. 11 月 13 日，购料，材料验收入库，用本月 5 日签发的银行汇票结算。

要求：填制收料单。

15. 11 月 14 日，张林报销差旅费。

要求：填制完成差旅费报销单。

16. 11 月 14 日，购料，材料已验收入库，扣除本月 7 日预付的 20,000.00 元，余款 38,500.00 元以汇兑方式补付给尧顺公司。

要求：（1）填制收料单；

（2）填制汇兑结算凭证。

17. 11 月 15 日，通过烟台福海证券公司购买万发公司股票，将其划分为交易性金融资产。

18. 11 月 15 日，收到银行收账通知。

19. 11 月 16 日，行政科以转账支票购买办公用品 1,450.00 元，当即发放使用。其中，基本车间领用 300.00 元，机修车间领用 200.00 元，动力车间领用 100.00 元，行政科和财务科领用 700.00 元，销售门市部领用 100.00 元，施工队人员领用 50.00 元。

　　要求：（1）签发转账支票；

　　　　　（2）填制办公用品领用单。

20. 11 月 19 日，支付银行本月汇款的相关费用。

21. 11 月 21 日，从本市科研所购入一项非专利技术 1,200,000.00 元，扣除上月预付的 1,000,000.00 元，余款 200,000.00 元汇给对方，该非专利技术按 10 年摊销，从本月开始摊销。（市科研所地址为高新技术开发区珠海路 18 号，开户行为烟台市建设银行开发区支行，账号为 65600059873）

　　要求：（1）填制费用计提（摊销）计算表；

　　　　　（2）填制电汇凭证。

22. 11 月 22 日，编制"工资结算汇总表"，据此发放职工工资，并开出现金支票一张，直接通过银行代发，转入职工个人工资账户，同时企业对各种代扣款项予以转账。

　　要求：（1）填制工资结算汇总表；

　　　　　（2）签发现金支票。

23. 11 月 23 日，基本车间有一台车床由于使用寿命已到（该车床系 2009 年 1 月 1 日之前购买），经批准进行报废处理，该车床原值 100,000.00 元，已提折旧 96,000.00 元。

　　要求：填制完成固定资产报废单。

24. 11 月 23 日，将已报废的车床送烟台万宝废品回收公司（不考虑相应的增值税），以现金支付运费。

　　要求：（1）填制进账单；

　　　　　（2）填制内部转账单。

25. 11 月 25 日，按外购动力分配表列明的用电数量分配电费，公司签发转账支票予以支付。

　　要求：（1）填制外购动力分配表；

　　　　　（2）签发转账支票。

26. 11 月 25 日，按水费分配表列明的用水量分配水费，公司签发转账支票予以支付。

　　要求：（1）填制水费分配表；

　　　　　（2）签发转账支票。

27. 11 月 26 日，收到银行收款通知。

28. 11 月 26 日，购料，材料尚未收到，按合同从银行支付款项。

29. 11 月 27 日，计提本月长期借款利息，该借款 600,000.00 元系 2014 年 12 月 31 日借入，期限两年，年利率 8.4%，按月计提，按季度支付，该款项全部用于综合楼建造工程。

　　要求：自制长期借款利息计提表。

30. 11 月 27 日，计提本月短期借款利息，该借款系本年 10 月 1 日取得、年利率为 6%、期限为四个月、金额为 90,000.00 元的流动资金借款。

要求：自制短期借款利息计提表。

31. 11 月 28 日，摊销本月报刊费和财产保险费，上年预订本年报刊费用计 6,000.00 元；上年缴纳本年的财产保险费 36,000.00 元（财产保险费中基本车间 60%，机修车间 10%，动力车间 12%，销售门市部 7%，厂部 11%），报刊费和财产保险费按 12 个月平均摊销。

要求：自制费用计提（摊销）计算表。

32. 11 月 30 日，计提本月折旧。

要求：填制折旧计算表。

33. 11 月 30 日，将现金 1,000.00 元（其中面额为 10 元的 10 张，面额为 50 元的 6 张，面额为 100 元的 6 张）送存银行。

要求：填制现金缴款单。

34. 11 月 30 日，收到银行付款通知。

35. 11 月 30 日，销售给鹏程公司 B-02 产品 8,000 件，不含税单价 190.00 元，收到转账支票一张（号码：009986124）送存银行。

要求：（1）填制专用发票；

（2）填制进账单；

（3）填制产品出库单。

36. 11 月 30 日，进行工资分配。

要求：编制工资费用分配表。

37. 11 月 30 日，计提本月企业负担的各项社会保险费、住房公积金。

要求：填制保险、基金计提表。

38. 11 月 30 日，签发转账支票一张，交付上月职工住房公积金。

要求：签发转账支票。

39. 11 月 30 日，开出转账支票，缴纳上月社会保险费。

要求：签发转账支票。

40. 11 月 30 日，根据账户资料计算本月原材料成本差异率；根据本月领料单，分别汇总本月原材料、周转材料耗用情况并进行转账。

要求：（1）填制本月材料成本差异计算表；

（2）编制原材料耗用汇总表；

（3）编制周转材料耗用汇总表。

41. 11 月 30 日，计算需要补贴食堂的金额，从而确定企业每期因补贴职工食堂而需要承担的福利费金额。

要求：计算本月应付职工食堂补贴额并填制计算表。

42. 11 月 30 日，根据资料表 11，采用直接分配法分配机修车间和动力车间费用。（动力车间为基本生产车间提供的生产用电，按 A-01 与 B-02 产品的生产工时比例分配）。

要求：编制辅助生产费用分配表。

43. 11 月 30 日，分配结转制造费用。

要求：编制制造费用分配表。

44. 11 月 30 日，计算并结转本月基本生产车间产品成本，并将完工产品验收入库。

要求：（1）分别编制 A-01 和 B-02 产品成本计算单；

（2）编制产品成本汇总表；

（3）编制产成品入库单。

45. 11 月 30 日，按全月一次加权平均法，计算并结转各产品销售成本。

要求：填制产成品收发存月报表。

46. 11 月 30 日，按本月应交增值税额的 7%，计算结转应交城市维护建设税，按本月应交增值税额的 3%，计算结转应交教育费附加。

要求：编制税费计算表。

47. 11 月 30 日，滨海饭店开来发票一张，开出银行转账支票付讫。

要求：签发转账支票。

48. 11 月 30 日，开出转账支票拨付食堂，收到食堂开据的收款收据。

要求：签发转账支票。

49. 11 月 30 日，结转本月未交增值税。

50. 11 月 30 日，按本月利润总额计算并结转应交所得税。

51. 11 月 30 日，将各损益类账户转入本年利润。

52. 11 月 30 日，进行月结，并编制资产负债表和利润表。

公司空白转账支票：

中国工商银行 转账支票 (鲁)

XIII00894193

出票日期（大写）： 年 月 日

收款人：

人民币
（大写）

用途

上列款项请从
我账户内支付

出票人签章

本支票付款期限十天

付款行名称：烟台市福海区支行
出票人账号：230003710061320327

亿	千	百	十	万	千	百	十	元	角	分

复核： 记账：

中国工商银行 (鲁)
转账支票存根
XIII00894193

附加信息：

出票日期： 年 月 日
收款人：
金额：
用途：
单位主管 会计

中国工商银行 转账支票 (鲁)

XIII00894194

出票日期（大写）： 年 月 日

收款人：

人民币
（大写）

用途

上列款项请从
我账户内支付

出票人签章

本支票付款期限十天

付款行名称：烟台市福海区支行
出票人账号：230003710061320327

亿	千	百	十	万	千	百	十	元	角	分

复核： 记账：

中国工商银行 (鲁)
转账支票存根
XIII00894194

附加信息：

出票日期： 年 月 日
收款人：
金额：
用途：
单位主管 会计

中国工商银行 转账支票 （鲁）

XIII00889195

付款行名称：烟台市福海区支行
出票人账号：230003710061320327

出票日期（大写）： 年 月 日

收款人：

人民币
（大写）

亿	千	百	十	万	千	百	十	元	角	分

用途

上列款项请从
我账户内支付

出票人签章

复核： 记账：

本支票付款期限十天

中国工商银行 （鲁）
转账支票存根

XIII00889195

附加信息：

出票日期： 年 月 日

收款人：

金额：

用途：

单位主管 会计

中国工商银行 转账支票 （鲁）

XIII00889196

付款行名称：烟台市福海区支行
出票人账号：230003710061320327

出票日期（大写）： 年 月 日

收款人：

人民币
（大写）

亿	千	百	十	万	千	百	十	元	角	分

用途

上列款项请从
我账户内支付

出票人签章

复核： 记账：

本支票付款期限十天

中国工商银行 （鲁）
转账支票存根

XIII00889196

附加信息：

出票日期： 年 月 日

收款人：

金额：

用途：

单位主管 会计

中国工商银行（鲁）
转账支票存根
XIII00889 4197

附加信息：

出票日期：　年　月　日
收款人：
金额：
用途：
单位主管　　　会计

中国工商银行 转账支票（鲁）
XIII00889 4197

出票日期（大写）：　年　月　日
收款人：
人民币
（大写）

用途
上列款项请从
我账户内支付
出票人签章

本支票付款期限十天

付款行名称：烟台市福海区支行
出票人账号：2300037100613200327

亿	千	百	十	万	千	百	十	元	角	分

复核：　　　　　记账：

中国工商银行（鲁）
转账支票存根
XIII00889 4198

附加信息：

出票日期：　年　月　日
收款人：
金额：
用途：
单位主管　　　会计

中国工商银行 转账支票（鲁）
XIII00889 4198

出票日期（大写）：　年　月　日
收款人：
人民币
（大写）

用途
上列款项请从
我账户内支付
出票人签章

本支票付款期限十天

付款行名称：烟台市福海区支行
出票人账号：2300037100613200327

亿	千	百	十	万	千	百	十	元	角	分

复核：　　　　　记账：

中国工商银行 转账支票 (鲁)

XIII00894199

出票日期(大写): 年 月 日

收款人:

付款行名称: 烟台市福海区支行

出票人账号: 230003710061320 0327

	亿	千	百	十	万	千	百	十	元	角	分
人民币
(大写)											

用途

上列款项请从
我账户内支付

出票人签章

复核: 记账:

本支票付款期限十天

中国工商银行 (鲁)
转账支票票存根

XIII00894199

附加信息:

出票日期: 年 月 日

收款人:

金额:

用途:

单位主管 会计

中国工商银行 转账支票 (鲁)

XIII00894200

出票日期(大写): 年 月 日

收款人:

付款行名称: 烟台市福海区支行

出票人账号: 230003710061320 0327

	亿	千	百	十	万	千	百	十	元	角	分
人民币
(大写)											

用途

上列款项请从
我账户内支付

出票人签章

复核: 记账:

本支票付款期限十天

中国工商银行 (鲁)
转账支票票存根

XIII00894200

附加信息:

出票日期: 年 月 日

收款人:

金额:

用途:

单位主管 会计

中国工商银行（鲁）
转账支票票存根
XIII00889420

附加信息：

出票日期：　年　月　日

收款人：

金额：

用途：

单位主管　　　会计

中国工商银行　转账支票（鲁）

XIII00889420

出票日期（大写）：　年　月　日

收款人：

人民币
（大写）

用途

上列款项请从
我账户内支付

出票人签章

本支票付款期限十天

付款行名称：烟台市福海区支行

出票人账号：2300037100613200327

亿	千	百	十	万	千	百	十	元	角	分

复核：　　　　记账：

中国工商银行（鲁）
转账支票票存根
XIII00889420

附加信息：

出票日期：　年　月　日

收款人：

金额：

用途：

单位主管　　　会计

中国工商银行　转账支票（鲁）

XIII00889420

出票日期（大写）：　年　月　日

收款人：

人民币
（大写）

用途

上列款项请从
我账户内支付

出票人签章

本支票付款期限十天

付款行名称：烟台市福海区支行

出票人账号：2300037100613200327

亿	千	百	十	万	千	百	十	元	角	分

复核：　　　　记账：

中国工商银行 转账支票 （鲁）

XIII00894203

付款行名称：烟台市福海区支行

出票人账号：2300037100613200327

出票日期（大写）： 年 月 日

收款人：

人民币
（大写）

亿	千	百	十	万	千	百	十	元	角	分

用途：

上列款项请从

我账户内支付

出票人签章

复核： 记账：

本支票付款期限十天

中国工商银行（鲁）

转账支票存根

XIII00894203

附加信息：

出票日期： 年 月 日

收款人：

金额：

用途：

单位主管 会计

中国工商银行 转账支票 （鲁）

XIII00894204

付款行名称：烟台市福海区支行

出票人账号：2300037100613200327

出票日期（大写）： 年 月 日

收款人：

人民币
（大写）

亿	千	百	十	万	千	百	十	元	角	分

用途：

上列款项请从

我账户内支付

出票人签章

复核： 记账：

本支票付款期限十天

中国工商银行（鲁）

转账支票存根

XIII00894204

附加信息：

出票日期： 年 月 日

收款人：

金额：

用途：

单位主管 会计

中国工商银行 转账支票 （鲁）

XIII00894205

付款行名称：烟台市福海区支行

出票人账号：230003710061320 0327

亿	千	百	十	万	千	百	十	元	角	分

复核：　　　　　　　　记账：

出票日期（大写）：　　年　　月　　日

收款人：

人民币（大写）

用途：

上列款项请从

我账户内支付

出票人签章

本支票付款期限十天

中国工商银行 （鲁）

转账支票存根

XIII00894205

附加信息：

出票日期：　　年　　月　　日

收款人：

金额：

用途：

单位主管　　　　会计

中国工商银行 转账支票 （鲁）

XIII00894206

付款行名称：烟台市福海区支行

出票人账号：230003710061320 0327

亿	千	百	十	万	千	百	十	元	角	分

复核：　　　　　　　　记账：

出票日期（大写）：　　年　　月　　日

收款人：

人民币（大写）

用途：

上列款项请从

我账户内支付

出票人签章

本支票付款期限十天

中国工商银行 （鲁）

转账支票存根

XIII00894206

附加信息：

出票日期：　　年　　月　　日

收款人：

金额：

用途：

单位主管　　　　会计

中国工商银行 转账支票 (鲁)

XIII00894207

付款行名称: 烟台市福海区支行
出票人账号: 2300037100613200327

亿	千	百	十	万	千	百	十	元	角	分

出票日期 (大写): 　年　月　日
收款人:

人民币
(大写)

用途
上列款项请从
我账户内支付
出票人签章

复核: 　　　　　记账:

本支票付款期限十天

中国工商银行 (鲁)
转账支票存根
XIII00894207

附加信息:

出票日期: 　年　月　日
收款人:
金额:
用途:
单位主管　　　　会计

中国工商银行 转账支票 (鲁)

XIII00894208

付款行名称: 烟台市福海区支行
出票人账号: 2300037100613200327

亿	千	百	十	万	千	百	十	元	角	分

出票日期 (大写): 　年　月　日
收款人:

人民币
(大写)

用途
上列款项请从
我账户内支付
出票人签章

复核: 　　　　　记账:

本支票付款期限十天

中国工商银行 (鲁)
转账支票存根
XIII00894208

附加信息:

出票日期: 　年　月　日
收款人:
金额:
用途:
单位主管　　　　会计

中国工商银行 转账支票（鲁）

XIII00894209

中国工商银行 转账支票（鲁）

出票日期（大写）：　年　月　日

收款人：

付款行名称：烟台市福海区支行

出票人账号：2300037100613200327

亿	千	百	十	万	千	百	十	元	角	分

人民币
（大写）

用途

上列款项请从
我账户内支付

复核：　　　　　记账：

出票人签章

本支票付款期限十天

中国工商银行（鲁）
转账支票存根

XIII00894209

附加信息：

出票日期：　年　月　日

收款人：

金额：

用途：

单位主管　　　　会计

中国工商银行 转账支票（鲁）

XIII00894210

中国工商银行 转账支票（鲁）

出票日期（大写）：　年　月　日

收款人：

付款行名称：烟台市福海区支行

出票人账号：2300037100613200327

亿	千	百	十	万	千	百	十	元	角	分

人民币
（大写）

用途

上列款项请从
我账户内支付

复核：　　　　　记账：

出票人签章

本支票付款期限十天

中国工商银行（鲁）
转账支票存根

XIII00894210

附加信息：

出票日期：　年　月　日

收款人：

金额：

用途：

单位主管　　　　会计

中国工商银行（鲁）
转账支票存根
XIII00889421l

附加信息：

出票日期： 年 月 日
收款人：
金额：
用途：
单位主管 会计

XIII00889421l

中国工商银行 转账支票 （鲁）

出票日期（大写）： 年 月 日

收款人：

人民币
（大写）

用途：

上列款项请从
我账户内支付
出票人签章

付款行名称：烟台市福海区支行
出票人账号：23000371006l3200327

亿	千	百	十	万	千	百	十	元	角	分

复核： 记账：

本支票付款期限十天

中国工商银行（鲁）
转账支票存根
XIII00889421 2

附加信息：

出票日期： 年 月 日
收款人：
金额：
用途：
单位主管 会计

XIII00889421 2

中国工商银行 转账支票 （鲁）

出票日期（大写）： 年 月 日

收款人：

人民币
（大写）

用途：

上列款项请从
我账户内支付
出票人签章

付款行名称：烟台市福海区支行
出票人账号：23000371006l3200327

亿	千	百	十	万	千	百	十	元	角	分

复核： 记账：

本支票付款期限十天

中国工商银行 转账支票 (鲁)

XIII00894213

付款行名称：烟台市福海区支行
出票人账号：23000371006133200327

亿	千	百	十	万	千	百	十	元	角	分

出票日期（大写）： 年 月 日
收款人：

人民币
（大写）

用途

上列款项请从
我账户内支付
出票人签章

复核： 记账：

中国工商银行（鲁）
转账支票存根
XIII00894213

附加信息：

出票日期： 年 月 日
收款人：
金额：
用途：
单位主管 会计

本支票付款期限十天

中国工商银行 转账支票 (鲁)

XIII00894214

付款行名称：烟台市福海区支行
出票人账号：23000371006133200327

亿	千	百	十	万	千	百	十	元	角	分

出票日期（大写）： 年 月 日
收款人：

人民币
（大写）

用途

上列款项请从
我账户内支付
出票人签章

复核： 记账：

中国工商银行（鲁）
转账支票存根
XIII00894214

附加信息：

出票日期： 年 月 日
收款人：
金额：
用途：
单位主管 会计

本支票付款期限十天

中国工商银行 （鲁）
转账支票存根
XIII008894215

附加信息：

出票日期： 年 月 日
收款人：
金额：
用途：
单位主管 会计

中国工商银行 转账支票 （鲁）
XIII008894215

出票日期（大写）： 年 月 日
收款人：
付款行名称：烟台市福海区支行
出票人账号：230003710061320 0327

	亿	千	百	十	万	千	百	十	元	角	分
人民币（大写）											

用途
上列款项请从
我账户内支付
出票人签章

复核： 记账：

本支票付款期限十天

中国工商银行 （鲁）
转账支票存根
XIII008894216

附加信息：

出票日期： 年 月 日
收款人：
金额：
用途：
单位主管 会计

中国工商银行 转账支票 （鲁）
XIII008894216

出票日期（大写）： 年 月 日
收款人：
付款行名称：烟台市福海区支行
出票人账号：230003710061320 0327

	亿	千	百	十	万	千	百	十	元	角	分
人民币（大写）											

用途
上列款项请从
我账户内支付
出票人签章

复核： 记账：

本支票付款期限十天

中国工商银行 转账支票（鲁）

XIII00889217

中国工商银行（鲁）

转账支票存根

XIII00889217

附加信息：

出票日期： 年 月 日

收款人：

金额：

用途：

单位主管 会计

出票日期（大写）： 年 月 日

收款人：

	亿	千	百	十	万	千	百	十	元	角	分
人民币（大写）											

付款行名称：烟台市福海区支行

出票人账号：230003710061320 0327

用途

上列款项请从

我账户内支付

出票人签章

复核： 记账：

中国工商银行 转账支票（鲁）

XIII00889218

中国工商银行（鲁）

转账支票存根

XIII00889218

附加信息：

出票日期： 年 月 日

收款人：

金额：

用途：

单位主管 会计

出票日期（大写）： 年 月 日

收款人：

	亿	千	百	十	万	千	百	十	元	角	分
人民币（大写）											

付款行名称：烟台市福海区支行

出票人账号：230003710061320 0327

用途

上列款项请从

我账户内支付

出票人签章

复核： 记账：

中国工商银行 转账支票 （鲁）

XIII00894219

出票日期（大写）：　年　月　日

收款人：

人民币
（大写）

付款行名称：烟台市福海区支行

出票人账号：2300037100613200327

亿	千	百	十	万	千	百	十	元	角	分

用途

上列款项请从

我账户内支付

出票人签章

复核：　　　　　　　　　　记账：

中国工商银行（鲁）

转账支票存根

XIII00894219

附加信息：

出票日期：　年　月　日

收款人：

金额：

用途：

单位主管　　　　　会计

中国工商银行 转账支票 （鲁）

XIII00894220

出票日期（大写）：　年　月　日

收款人：

人民币
（大写）

付款行名称：烟台市福海区支行

出票人账号：2300037100613200327

亿	千	百	十	万	千	百	十	元	角	分

用途

上列款项请从

我账户内支付

出票人签章

复核：　　　　　　　　　　记账：

中国工商银行（鲁）

转账支票存根

XIII00894220

附加信息：

出票日期：　年　月　日

收款人：

金额：

用途：

单位主管　　　　　会计

公司空白现金支票：

中国工商银行 现金支票存根（鲁）

XIII008981145

附加信息：

出票日期： 年 月 日
收款人：
金额：
用途：
单位主管 会计

中国工商银行 现金支票（鲁）

XIII008981145

付款行名称：烟台市福海区支行
出票人账号：2300371006132003 27

出票日期（大写）： 年 月 日
收款人：
人民币
（大写）

用途
上列款项请从
我账户内支付
出票人签章

本支票付款期限十天

亿	千	百	十	万	千	百	十	元	角	分

复核： 记账：

中国工商银行 现金支票存根（鲁）

XIII008981146

附加信息：

出票日期： 年 月 日
收款人：
金额：
用途：
单位主管 会计

中国工商银行 现金支票（鲁）

XIII008981146

付款行名称：烟台市福海区支行
出票人账号：2300371006132003 27

出票日期（大写）： 年 月 日
收款人：
人民币
（大写）

用途
上列款项请从
我账户内支付
出票人签章

本支票付款期限十天

亿	千	百	十	万	千	百	十	元	角	分

复核： 记账：

中国工商银行（鲁）
现金支票票存根
XIII00898II47

附加信息：

出票日期： 年 月 日
收款人：
金额：
用途：
单位主管： 会计

中国工商银行 现金支票（鲁）

出票日期（大写）： 年 月 日
收款人：
人民币
（大写）
用途：
上列款项请从
我账户内支付
出票人签章

本支票付款期限十天

付款行名称：烟台市福海区支行
出票人账号：230003710061320O327

亿	千	百	十	万	千	百	十	元	角	分

复核： 记账：

XIII00898II47

中国工商银行（鲁）
现金支票票存根
XIII00898II48

附加信息：

出票日期： 年 月 日
收款人：
金额：
用途：
单位主管： 会计

中国工商银行 现金支票（鲁）

出票日期（大写）： 年 月 日
收款人：
人民币
（大写）
用途：
上列款项请从
我账户内支付
出票人签章

本支票付款期限十天

付款行名称：烟台市福海区支行
出票人账号：230003710061320O327

亿	千	百	十	万	千	百	十	元	角	分

复核： 记账：

XIII00898II48

中国工商银行　现金支票（鲁）

XIII008981149

付款行名称：烟台市福海区支行
出票人账号：23000371006132 00327

出票日期（大写）：　年　月　日

收款人：

人民币
（大写）

亿	千	百	十	万	千	百	十	元	角	分

用途

上列款项请从
我账户内支付

出票人签章

本支票付款期限十天

复核：　　　　　记账：

中国工商银行（鲁）
现金支票存根
XIII008981149

附加信息：

出票日期：　年　月　日

收款人：

金额：

用途：

单位主管　　　合计

中国工商银行　现金支票（鲁）

XIII008981150

付款行名称：烟台市福海区支行
出票人账号：23000371006132 00327

出票日期（大写）：　年　月　日

收款人：

人民币
（大写）

亿	千	百	十	万	千	百	十	元	角	分

用途

上列款项请从
我账户内支付

出票人签章

本支票付款期限十天

复核：　　　　　记账：

中国工商银行（鲁）
现金支票存根
XIII008981150

附加信息：

出票日期：　年　月　日

收款人：

金额：

用途：

单位主管　　　合计

转账支票登记簿

年		支票号码	用途	金额										经办人	收回日期	备注
月	日			千	百	十	万	千	百	十	元	角	分			

转账支票登记簿

年		支票号码	用途	金额										经办人	收回日期	备注
月	日			千	百	十	万	千	百	十	元	角	分			

转账支票登记簿

年		支票号码	用途	金额										经办人	收回日期	备注
月	日			千	百	十	万	千	百	十	元	角	分			

转账支票登记簿

年		支票号码	用途	金额										经办人	收回日期	备注
月	日			千	百	十	万	千	百	十	元	角	分			

现金支票登记簿

年		支票号码	用途	金额										经办人	收回日期	备注
月	日			千	百	十	万	千	百	十	元	角	分			

现金支票登记簿

年		支票号码	用途	金额										经办人	收回日期	备注
月	日			千	百	十	万	千	百	十	元	角	分			

附：证明及记录模拟企业 2015 年 11 月份经济业务的原始凭证

1-1

山东增值税专用发票

3706151130

国家税务总局监制
发票联

No.05724855

开票日期：2015 年 11 月 01 日

购货单位	名　　称：烟台荣昌股份有限公司 纳税人识别号：370602117625137 地　址、电话：烟台市福海区 APEC 产业园 17 号 7928188 开户行及账号：工行烟台市福海区支行 2300037100613200327				密码区	5<-/566<273>21/0990// >/59220556+4/75>+980 -7->0008+8//525889<0 *1>28*036+55-170>>0-		加密版本： 01
货物或应税劳务、服务名称	规格型号	单位	数量	单价	金　　额	税率	税　额
甲材料	101 号	吨	4	25000.00	100000.00	17%	17000.00
合　　计					¥ 100000.00		¥ 17000.00

价税合计（大写）	人民币壹拾壹万柒仟元整	（小写）¥ 117000.00

销货单位	名　　称：烟台海盛贸易有限公司 纳税人识别号：370602112234567 地　址、电话：烟台科技产业园 6058672 开户行及账号：农行延安路支行 82600087567	备注	烟台海盛贸易有限公司 370602112234567 发票专用章

收款人：韩磊　　　　复核人：刘华　　　　开票人：王军　　　　销货单位：(章)

第三联：发票联　购买方记账凭证

1-2

山东增值税专用发票

3706151130

国家税务总局监制
抵扣联

No.05724855

开票日期：2015 年 11 月 01 日

购货单位	名　　称：烟台荣昌股份有限公司 纳税人识别号：370602117625137 地　址、电话：烟台市福海区 APEC 产业园 17 号 7928188 开户行及账号：工行烟台市福海区支行 2300037100613200327				密码区	5<-/566<273>21/0990// >/59220556+4/75>+980 -7->0008+8//525889<0 *1>28*036+55-170>>0-		加密版本： 01
货物或应税劳务、服务名称	规格型号	单位	数量	单价	金　　额	税率	税　　额
甲材料	101 号	吨	4	25000.00	100000.00	17%	17000.00
合　　计					¥ 100000.00		¥ 17000.00

价税合计（大写）	人民币壹拾壹万柒仟元整	（小写）¥ 117000.00

销货单位	名　　称：烟台海盛贸易有限公司 纳税人识别号：370602112234567 地　址、电话：烟台科技产业园 6058672 开户行及账号：农行延安路支行 82600087567	备注	烟台海盛贸易有限公司 370602112234567 发票专用章

收款人：韩磊　　　　复核人：刘华　　　　开票人：王军　　　　销货单位：(章)

第二联：抵扣联　购买方扣税凭证

1–3

收 料 单

NO. 12016

供货单位：

发票号码：

年　月　日

收货仓库：

材料类别	名称及规格	计量单位	数量		实际成本		计划成本		成本差异	
			应收	实收	单价	金额	单价	金额		记账联
合　　计										

质量检验：　　　　　　　　收料：　　　　　　　　制单：

2–1

山东增值税专用发票

3706151130

No.05779597

国家税务总局监制
记账联

开票日期：

购货单位	名　　称：烟台鑫磊公司 纳税人识别号：370602197725134 地　址、电话：烟台市开发区轩海路 19 号 4195667 开户行及账号：建行烟台市开发区支行 2400037100613200729			密码区	5<-/566<273>21/0990// >/59220556+4/75>+980 –7->0008+8//525889<0 *1>28*036+55-170>>0–	加密版本： 01
货物或应税劳务、服务名称	规格型号	单位	数量	单价	金　额	税率	税　额
合　　计					¥		¥
价税合计(大写)				(小写)¥		
销货单位	名　　称： 纳税人识别号： 地　址、电话： 开户行及账号：			备注		

收款人：　　　　复核人：　　　　开票人：　　　　销货单位:(章)

第一联：记账联　销售方记账凭证

2–2

中国工商银行进账单（收账通知）   3

年　月　日

出票人	全称		收款人	全称										此联是收款人开户银行交给收款人的收账通知
	账号			账号										
	开户银行			开户银行										
金额	人民币(大写)				千	百	十	万	千	百	十	元	角	分
票据种类		票据张数												
票据号码														
	复核	记账		收款人开户银行盖章										

2–3

产 品 出 库 单

年　月　日

凭证编号：0001
产成品库：

用途：

类别	编号	名称及规格	计量单位	数量	单位成本	总成本	附注：
合　　计							

财务：　　　　　　仓库主管：　　　　　　仓库经手人：

3–1

山东增值税专用发票

3706151130

No.06027300

开票日期：2015 年 11 月 02 日

购货单位	名　称：烟台荣昌股份有限公司								密码区	5＜–/566＜273＞21/0990// ＞/59220556+4/75＞+980 –7–＞0008+8//525889＜0 *1＞28*036+55–170＞＞0–	加密版本： 01
	纳税人识别号：370602117625137										
	地址、电话：烟台市福海区 APEC 产业园 17 号 7928188										
	开户行及账号：工行烟台市福海区支行 2300037100613200327										
货物或应税劳务、服务名称	规格型号	单位	数量	单价	金　额		税率	税　额			
工具		件	10	200.00	2000.00		17%	340.00			
合　计					¥2000.00			¥340.00			
价税合计(大写)	人民币贰仟叁佰肆拾元整					(小写)¥2340.00					
销货单位	名　称：烟台振兴百货股份有限公司						备注				
	纳税人识别号：370602117653421										
	地址、电话：烟台科技产业园 6058677										
	开户行及账号：农行延安路支行 82600087588										

收款人：张英　　　复核人：刘东　　　开票人：陈放　　　销货单位：(章)

3–2

山东增值税专用发票

3706151130

No.06027300

开票日期：2015 年 11 月 02 日

购货单位	名　称：烟台荣昌股份有限公司								密码区	5＜–/566＜273＞21/0990// ＞/59220556+4/75＞+980 –7–＞0008+8//525889＜0 *1＞28*036+55–170＞＞0–	加密版本： 01
	纳税人识别号：370602117625137										
	地址、电话：烟台市福海区 APEC 产业园 17 号 7928188										
	开户行及账号：工行烟台市福海区支行 2300037100613200327										
货物或应税劳务、服务名称	规格型号	单位	数量	单价	金　额		税率	税　额			
工具		件	10	200.00	2000.00		17%	340.00			
合　计					¥2000.00			¥340.00			
价税合计(大写)	人民币贰仟叁佰肆拾元整					(小写)¥2340.00					
销货单位	名　称：烟台振兴百货股份有限公司						备注				
	纳税人识别号：370602117653421										
	地址、电话：烟台科技产业园 6058677										
	开户行及账号：农行延安路支行 82600087588										

收款人：张英　　　复核人：刘东　　　开票人：陈放　　　销货单位：(章)

3-3

收 料 单

NO.12017

年 月 日

供货单位：

收货仓库：

发票号码：

材料类别	名称及规格	计量单位	数量		实际成本		计划成本		成本差异	记账联
			应收	实收	单价	金额	单价	金额		
合　计										

质量检验：　　　　　　　　收料：　　　　　　　　制单：

5

借 款 借 据

年 月 日

部门名称		借款人							
借款用途									
借款金额（大写）			万	千	百	十	元	角	分
部门负责人		主管领导							
财务处									

6

中国工商银行**汇票委托书**（存根）　①　NO.051205

委托日期　　年　月　日

汇款人		收款人	
账　号或住址		账　号或住址	
兑付地点	省　　市/县　　兑付行	汇款用途	
汇　款金　额	人民币（大写）		¥＿＿＿＿＿
备注：		科目：＿＿＿＿＿＿　　对方科目：＿＿＿＿＿＿　　　主管：　　　复核：　　　经办：	

7

中国工商银行进账单（收账通知）　　　　　3

年　　月　　日

出票人	全称		收款人	全称											此联是收款人开户银行交给收款人的收账通知
	账号			账号											
	开户银行			开户银行											
金额	人民币（大写）					千	百	十	万	千	百	十	元	角	分	
票据种类			票据张数												
票据号码															
	复核　　　　　　　　记账						收款人开户银行盖章									

8-1

山东增值税专用发票

3706151130

No.05724855

开票日期：2015 年 11 月 06 日

<table>
<tr><td rowspan="4">购货单位</td><td>名　　　称：烟台荣昌股份有限公司</td><td rowspan="4">密码区</td><td rowspan="4">5＜-/566＜273＞21/0990//
＞/59220556+4/75＞+980
-7-＞0008+8//525889＜0
*1＞28*036+55-170＞＞0-</td><td>加密版本：</td></tr>
<tr><td>纳税人识别号：370602117625137</td><td>01</td></tr>
<tr><td>地　址、电话：烟台市福海区 APEC 产业园 17 号 7928188</td><td></td></tr>
<tr><td>开户行及账号：工行烟台市福海区支行 2300037100613200327</td><td></td></tr>
</table>

<table>
<tr><th>货物或应税劳务、服务名称</th><th>规格型号</th><th>单位</th><th>数量</th><th>单价</th><th>金额</th><th>税率</th><th>税额</th></tr>
<tr><td>乙材料</td><td>102 号</td><td>吨</td><td>5</td><td>40000.00</td><td>200000.00</td><td>17%</td><td>34000.00</td></tr>
<tr><td>合　　计</td><td></td><td></td><td></td><td></td><td>¥ 200000.00</td><td></td><td>¥ 34000.00</td></tr>
</table>

价税合计(大写)　　人民币贰拾叁万肆仟元整　　(小写)¥ 234000.00

<table>
<tr><td rowspan="4">销货单位</td><td>名　　　称：威海凤祥贸易有限公司</td><td rowspan="4">备注</td><td rowspan="4">（威海凤祥贸易有限公司
371002780400001
发票专用章）</td></tr>
<tr><td>纳税人识别号：371002780400001</td></tr>
<tr><td>地　址、电话：威海市解放路 17 号 0631-5235503</td></tr>
<tr><td>开户行及账号：农行解放路支行 56012364011</td></tr>
</table>

收款人：高琴　　　复核人：宋运　　　开票人：张天　　　销货单位:(章)

第三联：发票联 购买方记账凭证

8-2

山东增值税专用发票

3706151130

No.05724855

开票日期：2015 年 11 月 06 日

<table>
<tr><td rowspan="4">购货单位</td><td>名　　　称：烟台荣昌股份有限公司</td><td rowspan="4">密码区</td><td rowspan="4">5＜-/566＜273＞21/0990//
＞/59220556+4/75＞+980
-7-＞0008+8//525889＜0
*1＞28*036+55-170＞＞0-</td><td>加密版本：</td></tr>
<tr><td>纳税人识别号：370602117625137</td><td>01</td></tr>
<tr><td>地　址、电话：烟台市福海区 APEC 产业园 17 号 7928188</td><td></td></tr>
<tr><td>开户行及账号：工行烟台市福海区支行 2300037100613200327</td><td></td></tr>
</table>

<table>
<tr><th>货物或应税劳务、服务名称</th><th>规格型号</th><th>单位</th><th>数量</th><th>单价</th><th>金额</th><th>税率</th><th>税额</th></tr>
<tr><td>乙材料</td><td>102 号</td><td>吨</td><td>5</td><td>40000.00</td><td>200000.00</td><td>17%</td><td>34000.00</td></tr>
<tr><td>合　　计</td><td></td><td></td><td></td><td></td><td>¥ 200000.00</td><td></td><td>¥ 34000.00</td></tr>
</table>

价税合计(大写)　　人民币贰拾叁万肆仟元整　　(小写)¥ 234000.00

<table>
<tr><td rowspan="4">销货单位</td><td>名　　　称：威海凤祥贸易有限公司</td><td rowspan="4">备注</td><td rowspan="4">（威海凤祥贸易有限公司
371002780400001
发票专用章）</td></tr>
<tr><td>纳税人识别号：371002780400001</td></tr>
<tr><td>地　址、电话：威海市解放路 17 号 0631-5235503</td></tr>
<tr><td>开户行及账号：农行解放路支行 56012364011</td></tr>
</table>

收款人：高琴　　　复核人：宋运　　　开票人：张天　　　销货单位:(章)

第二联：抵扣联 购买方扣税凭证

8-3

货物运输业增值税专用发票

3710151230

国家税务总局监制
发票联

No.5724855

开票日期：2015 年 11 月 06 日

承运人及纳税人识别号	威海市迅达运输公司 3707002780654326		密码区	> /59220556+4/75 > +980/ > /59220556+4/75 > /59220556+4/75 > +980/ > /59220556+4/75 > /59220556+4/75 > +980/ > /59220556+4/75 > /59220556+4/75 > +980/ > /59220556+4/75	
实际受票方及纳税人识别号	烟台荣昌股份有限公司 370602117625137				
收货人及纳税人识别号	烟台荣昌股份有限公司 370602117625137	发货人及纳税人识别号		威海凤祥贸易有限公司 371002780400001	
起运地、经由、到达地					

费用项目及金额	费用项目	金额	费用项目	金额	运输货物信息	乙材料
	运输费	180.18				

合计金额	￥180.18	税率	11%	税额	￥19.82	机器编号	589874625443

价税合计（大写）	人民币贰佰元整	(小写)￥200.00

车种车号		车船吨位		备注	威海市迅达运输公司 3707002780654326 发票专用章
主管税务机关及代码					

收款人：王娜　　复核人：李明　　开票人：张娟　　承运人：（章）

第三联 发票联 受票方付款凭证

8-4

货物运输业增值税专用发票

3710151230

国家税务总局监制
抵扣联

No.5724855

开票日期：2015 年 11 月 06 日

承运人及纳税人识别号	威海市迅达运输公司 3707002780654326		密码区	> /59220556+4/75 > +980/ > /59220556+4/75 > /59220556+4/75 > +980/ > /59220556+4/75 > /59220556+4/75 > +980/ > /59220556+4/75 > /59220556+4/75 > +980/ > /59220556+4/75	
实际受票方及纳税人识别号	烟台荣昌股份有限公司 370602117625137				
收货人及纳税人识别号	烟台荣昌股份有限公司 370602117625137	发货人及纳税人识别号		威海凤祥贸易有限公司 371002780400001	
起运地、经由、到达地					

费用项目及金额	费用项目	金额	费用项目	金额	运输货物信息	乙材料
	运输费	180.18				

合计金额	￥180.18	税率	11%	税额	￥19.82	机器编号	589874625443

价税合计（大写）	人民币贰佰元整	(小写)￥200.00

车种车号		车船吨位		备注	威海市迅达运输公司 3707002780654326 发票专用章
主管税务机关及代码					

收款人：王娜　　复核人：李明　　开票人：张娟　　承运人：（章）

第二联 抵扣联 受票方扣税凭证

8-5

商 业 承 兑 汇 票

签发日期　　　　　　　　年　月　日　　　　　　　　第　号

付款人	全　称				收款人	全　称		
	账　号					账　号		
	开户银行		行号			开户银行		行号

汇票金额	人民币（大写）		千	百	十	万	千	百	十	元	角	分

汇票到期日	年　月　日	交易合同号码	

本汇票已经本单位承兑，到期日无条件支付票据款。此致
　　付款人

　　　　　　付款人盖章　　　　　　　　　　　负责　　　　经办

8-6

收 料 单

NO. 12018

供货单位：　　　　　　　　　　　　　　　　　　　　　　　收货仓库：
发票号码：　　　　　　　　　　　年　月　日

材料类别	名称及规格	计量单位	数　量		实际成本		计划成本		成本差异	记账联
			应收	实收	单价	金额	单价	金额		
合　计										

质量检验：　　　　　　　　收料：　　　　　　　　制单：

9–1

收　据

No.**0422575**

2015 年 11 月 07 日

今收到　烟台荣昌股份有限公司	存根（白）
	客户（红）

金额（大写）　　零 佰 零 拾 贰 万 零 仟 零 佰 零 拾 零 元 零 角 零 分整

¥：20000.00　　　　　　　　　　　（单位盖章）

核准　马俊　　　会计　　　记账　　　出纳　韩虹　　　经手人　胡珂

9–2

中国工商银行**电子凭证**（回单）

委托日期　　　　年　　月　　日　　　　第 00537865 号

汇款人	全称		收款人	全称											
	账号或住址			账号或住址											
	汇出地点	省　市县　汇出行名称		汇入地点	省　市县　汇入行名称										
金额	人民币（大写）					千	百	十	万	千	百	十	元	角	分

汇款用途：　　　　　　　　　　　汇出行盖章

单位主管：　　会计：　　复核：　　记账：

　　　　　　　　　　　　　　　　　　　年　　月　　日

10-1

山东增值税专用发票

3706151130

国家税务总局监制
发票联

No.06028351

开票日期：2015 年 11 月 08 日

购货单位	名　　称：烟台荣昌股份有限公司 纳税人识别号：370602117625137 地址、电话：烟台市福海区 APEC 产业园 17 号 7928188 开户行及账号：工行烟台市福海区支行 2300037100613200327			密码区	5<-/566<273>21/0990// >/59220556+4/75>+980 -7->0008+8//525889<0 *1>28*036+55-170>>0-	加密版本： 01	
货物或应税劳务、服务名称	规格型号	单位	数量	单价	金　额	税率	税　额
广告费					8000.00	6%	480.00
合　计					¥8000.00		¥480.00
价税合计(大写)	人民币捌仟肆佰捌拾元整				(小写)¥8480.00		
销货单位	名　　称：烟台天马广告有限公司 纳税人识别号：370602117625228 地址、电话：烟台市高新区银海路 10 号 8635678 开户行及账号：工行烟台市高新支行 2300037100453200538			备注	烟台天马广告有限公司 370602117625228 发票专用章		

收款人：王丽　　　复核人：高乐　　　开票人：韩毅　　　销货单位：(章)

第三联：发票联　购买方记账凭证

10-2

山东增值税专用发票

3706151130

国家税务总局监制
抵扣联

No.06028351

开票日期：2015 年 11 月 08 日

购货单位	名　　称：烟台荣昌股份有限公司 纳税人识别号：370602117625137 地址、电话：烟台市福海区 APEC 产业园 17 号 7928188 开户行及账号：工行烟台市福海区支行 2300037100613200327			密码区	5<-/566<273>21/0990// >/59220556+4/75>+980 -7->0008+8//525889<0 *1>28*036+55-170>>0-	加密版本： 01	
货物或应税劳务、服务名称	规格型号	单位	数量	单价	金　额	税率	税　额
广告费					8000.00	6%	480.00
合　计					¥8000.00		¥480.00
价税合计(大写)	人民币捌仟肆佰捌拾元整				(小写)¥8480.00		
销货单位	名　　称：烟台天马广告有限公司 纳税人识别号：370602117625228 地址、电话：烟台市高新区银海路 10 号 8635678 开户行及账号：工行烟台市高新支行 2300037100453200538			备注	烟台天马广告有限公司 370602117625228 发票专用章		

收款人：王丽　　　复核人：高乐　　　开票人：韩毅　　　销货单位：(章)

第二联：抵扣联　购买方扣税凭证

11

中华人民共和国印花税票销售凭证

（981）鲁地印 451 号

填发日期：2015 年 11 月 09 日

购买单位	烟台荣昌股份有限公司			购买人	马俊

购　买　印　花　税　票						
面值种类	数量	金　额	面值种类	数　量	金　额
壹　角　票			伍　元　票	20	100.00
贰　角　票			拾　元　票	28	280.00
伍　角　票			伍拾元票	10	500.00
壹　元　票			壹佰元票	3	300.00
贰　元　票	10	20.00	总　　计		1200.00

金额总计（大写）壹仟贰佰元整

销售单位 （盖章）	售票人 张卫 （盖章）	备注	

征税专用章

第二联（收据）购票单位作报销凭证

12–1

山东增值税专用发票

3706151130

国家税务总局监制
记账联

No.05779598

开票日期：　年　月　日

购货单位	名　　称：青岛鹏程工贸有限公司 纳税人识别号：370202712345678 地址、电话：青岛市四方区香港路 19 号 0532-83195684 开户行及账号：建行青岛市四方区支行 2400036100613200637				密码区	5<-/566<273>21/0990// >/59220556+4/75>+980 -7->0008+8//525889<0 *1>28*036+55-170>>0-	加密版本： 01

货物或应税劳务、服务名称	规格型号	单位	数量	单价	金　额	税率	税　额
合　　计					¥		¥
价税合计（大写）				（小写）¥			

销货单位	名　　称： 纳税人识别号： 地址、电话： 开户行及账号：			备注			

收款人：　　　　复核人：　　　　开票人：　　　　销货单位：（章）

第一联：记账联　销售方记账凭证

12-2

<h2 style="text-align:center">中国工商银行 托收凭证（受理回单）</h2>

委托日期： 年 月 日　　　　1

业务类型		委托收款（□邮划、□电划） 托收承付（□邮划、□电划）														
付款人	全　称		收款人	全　称												
	账号或地址			账号或地址												
	开户银行			开户银行												
金额	人民币（大写）			千	百	十	万	千	百	十	元	角	分			
款 项 内 容			附寄单证张数													
商品发运情况			合同名称号码													
备注：　　　复核　　记账	款项收妥日期　　　年 月 日		收款人开户银行签章　　年 月 日													

此联作收款人开户银行给收款人的受理回单

12-3

<h2 style="text-align:center">产 品 出 库 单</h2>

年 月 日

凭证编号：0002
产成品库：

用途：

类别	编号	名称及规格	计量单位	数量	单位成本	总成本	附注：
合　　　计							

记账：　　　　　保管：　　　　　　　　　检验：　　　　　　　　　制单：

12-4

烟台荣昌股份有限公司
垫付费用报账凭证

委托单位：青岛鹏程公司　　　　　　　2015 年 11 月 12 日

摘　要	费用项目	金　额						备　注
		仟	佰	拾	元	角	分	
代垫运杂费	铁(公)路运输费		4	0	0	0	0	
								现金垫付
合计金额	￥400.00							
	人民币（大写）肆佰元整							

复核：马俊　　　　　　　　　　　　　　　　　经手人：马丹

13-1

中华人民共和国
税收电子转账专用完税证

（20141）鲁国电　（国）　484889

填发日期 2015 年 11 月 12 日

税务登记代码	370602117625137	征 收 机 关	福海区国税—管理二科
纳税人全称	烟台荣昌股份有限公司	收款银行（邮局）	工商银行福海区支行
税（费）种	税款所属时期		实缴金额
增值税	2015 年 10 月 1 日至 2015 年 10 月 31 日		159,000.00
企业所得税	2015 年 10 月 1 日至 2015 年 10 月 31 日		44,375.00
金额合计	（大写）贰拾万叁仟叁佰柒拾伍元整		￥203,375.00

税务机关	收款银行（邮局）烟台市福海支行 2015.11.12 （盖转讫）（1）	经手人 刘海 （签章）	备注	电子申报 372106011949867 621820 337001987496048

山东省国家税务局 盖章 ★ 征税专用章

电脑打印　　　　　　手工无效

此凭证仅作纳税人完税凭证，此外无效

13-2

中华人民共和国
税收电子转账专用完税证

地

填发日期：2015 年 11 月 12 日　（20141）鲁地电 **0417422**

税务登记代码	370602117625137	征 收 机 关	福海区国税—管理二科
纳税人全称	烟台荣昌股份有限公司	收款银行（邮局）	工商银行福海区支行
税（费）种	税款所属时期		实缴金额
城市维护建设税	2015 年 10 月 1 日至 2015 年 10 月 31 日		11,130.00
教育费附加	2015 年 10 月 1 日至 2015 年 10 月 31 日		4,770.00
个人所得税	2015 年 10 月 1 日至 2015 年 10 月 31 日		1,650.00
金额合计	（大写）壹万柒仟伍佰伍拾元整		¥17,550.00
中国工商银行 收款银行（邮局）行 烟台市福海支行 2015.11.12 转讫 （盖章）		经手人 （签章）	备 注	工商银行福海区支行（营业部）033700198749604837
电脑打印　　　手工无效			

（税务机关盖章：烟台市地方税务局 征税专用章）

此凭证仅作纳税人完税凭证，此外无效

14-1

中国工商银行
银行汇票

（多余款收账通知）

4

汇票号码 DY00345
第 101 号

付款期限 壹个月												
签发日期 （大写）	贰零壹伍年壹拾壹月零伍日		代理付款行：建行上海中山北路支行				行号：13495					
收款人	上海青山贸易有限公司		账号或住址：11050003402									
汇款金额人民币（大写）：伍拾万元整												
实际结算金额	人民币 （大写）：	肆拾陆万捌仟元整		千	百	十	万	千	百	十	元	角	分
					¥4	6	8	0	0	0	0	0
汇款人	烟台荣昌股份有限公司		账号或地址：23000371100613200327									
签发行：工行烟台市福海区支行 行号：23679			多余金额		左列退回多余金额已收入你账户内。							
汇款用途：购料款			十	万	千	百	十	元	角	分		
签发行盖章　　年　月　日			¥3	2	0	0	0	0	0			
						财务主管　　复核　　经办						

（银行盖章：烟台市福海支行 2015.11.12 转讫（1））

此联出票行结清多余款后交申请人

14-2

上海增值税专用发票

3100151130

国家税务总局监制
发票联

No.06755885

开票日期：2015 年 11 月 13 日

购货单位	名　　称：烟台荣昌股份有限公司 纳税人识别号：370602117625137 地址、电话：烟台市福海区 APEC 产业园 17 号 7928188 开户行及账号：工行烟台市福海区支行 2300037100613200327				密码区	5＜-/566＜273＞21/0990// ＞/59220556+4/75＞+980 -7-＞0008+8//525889＜0 *1＞28*036+55-170＞＞0-		加密版本： 01
货物或应税劳务、服务名称	规格型号	单位	数量	单价	金额	税率	税额
丁材料	202 号	吨	40	10000.00	400000.00	17%	68000.00
合　　计					¥ 400000.00		¥ 68000.00
价税合计（大写）	人民币肆拾陆万捌仟元整				（小写）¥ 468000.00		
销货单位	名　　称：上海青山贸易有限公司 纳税人识别号：310114170623878 地址、电话：上海市普陀区中山北路 18 号 65824672 开户行及账号：建行中山北路支行 11050003402				备注			

第三联：发票联　购买方记账凭证

收款人：姚立　　复核人：秦海　　开票人：王石　　销货单位：（章）

14-3

上海增值税专用发票

3100151130

国家税务总局监制
抵扣联

No.06755885

开票日期：2015 年 11 月 13 日

购货单位	名　　称：烟台荣昌股份有限公司 纳税人识别号：370602117625137 地址、电话：烟台市福海区 APEC 产业园 17 号 7928188 开户行及账号：工行烟台市福海区支行 2300037100613200327				密码区	5＜-/566＜273＞21/0990// ＞/59220556+4/75＞+980 -7-＞0008+8//525889＜0 *1＞28*036+55-170＞＞0-		加密版本： 01
货物或应税劳务、服务名称	规格型号	单位	数量	单价	金额	税率	税额
丁材料	202 号	吨	40	10000.00	400000.00	17%	68000.00
合　　计					¥ 400000.00		¥ 68000.00
价税合计（大写）	人民币肆拾陆万捌仟元整				（小写）¥ 468000.00		
销货单位	名　　称：上海青山贸易有限公司 纳税人识别号：310114170623878 地址、电话：上海市普陀区中山北路 18 号 65824672 开户行及账号：建行中山北路支行 11050003402				备注			

第二联：抵扣联　购买方扣税凭证

收款人：姚立　　复核人：秦海　　开票人：王石　　销货单位：（章）

14—4

收　料　单

NO. 12019

供货单位：

发票号码：

年　月　日

收货仓库：

材料类别	名称及规格	计量单位	数　量		实际成本		计划成本		成本差异	记账联
			应收	实收	单价	金额	单价	金额		
合　　计										

质量检验：　　　　　　　收料：　　　　　　　　制单：

15

差旅费报销单

年　月　日

姓　　名	张林	工作部门	供应科	出差时间	11月6~13日
出差事由	采购	出差地点	上海	往返天数	8天
发生费用	交通费	住宿费	伙食补贴	其　他	合　计
	784.00	400.00	240.00	226.00	
合　　计	人民币（大写）			¥	
预借金额		应退金额		应补金额	

批准人：　　　　　审核人：　　　　　部门主管：　　　　　出差人：

16—1

上海增值税专用发票

3100151130

区　上海
国家税务总局监制
发票联

No.056755588

开票日期：2015 年 11 月 14 日

购货单位	名　　　　称：烟台荣昌股份有限公司 纳税人识别号：370602117625137 地 址、电话：烟台市福海区 APEC 产业园 17 号 7928188 开户行及账号：工行烟台市福海区支行 2300037100613200327	密码区	5＜-/566＜273＞21/0990// ＞/59220556+4/75＞+980 -7-＞0008+8//525889＜0 *1＞28*036+55-170＞＞0-	加密版本： 01

货物或应税劳务、服务名称	规格型号	单位	数量	单价	金　额	税率	税　额
丙材料	201	吨	10	5000.00	50000.00	17%	8500.00
合　计					￥50000.00		￥8500.00

价税合计(大写)	人民币伍万捌仟伍佰元整	(小写)￥58500.00

销货单位	名　　　　称：上海尧顺工贸有限公司 纳税人识别号：310115607564213 地 址、电话：上海市杨浦区黄兴路 18 号 65822359 开户行及账号：农行黄兴路支行 110500067509	备注	上海尧顺工贸有限公司 310115607564213 发票专用章

收款人：孙俪　　　复核人：秦海璐　　　开票人：王永庆　　　销货单位:(章)

第三联：发票联　购买方记账凭证

16—2

上海增值税专用发票

3100151130

区　上海
国家税务总局监制
抵扣联

No.056755588

开票日期：2015 年 11 月 14 日

购货单位	名　　　　称：烟台荣昌股份有限公司 纳税人识别号：370602117625137 地 址、电话：烟台市福海区 APEC 产业园 17 号 7928188 开户行及账号：工行烟台市福海区支行 2300037100613200327	密码区	5＜-/566＜273＞21/0990// ＞/59220556+4/75＞+980 -7-＞0008+8//525889＜0 *1＞28*036+55-170＞＞0-	加密版本： 01

货物或应税劳务、服务名称	规格型号	单位	数量	单价	金　额	税率	税　额
丙材料	201	吨	10	5000.00	50000.00	17%	8500.00
合　计					￥50000.00		￥8500.00

价税合计(大写)	人民币伍万捌仟伍佰元整	(小写)￥58500.00

销货单位	名　　　　称：上海尧顺工贸有限公司 纳税人识别号：310115607564213 地 址、电话：上海市杨浦区黄兴路 18 号 65822359 开户行及账号：农行黄兴路支行 110500067509	备注	上海尧顺工贸有限公司 310115607564213 发票专用章

收款人：孙俪　　　复核人：秦海璐　　　开票人：王永庆　　　销货单位:(章)

第二联：抵扣联　购买方扣税凭证

221

16-3

收　料　单

NO. 12020

供货单位：

发票号码：　　　　　　　　　　年　月　日　　　　　　收货仓库：

材料类别	名称及规格	计量单位	数　量		实际成本		计划成本		成本差异	记账联
			应收	实收	单价	金额	单价	金额		
合　计										

质量检验：　　　　　　　　收料：　　　　　　　　制单：

16-4

中国工商银行电子凭证（回单）

委托日期　　　　年　月　日　　　　　第 00538932 号

	全称			全称												
汇款人	账号或住址	您的详细地址	收款人	账号或住址												
	汇出地点	省	市县	汇出行名称		汇入地点	省	市县	汇入行名称								

金额	人民币（大写）		千	百	十	万	千	百	十	元	角	分

汇款用途：

汇出行盖章

单位主管：　　　　　　会计：

复核：　　　　　　　　记账：

年　月　日

17

福海证券公司股票交易交割单

打印日期：2015 年 11 月 15 日　　　　　　　No.0733198663

股东代码：D100986502557　　　　　　　　　资金账号：156099

股东姓名：烟台荣昌股份有限公司

成交时间：2015-11-15

股票代码：699999　　　　　　　　　　　　　股票名称：万发股份

成交单价：15.00　　　　　　　　　　　　　　手续费：375.00

成交数量：10000 股　　　　　　　　　　　　印花税：450.00

成交金额：150000.00　　　　　　　　　　　　成交净额：150825.00

18

中国工商银行 电子凭证（收款通知）

电

日期：2015 年 11 月 14 日　　　　　第 00546792 号

汇款人	全　称	烟台联合公司	收款人	全　称	烟台荣昌股份有限公司
	账　号	2300037100613200436		账　号	2300037100613200327
	汇出地	山东省 烟台市		汇入地	山东省 烟台市
金额	人民币（大写）	壹佰万元整	¥1,000,000.00		

汇款用途： 　　还货款。	留行待取预留 收 款 人 印 鉴
上列款项已代进账，如有 错误，请持此联来面洽。	上列款项已照收无误。	科目（借） 　　对方科目（贷）
汇入行盖章 　　年　月　日	收款人盖章 　　年　月　日	汇入行解汇日期　　年　月　日 复核　　记账　　出纳

中国工商银行
烟台市福海支行
2015.11.15
转讫
（1）

19-1

烟台市商业零售统一发票

发票联

客户名称：烟台荣昌股份有限公司　　2015 年 11 月 16 日　　　　No. 12098977

货　号	品名及规格	单　位	数　量	单　价	超十万元无效	金　额						
						万	千	百	十	元	角	分
	办公用品					¥	1	4	5	0	0	0
合计金额（大写）	人民币壹仟肆佰伍拾元整											
付款方式	转账支票	开户银行及账号	工 行 烟 台 市 福 海 区 支 行 23000371006132003227 370602117653421									

收款企业(盖章有效)　　　　　收款人：古乐乐　　　　　开票人：田美丽

2 报销凭证

19-2

办公用品领用单（记账联）

2015 年 11 月 16 日

领用部门	用品名称	计量单位	数量		单价	金额	领料人（签名）
			请领	实领			
基本生产车间							
机修车间							
动力车间							
厂部							
销售门市部							
综合楼施工队							
合　计							

行政科长：刘刚　　　　　发料人：李莉

20

中国工商银行烟台市（ 支行 ）

邮、电、手续费收费凭证（付出传票）

2015 年 11 月 19 日　　　　　　　　　　　　第 01846531 号

1159.92.3.25×4.5 万

缴款单位名称：烟台荣昌股份有限公司	账号：2300037100613200327	信汇笔数		电汇笔数	
		异地托收信用证	笔数	（邮）	
				（电）	

邮费金额	电费金额	手续费金额	合计金额
百 十 元 角 分	百 十 元 角 分	百 十 元 角 分	千 百 十 元 角 分
		8 0 0 0	¥ 8 0 0 0

合计金额　人民币(大写)：捌拾元整

中国工商银行
烟台市福海支行
2015.11.19
转讫
（1）

收款银行盖章　　年 月 日

21-1

山东省转让无形资产统一发票

发票联

客户名称：烟台荣昌股份有限公司　　2015 年 11 月 21 日

发票代码 137061320084
发票号码 02457815

转让项目名称	技术合同编号	项目类别	金额
非专利技术	584612345		1,200,000.00

合计（大写）壹佰贰拾万元整　　　　　　　　　　　¥1,200,000.00

收款：马利　　　　　经办：王乾　　　　　收款单位（盖章）　财务专用章

第二联 报销凭证

21-2

无形资产摊销计算表

年　　月

无形资产名称	待摊金额	使用年限	月摊销率	本月应摊金额	备　注
合计					

主管：　　　　　　记账：　　　　　　　复核：　　　　　　制表：

21-3

中国工商银行电子凭证（回单）

委托日期　　　　　年　　月　　日　　　　　　　　　第 00538933 号

汇款人	全称		收款人	全称	
	账号或住址			账号或住址	
	汇出地点	省　市县　汇出行名称		汇入地点	省　市县　汇入行名称

金额	人民币（大写）						千	百	十	万	千	百	十	元	角	分

汇款用途：

汇出行盖章

单位主管：　　　　　　会计：
复核：　　　　　　　　记账：

　　　　年　　月　　日

11 月份工资结算汇总表

22

车间部门		基本工资	岗位工资	绩效奖	加班费	津贴、补贴		应扣工资		应付工资	代扣款项				实发工资
						夜班补贴	物价补贴	病假	事假		医疗保险2%	养老8%、失业保险0.5%	住房公积金8%	个人所得税	
基本车间	生产工人	80,000.00	7,200.00	5,000.00	1,050.00	1,400.00	18,400.00	85.00	120.00		1,514.00	6,434.50	6,056.00	760.00	
	管理人员	6,300.00	560.00	420.00			1,060.00		30.00		118.00	501.50	472.00	203.00	
	小计	86,300.00	7,760.00	5,420.00	1,050.00	1,400.00	19,460.00	85.00	150.00		1,632.00	6,936.00	6,528.00	963.00	
辅助车间	机修车间	5,600.00	480.00	390.00	150.00	120.00	1,288.00	20.00			100.00	425.00	400.00	117.00	
	动力车间	4,900.00	430.00	360.00	110.00	90.00	1,127.00	12.00			86.00	365.50	344.00	85.00	
	小计	10,500.00	910.00	750.00	260.00	210.00	2,415.00	32.00			186.00	790.50	744.00	202.00	
厂部		15,000.00	1,350.00	1,100.00			2,540.00				288.00	1,224.00	1,152.00	356.00	
销售门市部		9,000.00	460.00	1,200.00			1,960.00				174.00	739.50	696.00	104.00	
综合楼工程人员		4,200.00	350.00	300.00			1,000.00				80.00	340.00	320.00	42.00	
合计		125,000.00	10,830.00	8,770.00	1,310.00	1,610.00	27,375.00	117.00	150.00		2,360.00	10,030.00	9,440.00	1,667.00	

23

烟台荣昌股份有限公司
设备报废申请单

2015 年 11 月 23 日

设备名称	车床	预计使用年限	10	已使用年限	10
设备编号	3157	原值		已提折旧	
使用部门	基本车间	折余价值		预计残值	4000
报废原因	寿命已到	部门意见		加工产品质量难以保证，建议报废	
报废处理意见	送废旧物资回收公司	单位负责人意见		同意　　　　吕英胜	

24—1

烟台市废旧物资回收公司
收购单

2015 年 11 月 23 日

No. 908712

项目	单位	数量	单价	收购金额									备注
				百	十	万	千	百	十	元	角	分	
旧钢铁							3	2	0	0	0	0	
人民币金额合计（小写）							¥	3	2	0	0	0	0
人民币金额合计（大写）				叁仟贰佰元整									

收款单位盖章：　　　　　　　　　　　　　　　　　开票人：王原

235

24-2

货物运输业增值税专用发票

3706071520

No.05725864

开票日期：2015 年 11 月 23 日

承运人及纳税人识别号	烟台正宏运输公司 370602584672056			密码区	> /59220556+4/75 > +980/ > /59220556+4/75 > /59220556+4/75 > +980/ > /59220556+4/75
实际受票方及纳税人识别号	烟台荣昌股份有限公司 370602117625137				> /59220556+4/75 > +980/ > /59220556+4/75 > /59220556+4/75 > +980/ > /59220556+4/75
收货人及纳税人识别号	烟台荣昌股份有限公司 370602117625137		发货人及纳税人识别号	烟台万宝废品回收公司 370658467258265	
起运地、经由、到达地					

费用项目及金额	费用项目 运费	金额 180.18	费用项目	金额	运输货物信息	废品

合计金额	￥180.18	税率	11%	税额	￥19.82	机器编号	
价税合计（大写）	贰佰元整			（小写）￥ 200.00			
车种车号			车船吨位		备注		
主管税务机关及代码							

收款人：张凯　　　复核人：王茜　　　开票人：张明　　　承运人：（章）

第三联　发票联　受票方付款凭证

24-3

货物运输业增值税专用发票

3706071520

No.05725864

开票日期：2015 年 11 月 23 日

承运人及纳税人识别号	烟台正宏运输公司 370602584672056			密码区	> /59220556+4/75 > +980/ > /59220556+4/75 > /59220556+4/75 > +980/ > /59220556+4/75
实际受票方及纳税人识别号	烟台荣昌股份有限公司 370602117625137				> /59220556+4/75 > +980/ > /59220556+4/75 > /59220556+4/75 > +980/ > /59220556+4/75
收货人及纳税人识别号	烟台荣昌股份有限公司 370602117625137		发货人及纳税人识别号	烟台万宝废品回收公司 370658467258265	
起运地、经由、到达地					

费用项目及金额	费用项目 运费	金额 180.18	费用项目	金额	运输货物信息	废品

合计金额	￥180.18	税率	11%	税额	￥19.82	机器编号	
价税合计（大写）	贰佰元整			（小写）￥ 200.00			
车种车号			车船吨位		备注		
主管税务机关及代码							

收款人：张凯　　　复核人：王茜　　　开票人：张明　　　承运人：（章）

第二联　抵扣联　受票方扣税凭证

24-4

中国工商银行进账单（收账通知）

3

年　　月　　日

出票人	全称		收款人	全称		此
	账号			账号		联是收款人开户银行交给收款人的收账通知
	开户银行			开户银行		

金额	人民币(大写)					千	百	十	万	千	百	十	元	角	分

票据种类		票据张数	
票据号码			

复核　　　　　　　　　记账

收款人开户银行盖章

24-5

内部转账单

年　　月　　日

项　　　　目	金　　　额
固定资产报废净值	
固定资产残值收入	
固定资产清理费用	
固定资产清理净损失（或收益）	

25-1

山东增值税专用发票

3706151130

国家税务总局监制
发票联

No.05724889

开票日期：2015 年 11 月 25 日

购货单位	名　　称：烟台荣昌股份有限公司 纳税人识别号：370602117625137 地址、电话：烟台市福海区 APEC 产业园 17 号 7928188 开户行及账号：工行烟台市福海区支行 2300037100613200327				密码区	5<-/566<273>21/0990// >/59220556+4/75>+980 -7->0008+8//525889<0 *1>28*036+55-170>>0-	加密版本： 01	
货物或应税劳务、服务名称	规格型号	单位	数量	单价	金　额	税率	税　额	
动力电费		度	65613	0.62	40680.06	17%	6915.61	
照明电费		度	11312	0.47	5316.64	17%	903.83	
合　　计					￥45996.70		￥7819.44	
价税合计(大写)		人民币伍万叁仟捌佰壹拾陆元壹角肆分			(小写)￥ 53816.14			
销货单位	名　　称：烟台电力股份有限公司 纳税人识别号：370602117654321 地址、电话：烟台市解放路 19 号 6250335 开户行及账号：农行延安路支行 82600087567				备注	烟台电力股份有限公司 370602117654321 发票专用章		

收款人：刘英　　　　复核人：朴京　　　　开票人：赵凌　　　　销货单位：(章)

（第三联：发票联　购买方记账凭证）

25-2

山东增值税专用发票

3706151130

国家税务总局监制
抵扣联

No.05724889

开票日期：2015 年 11 月 25 日

购货单位	名　　称：烟台荣昌股份有限公司 纳税人识别号：370602117625137 地址、电话：烟台市福海区 APEC 产业园 17 号 7928188 开户行及账号：工行烟台市福海区支行 2300037100613200327				密码区	5<-/566<273>21/0990// >/59220556+4/75>+980 -7->0008+8//525889<0 *1>28*036+55-170>>0-	加密版本： 01	
货物或应税劳务、服务名称	规格型号	单位	数量	单价	金　额	税率	税　额	
动力电费		度	65613	0.62	40680.06	17%	6915.61	
照明电费		度	11312	0.47	5316.64	17%	903.83	
合　　计					￥45996.70		￥7819.44	
价税合计(大写)		人民币伍万叁仟捌佰壹拾陆元壹角肆分			(小写)￥ 53816.14			
销货单位	名　　称：烟台电力股份有限公司 纳税人识别号：370602117654321 地址、电话：烟台市解放路 19 号 6250335 开户行及账号：农行延安路支行 82600087567				备注	烟台电力股份有限公司 370602117654321 发票专用章		

收款人：刘英　　　　复核人：朴京　　　　开票人：赵凌　　　　销货单位：(章)

（第二联：抵扣联　购买方扣税凭证）

25-3

外购动力分配表

2015 年 11 月

车间、部门	计量单位	生产用电			单价	金额	照明用电			合计	备注
		产品	工时	度数			用电度数	单价	金额		
基本生产车间	度	A-01					4,762				
		B-02									
		小计		51,856							
机修车间	度			6,931			1,670				
动力车间	度			4,309	0.62		1,389	0.47			
销售门市部	度						1,024				
厂部	度						2,032				
综合楼工程	度			2,517			435				
合计	度			65,613			11,312				

注：基本车间的生产用电按 A、B 两种产品的生产工时比例分配。

26-1

山东增值税专用发票

3706151130

No.05756773

开票日期：2015 年 11 月 25 日

购货单位	名　称：烟台荣昌股份有限公司 纳税人识别号：370602117625137 地　址、电话：烟台市福海区 APEC 产业园 17 号 7928188 开户行及账号：工行烟台市福海区支行 2300037100613200327	密码区	5<-/566<273>21/0990// >/59220556+4/75>+980 -7->0008+8//525889<0 *1>28*036+55-170>>0-	加密版本：01

货物或应税劳务、服务名称	规格型号	单位	数量	单价	金　额	税率	税　额
水费		吨	1737	3.05	5297.85	13%	688.72
合　　计					￥5297.85		￥688.72

价税合计(大写)	人民币伍仟玖佰捌拾陆元伍角柒分	（小写)￥ 5986.57

销货单位	名　称：烟台市自来水公司 纳税人识别号：370602112435687 地　址、电话：烟台市松江路 65 号 6897735 开户行及账号：农行延安路支行 82600067895	备注	烟台市自来水公司 370602112435687 发票专用章

收款人：高雨　　　复核人：宋星　　　开票人：宋田　　　销货单位:(章)

第三联：发票联　购买方记账凭证

26-2

山东增值税专用发票

3706151130

国家税务总局监制
抵扣联

No.05756773

开票日期：2015 年 11 月 25 日

<table>
<tr><td rowspan="3">购货单位</td><td colspan="2">名　　称：烟台荣昌股份有限公司</td><td rowspan="3">密码区</td><td rowspan="3">5＜-/566＜273＞21/0990//
＞/59220556+4/75＞+980
-7-＞0008+8//525889＜0
*1＞28*036+55-170＞＞0-</td><td rowspan="3">加密版本：
01</td></tr>
<tr><td colspan="2">纳税人识别号：370602117625137</td></tr>
<tr><td colspan="2">地 址、电 话：烟台市福海区 APEC 产业园 17 号 7928188
开户行及账号：工行烟台市福海区支行 2300037100613200327</td></tr>
<tr><td colspan="2">货物或应税劳务、服务名称</td><td>规格型号</td><td>单位</td><td>数量</td><td>单价</td><td>金　额</td><td>税率</td><td>税　额</td></tr>
<tr><td colspan="2">水费</td><td></td><td>吨</td><td>1737</td><td>3.05</td><td>5297.85</td><td>13%</td><td>688.72</td></tr>
<tr><td colspan="2">合　　计</td><td></td><td></td><td></td><td></td><td>￥5297.85</td><td></td><td>￥688.72</td></tr>
<tr><td colspan="2">价税合计(大写)</td><td colspan="4">人民币伍仟玖佰捌拾陆元伍角柒分</td><td colspan="3">(小写)￥ 5986.57</td></tr>
<tr><td rowspan="3">销货单位</td><td colspan="2">名　　称：烟台市自来水公司</td><td rowspan="3">备注</td><td rowspan="3" colspan="2">烟台市自来水公司
370602112435687
发票专用章</td></tr>
<tr><td colspan="2">纳税人识别号：370602112435687</td></tr>
<tr><td colspan="2">地 址、电 话：烟台市松江路 65 号 6897735
开户行及账号：农行延安路支行 82600067895</td></tr>
</table>

收款人：高雨　　　复核人：宋星　　　开票人：宋田　　　销货单位：(章)

第二联：抵扣联　购买方扣税凭证

26-3

水费分配表

2015 年 11 月

用水部门	计量单位	数量	单价	金额	用途
基本生产车间	m³	286			
机修车间	m³	234			
动力车间	m³	457	3.05		非生产用水
销售门市部	m³	143			
厂部	m³	69			
综合楼工程	m³	548			工程用水
合计	m³	1737		5297.85	

27

中国工商银行**托收凭证**（收账通知）

4

委托日期：2015 年 11 月 26 日　　　　　第 00742974 号

业务类型		委托收款（□邮划、□电划）			托收承付（☑邮划、□电划）								
付款人	全　　　称	青岛鹏程工贸有限公司	收款人	全　　　称	烟台荣昌股份有限公司							
	账号或地址	2400036100613200637		账号或地址	2300037100613200327							
	开户银行	建行青岛市四方区支行		开户银行	工行烟台市福海区支行							
金额	人民币（大写）肆拾肆万伍仟元整		千	百	十	万	千	百	十	元	角	分
				¥	4	4	5	0	0	0	0	0
款项内容	货款		附寄单证张数									
商品发运情况			合同名称号码									
备注：	上列款项已划回收入你方账户内。 收款人开户银行签章 年　月　日											
复核　　记账												

此联收款人开户银行作收账通知

28-1

上海增值税专用发票

3100151130

区　　上　海
国家税务总局监制
发票联

No.12972743

开票日期：2015 年 11 月 26 日

购货单位	名　　称：烟台荣昌股份有限公司 纳税人识别号：370602117625137 地址、电话：烟台市福海区 APEC 产业园 17 号 7928188 开户行及账号：工行烟台市福海区支行 2300037100613200327			密码区	5<-/566<273>21/0990// >/59220556+4/75>+980 -7->0008+8//525889<0 *1>28*036+55-170>>0-		加密版本： 01
货物或应税劳务、服务名称	规格型号	单位	数量	单价	金额	税率	税额
甲材料	101 号	吨	10	24000.00	240000.00	17%	40800.00
合　　计					¥240000.00		¥40800.00
价税合计（大写）	人民币贰拾捌万零捌佰元整			（小写）¥ 280800.00			
销货单位	名　　称：上海尧顺工贸有限公司 纳税人识别号：310115607564213 地址、电话：上海市杨浦区黄兴路 18 号 65822359 开户行及账号：农行黄兴路支行 110500067509			备注	上海尧顺工贸有限公司 310115607564213 发票专用章		

收款人：孙俪　　复核人：秦海璐　　开票人：王永庆　　销货单位：（章）

第三联：发票联　购买方记账凭证

28-2

<h2 style="text-align:center">上海增值税专用发票</h2>

3100151130

No.12972743

开票日期：2015 年 11 月 26 日

购货单位	名　　称：烟台荣昌股份有限公司 纳税人识别号：370602117625137 地址、电话：烟台市福海区 APEC 产业园 17 号 7928188 开户行及账号：工行烟台市福海区支行 2300037100613200327					密码区	5<-/566<273>21/0990// >/59220556+4/75>+980 -7->0008+8//525889<0 *1*28*036+55-170>>0-	加密版本： 01
货物或应税劳务、服务名称	规格型号	单位	数量	单价	金　额	税率	税　额	
甲材料	101 号	吨	10	24000.00	240000.00	17%	40800.00	
合　　计					¥ 240000.00		¥ 40800.00	
价税合计（大写）	人民币贰拾捌万零捌佰元整				（小写）¥ 280800.00			

销货单位	名　　称：上海尧顺工贸有限公司 纳税人识别号：310115607564213 地址、电话：上海市杨浦区黄兴路 18 号 65822359 开户行及账号：农行黄兴路支行 110500067509	备注	上海尧顺工贸有限公司 310115607564213 发票专用章

收款人：孙俪　　　　复核人：秦海璐　　　　开票人：王永庆　　　　销货单位：(章)

第二联：抵扣联　购买方扣税凭证

28-3

<h2 style="text-align:center">货物运输业增值税专用发票</h2>

310082652

No.12982567

开票日期：2015 年 11 月 26 日

承运人及纳税人识别号	上海金果运输公司 310112356564455			密码区	>/59220556+4/75>+980/ >/59220556+4/75 >/59220556+4/75>+980/ >/59220556+4/75 >/59220556+4/75>+980/ >/59220556+4/75 >/59220556+4/75>+980/ >/59220556+4/75
实际受票方及纳税人识别号	烟台荣昌股份有限公司 370602117625137				
收货人及纳税人识别号	烟台荣昌股份有限公司 370602117625137	发货人及纳税人识别号	上海尧顺工贸有限公司 310115607564213		
起运地、经由、到达地	上海　烟台				

费用项目及金额	费用项目	金额	费用项目	金额	运输货物信息	
	商品运输费	400.00			甲材料	
合计金额	¥ 400.00		税率	11%	税额	¥ 44.00	机器编号	
价税合计（大写）	肆佰肆拾肆元整			（小写）¥ 444.00	
车种车号		车船吨位		备注	上海金果运输公司 310112356564455 发票专用章
主管税务机关及代码					

收款人：王宇　　　　复核人：张杰　　　　开票人：李敏　　　　承运人：(章)

第二联　抵扣联　受票方扣税凭证

249

28-4

货物运输业增值税专用发票

310082652

No.12982567

开票日期：2015 年 11 月 26 日

承运人及纳税人识别号	上海金果运输公司 310112356564455	密码区	> /59220556+4/75 > +980/ > /59220556+4/75 > /59220556+4/75 > +980/ > /59220556+4/75 > /59220556+4/75 > +980/ > /59220556+4/75 > /59220556+4/75 > +980/ > /59220556+4/75
实际受票方及纳税人识别号	烟台荣昌股份有限公司 370602117625137		
收货人及纳税人识别号	烟台荣昌股份有限公司 370602117625137	发货人及纳税人识别号	上海尧顺工贸有限公司 310115607564213
起运地、经由、到达地	上海　烟台		

费用项目及金额	费用项目	金额	费用项目	金额	运输货物信息	甲材料
	商品运输费	400.00				

合计金额	¥400.00		税率	11%	税额	¥44.00	机器编号	
价税合计（大写）	肆佰肆拾肆元整					(小写)¥444.00		
车种车号				车船吨位			备注	
主管税务机关及代码								

收款人：王宇　　　复核人：张杰　　　开票人：李敏　　　承运人：（章）

28-5

中国工商银行 托收凭证（付款通知）

5

委托日期：2015 年 11 月 26 日　　第 00840761 号

业务类型		委托收款（□邮划、□电划）		托收承付（√邮划、□电划）									
付款人	全称	烟台荣昌股份有限公司	收款人	全称	上海尧顺工贸有限公司								
	账号或地址	2300037100613200327		账号或地址	110500067509								
	开户银行	工行烟台市福海区支行		开户银行	农行黄兴路支行								
金额	人民币（大写）	贰拾捌万壹仟贰佰肆拾肆元整			千	百	十	万	千	百	十	元	角	分
							¥	2	8	1	2	4	4	0	0
款项内容		购甲材料款		附寄单证张数	3 张								
商品发运情况				合同名称号码									

备注：

中国工商银行烟台市福海支行
付款人开户银行收到日期
到期　　2015.11.30　　日期
收据　　2015.11.26　　日期
委托收款专用章（11）

付款人开户银行签章

　　　年　月　日

付款人注意：
1. 根据支付结算办法，上列委托收款（托收承付）款项在付款期限内未提出拒付，即视为同意付款，以此代付款通知。
2. 如需提出全部或部分拒付，应在规定期限内，将拒付理由书并附债务证明退交开户银行。

29

长期借款利息计提表

2015 年 11 月

借款金额	年利率	应计利息

30

短期借款利息计提表

2015 年 11 月

短期借款金额	年利率	本月预提利息

31

费用计提（摊销）计算表

2015 年 11 月

项　目	金　额	计　入　科　目	对　应　科　目
合　计			

32

固定资产折旧计算表

2015 年 11 月

车间、部门	类别	原值	月折旧率	折旧额
基本生产车间	厂房	13,000,000.00		
	机器设备	6,000,000.00		
	小计	19,000,000.00		
机修车间	厂房	300,000.00		
	机器设备	450,000.00		
	小计	750,000.00		
动力车间	厂房	580,000.00		
	机器设备	690,000.00		
	小计	1,270,000.00		
销售门市部	房屋建筑物	300,000.00		
厂部	房屋建筑物	900,000.00		
	运输设备	850,000.00		
	小计	1,750,000.00		
合计		23,070,000.00		

33

中国工商银行现金存款解款单（回单）

①

年 月 日　　　第 00347910 号

此联由银行盖章后退回单位	收款单位	全称		款项来源								
		账号		解款部门								

				十	万	千	百	十	元	角	分
人民币：（大写）											

票面	张数	十	万	千	百	十	元	种类	张数	千	百	十	元	角	分	
壹佰元								伍角								
伍拾元								贰角								（收款银行盖章）
贰拾元								壹角								
拾元								伍分								
伍元								贰分								
贰元								壹分								
壹元								其他								

银行打印：

34-1

中国工商银行 托收凭证（付款通知） 5

委托日期： 2015 年 11 月 29 日　　　第 00763105 号

业务类型		委托收款（☑邮划、□电划）　　托收承付（□邮划、□电划）											
付款人	全　　称	烟台荣昌股份有限公司	收款人	全　　称	上海尧顺工贸有限公司								
	账号或地址	2300037100613200327		账号或地址	110500067509								
	开户银行	工行烟台市福海区支行		开户银行	农行黄兴路支行								
金额	人民币（大写）	伍仟陆佰贰拾元整			千	百	十	万	千	百	十	元	角	分
								¥	5	6	2	0	0	0
款项内容		11月电话费	附寄单证张数		1 张								
商品发运情况			合同名称号码										

备注：

中国工商银行烟台市福海支行
付款人开户银行收到日期
到期　　2015.12.04　日期　付款人开户银行签章
收账　　2015.11.30　日期　　　年　月　日
委托收款专用章（11）

付款人注意：
1. 根据支付结算办法，上列委托收款（托收承付）款项在付款期限内未提出拒付，即视为同意付款，以此代付款通知。
2. 如需提出全部或部分拒付，应在规定期限内，将拒付理由书并附债务证明退交开户银行。

此联付款人开户银行给付款人按期付款通知

34-2

中国网通（集团）有限公司山东省分公司专用发票

受理编号：715253527　合同号：535900110000000273

发票代码：237060841579
发票号码：01335889

客户名称	烟台荣昌股份有限公司		电话	7928188
基本月租费：545.00	国内长途费：965.32			
本地区内话费：1420.00	上次余额：0.00			
本地区间话费：56.71	本次余额：0.00			
新业务费：90.00	本次应收：5620.00			
互联网业务费：2555.80	代收费用可详查信息费清单			
电话信息费：17.00				
代收信息费：19.20				
短信业务费：0.60				
他网通信费：8.37				
优惠费：58.00				
实收金额	（大写）伍仟陆佰贰拾元整			（小写）¥ 5 620.00

本次费用统计从：2015/10/28—2015/11/27　收款日期：2015.11.29　工号：23119076

第二联：发票联

35-1

中国工商银行进账单（收账通知）

年 月 日

3

出票人	全称		收款人	全称		此联是收款人开户银行交给收款人的收账通知
	账号			账号		
	开户银行			开户银行		
金额	人民币（大写）				千百十万千百十元角分	
票据种类		票据张数				
票据号码						
		复核	记账		收款人开户银行盖章	

35-2

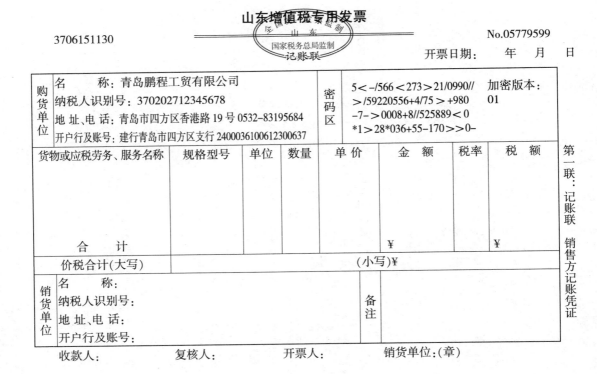

山东增值税专用发票

3706151130

国家税务总局监制
记账联

No.05779599

开票日期： 年 月 日

购货单位	名　称：青岛鹏程工贸有限公司 纳税人识别号：370202712345678 地址、电话：青岛市四方区香港路19号 0532-83195684 开户行及账号：建行青岛市四方区支行 2400036100612300637	密码区	5<-/566<273>21/0990// >/59220556+4/75>+980 -7->0008+8//525889<0 *1>28*036+55-170>>0-	加密版本： 01

货物或应税劳务、服务名称	规格型号	单位	数量	单价	金　额	税率	税　额
合　计					¥		¥
价税合计（大写）				（小写）¥			

销货单位	名　称： 纳税人识别号： 地址、电话： 开户行及账号：	备注

收款人： 　　复核人： 　　开票人： 　　销货单位：（章）

第一联：记账联 销售方记账凭证

35-3

产 品 出 库 单

凭证编号：0003
产成品库：

用途： 年 月 日

类别	编号	名称及规格	计量单位	数量	单位成本	总成本	附注：
合　　　计							
记账：		保管：		检验：		制单：	

36

工资费用分配表

年　月

车 间、部 门			直接计入	分配计入		合计
				分配标准	分配额	
基本车间	生产工人	A-01				
		B-02				
	管理人员					
	小计					
辅助车间	机修车间					
	动力车间					
	小计					
厂　　　部						
销 售 门 市 部						
综 合 楼 工 程 人 员						
合　　　计						

37-1

基金计提标准及比例表

项　目	计提基数	计提比例
养老基金	上年月平均工资基数（合计 118,000.00 元）	20%
医疗保险金	上年月平均工资基数（合计 118,000.00 元）	10%
失业保险金	上年月平均工资基数（合计 118,000.00 元）	1.5%
住房公积金	上年月平均工资基数（合计 118,000.00 元）	8%

37-2

计提基金的上年工资额表

车 间、部 门			本月生产工时	分配率	计 提 基 数
基本车间	生 产 工 人	A-01			
		B-02			
		小计			75,700.00
	管 理 人 员				5,900.00
	小　　　计				81,600.00
辅助车间	机 修 车 间				5,000.00
	动 力 车 间				4,300.00
	小　　　计				9,300.00
厂　　　　部					14,400.00
销 售 门 市 部					8,700.00
综 合 楼 工 程 人 员					4,000.00
合　　　计					118,000.00

注：A-01、B-02 产品应负担的部分，按本月生产工时比例分配。

37–3

社会保险费、住房公积金计提表

年　　月　　日

车　间、部　门		计提基数	项　目			合计
			医疗保险（10%）	养老保险（20%）、失业保险（1.5%）	住房公积金（8%）	
基本车间	生产工人 A–01					
	B–02					
	管理人员					
	小计					
辅助车间	机修车间					
	动力车间					
	小计					
厂　　部						
销售门市部						
综合楼工程人员						
合　　计						

38

烟台市住房公积金缴款书

2015 年 11 月 30 日　　　　　　　　附变更清册　　　　张

缴款单位	烟台荣昌股份有限公司	住房公积金账号 2300037100613200439								备注	项目	比例	金额
缴款项目	年度	月份	金额								个人	8%	9440
			百	十	万	千	百	十	元 角 分		单位	8%	9440
住房公积金	15	10	¥	1	8	8	8	0	0 0				

壹万捌仟捌佰捌拾元整

项目	上月汇缴		本月增加		本月减少		本月汇缴	
	人数	金额	人数	金额	人数	金额	人数	金额
住房公积金								

收款单位（盖章）　　　　收款单位经办人（章）　　　　缴款单位经办人（章）

高玉　　　　韩虹

39

山东省社会保险费专用收款票据

缴费单位：烟台荣昌股份有限公司

山东省
经济类别：3706000760 股份

NO.242004364682

单位：元

缴费项目	起始年月	终止年月	人数	单位缴纳额	个人缴纳额	滞纳金	利息	合计金额
医疗保险	2015.10.1	2015.10.31	160	11,800.00	2,360.00			14,160.00
养老、失业保险	2015.10.1	2015.10.31	160	25,370.00	10,030.00			35,400.00
				转账收讫				
人民币合计（大写）肆万玖仟伍佰陆拾元整								¥49,560.00

第一联 收据

收款单位：基金专章　财务复核人：张翔　业务复核人：杨伟　操作员：01　开据时间：2015.11.30

40-1

材料成本差异计算表

2015 年 11 月

单位：元

类别	月初结存		本月收入		合 计		成本差异率
	计划成本	成本差异	计划成本	成本差异	计划成本	成本差异	
原材料							
合计							

注：超支（+），节约（-）。

40-2

领 料 单

2015 年 11 月 1 日

领料部门：基本生产车间   No.071101

材料类别	编号	材料名称	计量单位	数量	计划成本		材料用途
					单价	金额	
原料及主要材料	101	甲材料	吨	25	23,000.00	575,000.00	A-01 领用
	102	乙材料	吨	31.5	38,000.00	1,197,000.00	B-02 领用
辅助材料	202	丁材料	吨	0.5	11,000.00	5,500.00	A-01 领用
				0.3	11,000.00	3,300.00	B-02 领用
合计							

仓库主管：王晓   领料人：刘伟   仓库经手人：蒋霞

40-3

领 料 单

2015 年 11 月 3 日

领料部门：基本生产车间   No.071102

材料类别	材料名称	计量单位	数量	实际成本		材料用途
				单价	金额	
低值易耗品	工作服	套	107			劳动保护用
合计						

仓库主管：王晓   领料人：刘伟   仓库经手人：蒋霞

40-4

领 料 单

2015 年 11 月 3 日

领料部门：销售门市部   No.071103

材料类别	材料名称	计量单位	数量	实际成本		材料用途
				单价	金额	
低值易耗品	工作服	套	12			劳动保护用
包装物	包装箱	只	70			包装商品且不单独计价
合计						

仓库主管：王晓   领料人：胡艳   仓库经手人：蒋霞

40-5

领 料 单

2015 年 11 月 3 日

领料部门：行政科   No.071104

材料类别	材料名称	计量单位	数量	实际成本		材料用途
				单价	金额	
低值易耗品	工作服	套	20			劳动保护用
合计						

仓库主管：王晓   领料人：刘刚   仓库经手人：蒋霞

40-6

领 料 单

2015 年 11 月 3 日

领料部门：综合楼施工队   No.071105

材料类别	材料名称	计量单位	数量	实际成本		材料用途
				单价	金额	
低值易耗品	工作服	套	6			劳动保护用
合计						

仓库主管：王晓   领料人：姜丽   仓库经手人：蒋霞

40-7

领 料 单

2015 年 11 月 4 日

领料部门：机修车间   No.071106

材料类别	编号	材料名称	计量单位	数量	计划成本		材料用途
					单价	金额	
辅助材料	201	丙材料	吨	0.2	5,100.00	1,020.00	修理用
合计							

仓库主管：王晓   领料人：李玉   仓库经手人：蒋霞

40-8

领料单

2015 年 11 月 4 日

领料部门：机修车间 　　　　　　　　　　　　　　　　　　　　　　No. 071107

材料类别	材料名称	计量单位	数量	实际成本		材料用途
				单价	金额	
低值易耗品	工作服	套	8			劳动保护用
合计						

仓库主管：王晓 　　　　　　　　领料人：李玉 　　　　　　　　仓库经手人：蒋霞

40-9

领料单

2015 年 11 月 7 日

领料部门：基本生产车间 　　　　　　　　　　　　　　　　　　　No. 071108

材料类别	编号	材料名称	计量单位	数量	计划成本		材料用途
					单价	金额	
原料及主要材料	101	甲材料	吨	13.4	23,000.00	308,200.00	A-01 领用
	102	乙材料	吨	20	38,000.00	760,000.00	B-02 领用
合计							

仓库主管：王晓 　　　　　　　　领料人：刘伟 　　　　　　　　仓库经手人：蒋霞

40-10

领料单

2015 年 11 月 14 日

领料部门：基本生产车间 　　　　　　　　　　　　　　　　　　　No. 071109

材料类别	编号	材料名称	计量单位	数量	计划成本		材料用途
					单价	金额	
辅助材料	202	丁材料	吨	15	11,000.00	165,000.00	车间一般用
	201	丙材料	吨	7.3	5,100.00	37,230.00	车间一般用
合计							

仓库主管：王晓 　　　　　　　　领料人：刘伟 　　　　　　　　仓库经手人：蒋霞

40-11

领料单

2015 年 11 月 14 日

领料部门：动力车间 　　　　　　　　　　　　　　　　　　　　　　No.071110

材料类别	编号	材料名称	计量单位	数量	计划成本		材料用途
					单价	金额	
辅助材料	202	丁材料	吨	10	11,000.00	110,000.00	发电用
合计							

仓库主管：王晓 　　　　　　　　领料人：张强 　　　　　　　　仓库经手人：蒋霞

40-12

领料单

2015 年 11 月 14 日

领料部门：动力车间 　　　　　　　　　　　　　　　　　　　　　　No.071111

材料类别	材料名称	计量单位	数量	实际成本		材料用途
				单价	金额	
低值易耗品	工作服	套	7			劳动保护用
合计						

仓库主管：王晓 　　　　　　　　领料人：张强 　　　　　　　　仓库经手人：蒋霞

40-13

原材料耗用汇总表

2015 年 11 月 30 日

原材料类别 领料部门及用途		原料及主要材料				辅助材料				计划成本合计	差异额	实际成本
		甲材料		乙材料		丙材料		丁材料				
		数量	计划成本	数量	计划成本	数量	计划成本	数量	计划成本			
基本生产车间	A-01											
	B-02											
	一般用											
机修车间												
动力车间												
合　计												

40-14

周转材料耗用汇总表

2015 年 11 月 30 日

材料名称 领料部门及用途	工作服			包装箱			成本合计
	数量	单位成本	金额	数量	单位成本	金额	
基本生产车间							
机修车间							
动力车间							
销售门市部							
厂部							
综合楼施工队							
合　计							

41

职工食堂补贴计算表

2015 年 11 月 单位：元

车间、部门			职工人数	补贴标准	补贴金额
基本车间	生产工人	生产工时			
		A-01			
		B-02			
		小计	103		
	管理人员		8		
辅助车间	机修车间		7		
	动力车间		6		
厂 部			18		
销售门市部			11		
综合楼工程人员			5		
合 计			158	150 元/人/月	

42

辅助生产费用分配表（直接分配法）

2015 年 11 月

辅助生产车间		机修车间	动力车间	合 计
待分配辅助生产费用				
对辅助车间以外提供的劳务数量				
费用分配率（单位成本）				
基本生产—A-01 产品	耗用数量			
	分配金额			
基本生产—B-02 产品	耗用数量			
	分配金额			
基本生产车间	耗用数量			
	分配金额			
销售门市部	耗用数量			
	分配金额			
厂部	耗用数量			
	分配金额			
综合楼施工队	耗用数量			
	分配金额			
合 计				

43

制造费用分配表

2015 年 11 月　　　　　　　　　　　　　　　　单位：元

产品名称	生产工时	分配率	金额
合　计			

44–1

产品成本计算单

车间：生产车间
产品名称：A-01　　　　　　　2015 年 11 月　　　　　　　单位：元
　　　　　　　　　　　　　　　　　　　　　　　　　　　　产量：

摘要	直接材料	燃料及动力	直接人工	制造费用	合计
期初在产品费用					
本月发生费用					
生产费用合计					
完工产品数量					
在产品约当产量					
约当总产量					
费用分配率					
完工产品成本					
完工产品单位成本					
期末在产品成本					

会计主管：　　　　　　审核：　　　　　　　制单：

44-2

产品成本计算单

车间：生产车间　　　　　　　　　　　　　　　　　　　　　　　单位：元
产品名称：B-02　　　　　　　　　2015 年 11 月　　　　　　　产量：

摘要	直接材料	燃料及动力	直接人工	制造费用	合计
期初在产品费用					
本月发生费用					
生产费用合计					
完工产品数量					
在产品约当产量					
约当总产量					
费用分配率					
完工产品成本					
完工产品单位成本					
期末在产品成本					

会计主管：　　　　　　　　审核：　　　　　　　　制单：

44-3

产品成本汇总表

2015 年 11 月　　　　　　　　　　　　　　　　　单位：元

产品名称 ＼ 成本项目	直接材料	燃料及动力	直接人工	制造费用	合计
合　　　计					

44-4

产成品入库单

2015 年 11 月

交库单位：

产品名称	交验数量（台）	检验结果		实收数量（台）	单位成本（元/台）	金额（元）
		合格	不合格			
合　计						

生产车间：　　　　　　　　检验人：　　　　　　　　仓库经手人：

45

产成品收发存月报表

2015 年 11 月

产品名称	计量单位	期初余额			本期完工			本期销售			期末余额		
		数量	单价	金额	数量	单价	金额	数量	单价	金额	数量	单价	金额
合计													

46

税费计算表

2015 年 11 月

项目	计税基础	税率	金额	计入科目
合计				

财务主管：　　　　　　　　复核：　　　　　　　　制表：

47

烟台市服务业专用发票

付款单位：烟台荣昌股份有限公司　　　　2015 年 11 月 30 日　　　　　　No.463853

项目	单位	数量	单价	金　额									备注
				百	十	万	千	百	十	元	角	分	
餐费							1	8	5	0	0	0	
							转账收讫						
人民币金额合计小写						¥	1	8	5	0	0	0	
人民币金额合计（大写）				壹仟捌佰伍拾元整									

收款单位盖章：　　　　　　　　开票人：章玮

48

收　据

No.**012569**

2015 年 11 月 30 日

今收到　烟台荣昌股份有限公司

2015 年 11 月份伙食补贴

存根（白）

客户（红）

金额（大写）	零 佰 零 拾 贰 万 叁 仟 柒 佰 零 拾 零 元 零 角 零 分 整
¥：23700.00	（单位盖章）

核准　张敏　　　　会计　　　　记账　　　　出纳　张悦　　　　经手人　孙杨

49-51 原始凭证由实训者根据经济业务情况自制。

资 产 负 债 表

会企 01 表

编制单位：

2015 年 11 月 30 日

单位：元

资产	期末余额	年初余额	负债和所有者权益 （或股东权益）	期末余额	年初余额
流动资产：			流动负债：		
货币资金			短期借款		
交易性金融资产			交易性金融负债		
应收票据			应付票据		
应收账款			应付账款		
预付款项			预收款项		
应收利息			应付职工薪酬		
应收股利			应交税费		
其他应收款			应付利息		
存货			应付股利		
一年内到期的非流动资产			其他应付款		
其他流动资产			一年内到期的非流动负债		
流动资产合计			其他流动负债		
非流动资产：			流动负债合计		
可供出售金融资产			非流动负债：		
持有至到期投资			长期借款		
长期应收款			应付债券		
长期股权投资			长期应付款		
投资性房地产			专项应付款		
固定资产			预计负债		
在建工程			递延所得税负债		
工程物资			其他非流动负债		
固定资产清理			非流动负债合计		
生产性生物资产			负债合计		
油气资产			所有者权益（或股东权益）：		
无形资产			实收资本（或股本）		
开发支出			资本公积		
商誉			减：库存股		
长期待摊费用			盈余公积		
递延所得税资产			未分配利润		
其他非流动资产			所有者权益 （或股东权益）合计		
非流动资产合计					
资产总计			负债和所有者权益 （或股东权益）总计		

表 17

利 润 表

会企 02 表

编制单位：　　　　　　　　　　　　　2015 年 11 月　　　　　　　　　　　　单位：元

项目	本月数	本年累计
一、营业收入		
减：营业成本		
营业税金及附加		
销售费用		
管理费用		
财务费用		
资产减值损失		
加：公允价值变动收益（损失以"–"号填列）		
投资收益（损失以"–"号填列）		
其中：对联营企业和合营企业的投资收益		
二、营业利润（亏损以"–"号填列）		
加：营业外收入		
减：营业外支出		
其中：非流动资产处置损失		
三、利润总额（亏损总额以"–"号填列）		
减：所得税费用		
四、净利润（净亏损以"–"号填列）		
五、每股收益		
（一）基本每股收益		
（二）稀释每股收益		

（三）模拟企业 2015 年 12 月份发生的各项经济业务

1. 12 月 1 日，购料，用转账支票付讫，材料已如数验收入库。

要求：（1）填制收料单；

　　　（2）签发转账支票。

2. 12 月 1 日，收到银行收账通知。

3. 12 月 4 日，向烟台振兴百货公司销售 A-01 产品 5,000 件，不含税单价 100.00 元，收到转账支票一张（号码：010986167），金额 85,000.00 元，另收到时期限为两个月的无息商业承兑汇票一张，金额 500,000.00 元。

要求：（1）填制进账单；

　　　（2）填制增值税专用发票；

　　　（3）填制产品出库单。

4. 12 月 5 日，开出转账发票一张，预付下年报刊费。

要求：填制转账支票。

5. 12 月 6 日，收到银行付款通知。

6. 12 月 6 日，购料，材料验收入库，开出转账支票支付。

要求：（1）填制收料单；

　　　（2）填制转账支票。

7 12 月 7 日，上月从上海尧顺公司购入的甲材料到货，实收数量 9.95 吨，定额损耗率 1%。

要求：填制收料单。

8. 12 月 11 日，财务科报销，以现金付讫。

9. 12 月 12 日，通过银行缴纳上月应交未交税费。

要求：填制完成完税凭证。

10. 12 月 13 日，向青岛鹏程公司销售 B-02 产品 3,000 件，不含税单价 190.00 元，收银行汇票一张（号码：0836623），面值 670,000.00 元，实际结算金额 666,900.00 元，当即送交银行。

要求：（1）填制专用发票；

　　　（2）填制进账单；

　　　（3）填制产品出库单。

11. 12 月 14 日，向鑫磊公司销售 A-01 产品 4,000 件，不含税单价 100.00 元，收转账支票一张（号码：013980472），金额 468,000.00 元，送存银行。

要求：（1）填制专用发票；

　　　（2）填制进账单；

　　　（3）填制产品出库单。

12. 12 月 18 日，计算需要补贴食堂的金额，从而确定企业每期因补贴职工食堂而需要承担的福利费金额。

要求：计算本月应付职工食堂补贴额并填制计算表。

13. 12 月 18 日，向青岛鹏程公司销售 B-02 产品 9,000 件，不含税单价 190.00 元，收到时银行汇票一张（号码：0943382），面值 2,001,000.00 元，实际结算金额 2,000,700.00 元。

　　要求：（1）填制专用发票；

　　　　　（2）填制进账单；

　　　　　（3）填制产品出库单。

　　14. 12 月 21 日，销售给烟台鑫磊公司 A-01 产品 5,000 件，不含税单价 100.00 元，收到转账支票一张（号码：014786562），金额为 585,000.00 元，当即送存银行。

　　要求：（1）开具增值税专用发票；

　　　　　（2）填制银行进账单；

　　　　　（3）填制产品出库单。

　　15. 12 月 21 日，将股票出售，已存入在证券公司开设的资金账户。

　　16. 12 月 24 日，编制"工资结算汇总表"，据此发放职工工资，并开出现金支票一张，直接通过银行代发，转入职工个人工资账户，同时企业对各种代扣款项予以转账。

　　要求：（1）填制工资结算汇总表；

　　　　　（2）填制现金支票。

　　17. 12 月 25 日，摊销本月非专利技术的价值。

　　要求：填制费用计提（摊销）计算表。

　　18. 12 月 25 日，供应科采购员张林出差预借差旅费 1,000.00 元，出纳以现金付讫。

　　要求：填制借款单。

　　19. 12 月 25 日，按外购动力分配表列明的用电数量分配电费，公司签发转账支票予以支付。

　　要求：（1）填制外购动力分配表；

　　　　　（2）签发转账支票。

　　20. 12 月 25 日，按水费分配表列明的用水量分配水费，公司签发转账支票予以支付。

　　要求：（1）填制水费分配表；

　　　　　（2）签发转账支票。

　　21. 12 月 26 日，进行财产清查，确认材料仓库甲材料盘亏 0.05 吨，原因不明（按计划成本转账，暂不考虑增值税进项税额转出问题）。

　　要求：填制完成"存货盘点报告单"。

　　22. 12 月 27 日，摊销本月报刊费和财产保险费，上年预订本年报刊费用计 6,000.00 元；上年缴纳本年的财产保险费 36,000.00 元（财产保险费中基本车间 60%，机修车间 10%，动力车间 12%，销售门市部 7%，厂部 11%），报刊费和财产保险费按 12 个月平均摊销。

　　23. 12 月 28 日，核销盘亏材料。

　　24. 12 月 29 日，张林报销差旅费，补付现金 250.00 元。

　　要求：填制差旅费报销单。

　　25. 12 月 30 日，计提本月折旧。

　　要求：填制折旧计算表。

　　26. 12 月 31 日，接银行付款通知。

　　27. 12 月 31 日，进行工资分配。

要求：编制工资费用分配表。

28. 12 月 31 日，计提本月企业负担的各项社会保险费及住房公积金。

要求：填制保险、基金计提表。

29. 12 月 31 日，签发转账支票一张，交付上月职工住房公积金。

要求：签发转账支票。

30. 12 月 31 日，开出转账支票一张，向烟台市社会劳动保险事业处缴纳上月社会保险费。

要求：签发转账支票。

31. 12 月 31 日，收到工商银行四季度存款利息 4,567.00 元。

32. 12 月 31 日，收到工商银行的付款通知，结算长期借款本季度利息 12,600.00 元，从基本存款账户中划转（上两个月利息已预提），该借款专门用于建造综合楼。

33. 12 月 31 日，收到付款通知，偿还本年 10 月份借入的流动资金借款利息 1,350.00 元。

34. 12 月 31 日，收到蒋霞交来现金 460.00 元，系短缺材料赔款。

要求：填制收款收据。

35. 12 月 31 日，综合楼建造工程完工，达到预定可使用状态，预计使用年限为 30 年。

要求：填制固定资产验收单。

36. 12 月 31 日，根据证券交易所公布的有关数据，所持有的万发股票市价为每股 16.50 元，确认公允价值变动损益。

要求：编制计算表。

37. 12 月 31 日，收到接受投资单位报送的本年度利润表，资料如下：

接受投资单位名称	本年净利润	本公司持股比例
万隆科贸公司	535,000.00 元	25%

38. 12 月 31 日，计提无形资产减值准备 100,000.00 元。

要求：填制无形资产减值准备计提表。

39. 12 月 31 日，根据账户资料计算本月原材料成本差异率；根据本月领料单，分别汇总本月原材料、周转材料耗用情况并进行转账。

要求：（1）填制本月材料成本差异计算表；

（2）编制原材料耗用汇总表；

（3）编制周转材料耗用汇总表。

40. 12 月 31 日，根据资料表 11，采用直接分配法分配机修车间和动力车间费用（动力车间为基本生产车间提供的生产用电，按 A-01 与 B-02 产品的生产工时比例分配）。

要求：编制辅助生产费用分配表。

41. 12 月 31 日，分配结转制造费用。

要求：编制制造费用分配表。

42. 12 月 31 日，计提坏账准备。

43. 12 月 31 日，计算并结转本月基本生产车间产品成本，并将完工产品验收入库。

要求：（1）分别编制 A-01 和 B-02 产品成本计算单；

（2）编产品成本汇总表；

（3）编制产成品入库单。

44. 12 月 31 日，计算并结转各产品销售成本。

要求：填制产成品收发存月报表。

45. 12 月 31 日，按本月应交增值税额的 7%，计算结转应交城市维护建设税，按本月应交增值税额的 3%，计算结转应交教育费附加。

要求：编制税费计算表。

46. 12 月 31 日，开出转账支票拨付食堂。

要求：签发转账支票。

47. 12 月 31 日，结转本月未交增值税。

48. 12 月 31 日，计算结转应交所得税。

49. 12 月 31 日，将各损益类账户转入"本年利润"。

50. 12 月 31 日，将"本年利润"账户的余额转入"利润分配—未分配利润"账户。

51. 12 月 31 日，分别按全年税后利润的 10% 计提法定盈余公积，按 5% 计提任意盈余公积。

52. 12 月 31 日，按全年税后利润的 40% 向股东分配现金股利，股利尚未支付。

53. 12 月 31 日，将"利润分配"各明细账户余额转入"利润分配—未分配利润"账户。

54. 12 月 31 日，进行月结，并编制资产负债和利润表。

附：证明及记录模拟企业 2015 年 12 月份经济业务的原始凭证

1—1

山东增值税专用发票

3706151130　　　　　　　　　　　　　　　　　　　No.05725679

发票联

开票日期：2015 年 12 月 01 日

购货单位	名　称：烟台荣昌股份有限公司				密码区	5<-/566<273>21/0990// >/59220556+4/75>+980 -7->0008+8//525889<0 *1>28*036+55-170>>0-	加密版本： 01
	纳税人识别号：370602117625137						
	地址、电话：烟台市福海区 APEC 产业园 17 号 7928188						
	开户行及账号：工行烟台市福海区支行 2300037100613200327						
货物或应税劳务、服务名称	规格型号	单位	数量	单价	金　额	税率	税　额
甲材料	101 号	吨	30	25000.00	750000.00	17%	127500.00
合　计					¥ 750000.00		¥ 127500.00
价税合计(大写)		人民币捌拾柒万柒仟伍佰元整			(小写)¥ 877500.00		
销货单位	名　称：烟台海盛贸易有限公司				备注		
	纳税人识别号：370602112234567						
	地址、电话：烟台科技产业园 6058672						
	开户行及账号：农行延安路支行 82600087567						

第三联：发票联　购买方记账凭证

收款人：韩磊　　　复核人：刘华　　　开票人：王军　　　销货单位：(章)

1—2

山东增值税专用发票

3706151130　　　　　　　　　　　　　　　　　　　No.05725679

抵扣联

开票日期：2015 年 12 月 01 日

购货单位	名　称：烟台荣昌股份有限公司				密码区	5<-/566<273>21/0990// >/59220556+4/75>+980 -7->0008+8//525889<0 *1>28*036+55-170>>0-	加密版本： 01
	纳税人识别号：370602117625137						
	地址、电话：烟台市福海区 APEC 产业园 17 号 7928188						
	开户行及账号：工行烟台市福海区支行 2300037100613200327						
货物或应税劳务、服务名称	规格型号	单位	数量	单价	金　额	税率	税　额
甲材料	101 号	吨	30	25000.00	750000.00	17%	127500.00
合　计					¥ 750000.00		¥ 127500.00
价税合计(大写)		人民币捌拾柒万柒仟伍佰元整			(小写)¥ 877500.00		
销货单位	名　称：烟台海盛贸易有限公司				备注		
	纳税人识别号：370602112234567						
	地址、电话：烟台科技产业园 6058672						
	开户行及账号：农行延安路支行 82600087567						

第二联：抵扣联　购买方扣税凭证

收款人：韩磊　　　复核人：刘华　　　开票人：王军　　　销货单位：(章)

1-3

收 料 单　　　　　NO.12021

供货单位：
发票号码：　　　　　　　　年 月 日　　　　　　　收货仓库：

材料类别	名称及规格	计量单位	数 量		实际成本		计划成本		成本差异	记账联
			应收	实收	单价	金额	单价	金额		
合　　计										

质量检验：　　　　　　　　　　收料：　　　　　　　　制单：

2

中国工商银行电汇凭证　（收款通知 或取款收据）　　**4** No 001738

委托日期：2015 年 12 月 1 日

汇款人	全　称	青岛鹏程工贸有限公司	收款人	全　称	烟台荣昌股份有限公司
	账　号	24000361006132 00637		账　号	23000371006132 00327
	汇出地	山东省青岛市四方区		汇入地	山东省烟台市福海区
金额	人民币（大写）：壹拾万元整			￥100,000.00	
汇款用途：　偿还前欠货款			留行待取预留 收款人印鉴		

上列款项已代进账，如有错误，请持此联来画洽

中国工商银行
烟台市福海支行
2015.12.01
转讫
（1）

汇入行盖章
年　月　日

上列款项已照收无误。

收款人盖章
年　月　日

科目（借）
　　对方科目（贷）

汇入行解汇日期　年 月 日
复核　　记账　　出纳

3-1

商 业 承 兑 汇 票

签发日期　　　　　　　　　　2015 年 12 月 4 日　　　　　　　　　　第 089 号

付款人	全　称	烟台振兴百货股份有限公司			收款人	全　称	烟台荣昌股份有限公司		
	账　号	82600087588				账　号	2300037100613200327		
	开户银行	农行延安路支行	行号	33749		开户银行	工行烟台市福海区支行	行号	23679

汇票金额	人民币 （大写）伍拾万元整	千	百	十	万	千	百	十	元	角	分
			¥	5	0	0	0	0	0	0	0

汇票到期日　　2016 年 2 月 4 日	交易合同号码	5946213

本汇票已经本单位承兑，到期日无条件支付票据款。此致 付款人： 付款人盖章	负责　　　　　　经办

财务专用章

3-2

中国工商银行进账单（收账通知）　　　　　　　　　　3

年　　　　月　　　　日

出票人	全称		收款人	全称			千	百	十	万	千	百	十	元	角	分
	账号			账号												
	开户银行			开户银行												
金额	人民币 （大写）															

票据种类		票据张数	
票据号码			

复核　　　　　　　　　　记账

收款人开户银行盖章

此联是收款人开户银行交给收款人的收账通知

3-3

山东增值税专用发票

3706151130

国家税务总局监制
记账联

No.05779600

开票日期：

购货单位	名　　称：
	纳税人识别号：
	地址、电话：
	开户行及账号：

密码区

5＜-/566＜273＞21/0990//
＞/59220556+4/75＞+980
-7-＞0008+8//525889＜0
*1＞28*036+55-170＞＞0-

加密版本：01

货物或应税劳务、服务名称	规格型号	单位	数量	单价	金　额	税率	税　额
合　　计					¥		¥

价税合计(大写)		(小写)¥

销货单位	名　　称：
	纳税人识别号：
	地址、电话：
	开户行及账号：

备注

收款人：　　　　　复核人：　　　　　开票人：　　　　　销货单位：(章)

第一联：记账联　销售方记账凭证

3-4

产 品 出 库 单

年　　月　　日

凭证编号：0004
产成品库：

用途：

类别	编号	名称及规格	计量单位	数量	单位成本	总成本	附注：
合　　　　计							

记账：　　　　　保管：　　　　　　检验：　　　　　　制单：

4

中国邮政报刊费收据

户　名：烟台荣昌股份有限公司
地　址：福海区 APEC 产业园 17 号　　　　　　　　　　　日期：2015 年 12 月 5 日
查询号：33040051740　　收订局：烟台市福海区邮政所　　NO.0374071

序号	报刊代号	报刊名称	起止订期	份数	定价	款额	备注
1	11-3934/C	中国统计月报	201601-12	1	2040.00	2040.00	
2	41-1206/J	企业老总	201601-12	1	3600.00	3600.00	
3	11-4358/F	证券导刊	201601-12	1	384.00	384.00	
共计款额：陆仟零贰拾肆元整						¥6024.00	

日戳：12.05.09.16
订户注意：1.请核对填制内容是否正确，是否加盖章戳。
　　　　　2.如有查询、退订、改址等事项，请交验此发票。
　　　　　3.报刊名称前带*表示不可退订。邮政客户服务电话：11185。

5

中国工商银行 托收凭证（付款通知）　　**5**

委托日期：　2015 年 12 月 06 日

业务类型		委托收款（√邮划、□电划）		托收承付（□邮划、□电划）									
付款人	全称	烟台荣昌股份有限公司	收款人	全称	威海凤祥贸易有限公司								
	账号或地址	2300037100613200327		账号或地址	56012364011								
	开户银行	工行烟台市福海区支行		开户银行	农行解放路支行								
金额	人民币（大写）贰拾叁万肆仟贰佰元整			千	百	十	万	千	百	十	元	角	分
					¥	2	3	4	2	0	0	0	0
备注	上列款项已由付款人开户银行从付款人账户全额划出			科目： 对方科目：									
到期商业承兑汇票	到期款	此致 2015.12.11	日期	转账日期：2015 年 12 月 06 日									
	收到	2015.12.07	日期	单位主管：　　　　会计： 复核：　　　　　　记账：									

中国工商银行烟台市福海支行
委托收款专用章（11）

6-1

山东增值税专用发票

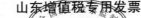

3706151130

国家税务总局监制
发票联

No.05725680

开票日期：2015 年 12 月 06 日

购货单位	名　　称：烟台荣昌股份有限公司 纳税人识别号：370602117625137 地址、电话：烟台市福海区 APEC 产业园 17 号 7928188 开户行及账号：工行烟台市福海区支行 2300037100613200327	密码区	5<-/566<273>21/0990// >/59220556+4/75 > +980 -7->0008+8//525889<0 *1>28*036+55-170>>0-	加密版本： 01

货物或应税劳务、服务名称	规格型号	单位	数量	单价	金　额	税率	税　额
乙材料	102 号	吨	48	37000.00	1776000.00	17%	301920.00
合　　计					¥ 1776000.00		¥ 301920.00

价税合计(大写)	人民币贰佰零柒万柒仟玖佰贰拾元整	(小写)¥ 2077920.00

销货单位	名　　称：烟台海盛贸易有限公司 纳税人识别号：370602112234567 地　址、电话：烟台科技产业园 6058672 开户行及账号：农行延安路支行 82600087567	备注	烟台海盛贸易有限公司 370602112234567 发票专用章

收款人：韩磊　　　　复核人：刘华　　　　开票人：王军　　　　销货单位：(章)

第三联：发票联　购买方记账凭证

6-2

山东增值税专用发票

3706151130

国家税务总局监制
抵扣联

No.05725680

开票日期：2015 年 12 月 06 日

购货单位	名　　称：烟台荣昌股份有限公司 纳税人识别号：370602117625137 地址、电话：烟台市福海区 APEC 产业园 17 号 7928188 开户行及账号：工行烟台市福海区支行 2300037100613200327	密码区	5<-/566<273>21/0990// >/59220556+4/75 > +980 -7->0008+8//525889<0 *1>28*036+55-170>>0-	加密版本： 01

货物或应税劳务、服务名称	规格型号	单位	数量	单价	金　额	税率	税　额
乙材料	102 号	吨	48	37000.00	1776000.00	17%	301920.00
合　　计					¥ 1776000.00		¥ 301920.00

价税合计(大写)	人民币贰佰零柒万柒仟玖佰贰拾元整	(小写)¥ 2077920.00

销货单位	名　　称：烟台海盛贸易有限公司 纳税人识别号：370602112234567 地　址、电话：烟台科技产业园 6058672 开户行及账号：农行延安路支行 82600087567	备注	烟台海盛贸易有限公司 370602112234567 发票专用章

收款人：韩磊　　　　复核人：刘华　　　　开票人：王军　　　　销货单位：(章)

第二联：抵扣联　购买方扣税凭证

6-3

收 料 单

NO.12022

供货单位：
发票号码：　　　　　　　　　　　　年　月　日　　　　　　　　　　　　收货仓库：

材料类别	名称及规格	计量单位	数　量		实际成本		计划成本		成本差异	
			应收	实收	单价	金额	单价	金额		记账联
合　计										

质量检验：　　　　　　　　　　　　收料：　　　　　　　　　　　　制单：

7

收 料 单

NO.12023

供货单位：
发票号码：　　　　　　　　　　　　年　月　日　　　　　　　　　　　　收货仓库：

材料类别	名称及规格	计量单位	数　量		实际成本		计划成本		成本差异	
			应收	实收	单价	金额	单价	金额		记账联
合　计										

质量检验：　　　　　　　　　　　　收料：　　　　　　　　　　　　制单：

8

烟台市行政、事业单位收费统一票据

付款单位：烟台荣昌股份有限公司　　2015 年 12 月 11 日

收费项目	计量单位	数量	单价	金额								第二联
				十	万	千	百	十	元	角	分	收据
培训费						9				0	0	
合　　计						9	0	0	0			
合计金额（大写）：玖佰元整												

现金收讫

财务专用章

9-1

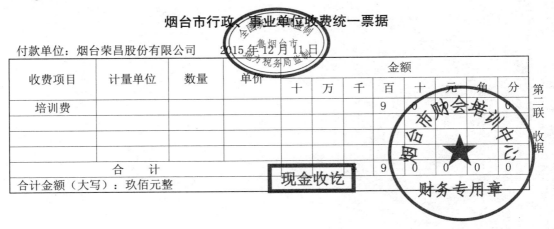

中华人民共和国
税收电子转账专用完税证　（20141）鲁国电

国

484978

填发日期 2015 年 12 月 12 日

税务登记代码	370602117625137	征 收 机 关	福海区国税—管理二科
纳税人全称	烟台荣昌股份有限公司	收款银行（邮局）	工商银行福海区支行
税（费）种	税款所属时期		实缴金额
增值税 企业所得税	2015 年 11 月 1 日至 2015 年 11 月 30 日 2015 年 11 月 1 日至 2015 年 11 月 30 日		
金额合计	（大写）		￥

收款银行（邮局）
烟台市福海支行
2015.12.12
（盖章）转讫
（1）

经手人

刘海
（签章）

备

注

电子申报
372106011949867
621820
337001987496048

电脑打印　　　手工无效

山东省国家税务局
（盖章）
征税专用章

此凭证仅作纳税人完税凭证，此外无效

9-2

中华人民共和国
税收电子转账专用完税证（20141）鲁地电

填发日期 2015 年 12 月 12 日

0417897

税务登记代码	370602117625137		征 收 机 关	福海区国税一管理二科
纳税人全称	烟台荣昌股份有限公司		收款银行（邮局）	工商银行福海区支行
税（费）种	税款所属时期			实缴金额
城市维护建设税 教育费附加 个人所得税	2015 年 11 月 1 日至 2015 年 11 月 30 日 2015 年 11 月 1 日至 2015 年 11 月 30 日 2015 年 11 月 1 日至 2015 年 11 月 30 日			
金额合计	（大写）			
税务机关	收款银行（邮局） 中国工商银行 烟台市福海支行 （盖章）2015.12.12 转讫 （1） 电脑打印	手工无效	经手人 （签章）	备 注	工商银行福海区支行（营业部）033700198749604837

此凭证仅作纳税人完税凭证，此外无效

10-1

山东增值税专用发票

3706151130

发票专用监制
国家税务总局监制
记账联

No.05779601

开票日期：

购货单位	名　　称： 纳税人识别号： 地址、电话： 开户行及账号：				密码区	5<-/566<273>21/0990// >/59220556+4/75>+980 -7->0008+8//525889<0 *1>28*036+55-170>>0-	加密版本： 01
货物或应税劳务、服务名称	规格型号	单位	数量	单价	金　　额	税率	税　　额
合　计					¥		¥
价税合计(大写)				（小写）¥			
销货单位	名　　称： 纳税人识别号： 地址、电话： 开户行及账号：				备注		

第一联：记账联　销售方记账凭证

收款人：　　　　　复核人：　　　　　开票人：　　　　　销货单位:(章)

10-2

中国工商银行进账单（收账通知）　　　　　　　3

年　　月　　日

出票人	全称		收款人	全称	
	账号			账号	
	开户银行			开户银行	

金额	人民币(大写)				千	百	十	万	千	百	十	元	角	分
票据种类			票据张数											
票据号码														
	复核　　　　　　　　记账				收款人开户银行盖章									

此联是收款人开户银行交给收款人的收账通知

10-3

产 品 出 库 单

年　　月　　日　　　　　　凭证编号：0005

用途：　　　　　　　　　　　　　　　　产成品库：

类别	编号	名称及规格	计量单位	数量	单位成本	总成本	附注：
合　　计							

记账：　　　　　　　保管：　　　　　　　　　　　　检验：　　　　　　　　制单：

11-1

山东增值税专用发票

3706151130

国家税务总局监制
记账联

No.05779602

开票日期：

购货单位	名　称： 纳税人识别号： 地址、电话： 开户行及账号：				密码区	5＜-/566＜273＞21/0990// ＞/59220556+4/75＞+980 -7-＞0008+8//525889＜0 *1＞28*036+55-170＞＞0-		加密版本： 01	
货物或应税劳务、服务名称	规格型号	单位	数量	单　价	金　额		税率	税　额	
合　计					¥			¥	
价税合计(大写)					(小写)¥				
销货单位	名　称： 纳税人识别号： 地址、电话： 开户行及账号：				备注				

收款人：　　　　　复核人：　　　　　开票人：　　　　　销货单位：(章)

第一联：记账联　销售方记账凭证

11-2

中国工商银行进账单（收账通知）

3

年　　　月　　　日

出票人	全称		收款人	全称										
	账号			账号										
	开户银行			开户银行										
金额	人民币 (大写)					千	百	十	万	千	百	十	元	角	分
票据种类			票据张数											
票据号码														
复核　　　　　记账						收款人开户银行盖章								

此联是收款人开户银行交给收款人的收账通知

11-3

产 品 出 库 单

年 月 日 凭证编号：0006

用途： 产成品库：

类别	编号	名称及规格	计量单位	数量	单位成本	总成本	附注：
合　　　计							

记账： 保管： 检验： 制单：

12

职工食堂补贴计算表

年 月 金额单位：元

车 间、部 门				职工人数	补贴标准	补贴金额
基本车间	生产工人		生产工时			
		A-01				
		B-02				
		小计		103		
	管 理 人 员			8		
辅助车间	机 修 车 间			7		
	动 力 车 间			6		
厂　　　　部				18		
销 售 门 市 部				11		
综 合 楼 工 程 人 员				5		
合　　　　计				158人	150元/人/月	

13-1

山东增值税专用发票

3706151130

No.05779603

记账联

开票日期：

购货单位	名　　称：					密码区	5<-/566<273>21/0990// >/59220556+4/75>+980 -7->0008+8//525889<0 *1>28*036+55-170>>0-	加密版本： 01
	纳税人识别号：							
	地　址、电　话：							
	开户行及账号：							

货物或应税劳务、服务名称	规格型号	单位	数量	单价	金　额	税率	税　额
合　　计					¥		¥
价税合计(大写)					(小写)¥		

销货单位	名　　称：		备注
	纳税人识别号：		
	地　址、电　话：		
	开户行及账号：		

收款人：　　　　　复核人：　　　　　开票人：　　　　　销货单位:(章)

第一联：记账联 销售方记账凭证

13-2

中国工商银行进账单（收账通知）

3

年　　月　　日

出票人	全称		收款人	全称									
	账号			账号									
	开户银行			开户银行									
金额	人民币(大写)				千	百	十	万	千	百	十	元	角	分
票据种类		票据张数											
票据号码													
	复核		记账		收款人开户银行盖章								

此联是收款人开户银行交给收款人的收账通知

13–3

产 品 出 库 单

年　　月　　日　　　　　　　　　　凭证编号：0007

用途：　　　　　　　　　　　　　　　　　　　　　产成品库：

类别	编号	名称及规格	计量单位	数量	单位成本	总成本	附注：
合　　　计							

记账：　　　　　　　保管：　　　　　　　　　　检验：　　　　　　　制单：

14–1

山东增值税专用发票

3706151130

区　　　山东
国家税务总局监制
记账联

No.05779604

开票日期：

购货单位	名　　称： 纳税人识别号： 地址、电话： 开户行及账号：				密码区	5<–/566<273>21/0990// >/59220556+4/75>+980 –7–>0008+8//525889<0 *1>28*036+55-170>>0–	加密版本： 01
货物或应税劳务、服务名称	规格型号	单位	数量	单价	金　额	税率	税　额
合　　　计					¥		¥
价税合计(大写)				(小写)¥			
销货单位	名　　称： 纳税人识别号： 地址、电话： 开户行及账号：			备注			

收款人：　　　　　复核人：　　　　　开票人：　　　　　销货单位：(章)

第一联：记账联　销售方记账凭证

14-2

中国工商银行进账单（收账通知）　　　　3

年　月　日

出票人	全称		收款人	全称		此联是收款人开户银行交给收款人的收账通知
	账号			账号		
	开户银行			开户银行		

金额	人民币(大写)			千	百	十	万	千	百	十	元	角	分

票据种类		票据张数	
票据号码			

复核	记账	收款人开户银行盖章

14-3

产　品　出　库　单

年　　月　　日　　　　　　凭证编号：0008
　　　　　　　　　　　　　　产成品库：

用途：

类别	编号	名称及规格	计量单位	数量	单位成本	总成本	附注：
合　　　计							

记账：　　　　　　保管：　　　　　　　　检验：　　　　　　制单：

15

福海证券公司股票交易交割单

打印日期：2015 年 12 月 21 日　　　　　　No.0733199876

股东代码：D100986502557　　　　　　　资金账号：156099

股东姓名：烟台荣昌股份有限公司

成交时间：2015-12-21

股票代码：699786　　　　　　　　　　股票名称：九龙股份

成交单价：10.00　　　　　　　　　　　手续费：500.00

成交数量：20000 股　　　　　　　　　印花税：600.00

成交金额：200000.00　　　　　　　　成交净额：198900.00

（鲁烟证券福海营业部 业务专用章）

16

2015 年 12 月份工资结算汇总表

车间部门	基本工资	岗位工资	绩效奖	加班费	津贴、补贴		应扣工资		应付工资	代扣款项				实发工资
					夜班补贴	物价补贴	病假	事假		医疗保险 2%	养老 8%、失业保险 0.50%	住房公积金 8%	个人所得税	
基本车间 生产工人	80,000.00	7,200.00	5,100.00	1,100.00	1,450.00	18,400.00	90.00	110.00		1,514.00	6,434.50	6,056.00	767.00	
管理人员	6,300.00	560.00	428.00			1,060.00		25.00		118.00	501.50	472.00	205.00	
小计	86,300.00	7,760.00	5,528.00	1,100.00	1,450.00	19,460.00	90.00	135.00		1,632.00	6,936.00	6,528.00	972.00	
辅助车间 机修车间	5,600.00	480.00	398.00	160.00	130.00	1,288.00	30.00			100.00	425.00	400.00	118.00	
动力车间	4,900.00	430.00	367.00	115.00	95.00	1,127.00	22.00			86.00	365.50	344.00	86.00	
小计	10,500.00	910.00	765.00	275.00	225.00	2,415.00	52.00			186.00	790.50	744.00	204.00	
厂部	15,000.00	1,350.00	1,122.00			2,540.00		0.00		288.00	1,224.00	1,152.00	360.00	
销售门市部	9,000.00	460.00	1,224.00			1,960.00				174.00	739.50	696.00	105.00	
综合楼工程人员	4,200.00	350.00	306.00			1,000.00				80.00	340.00	320.00	43.00	
合计	125,000.00	10,830.00	8,945.00	1,375.00	1,675.00	27,375.00	142.00	135.00		2,360.00	10,030.00	9,440.00	1,684.00	

17

费用计提（摊销）计算表

年　　月

项　目	金　额	计 入 科 目	对 应 科 目
合　计			

18

借款借据

年　月　日

部门名称		借款人							
借款用途									
借款金额（大写）			万	千	百	十	元	角	分
部门负责人		主管领导							
财务处									

19—1

山东增值税专用发票

3706151130

国家税务总局监制
发票联

No.05725673

开票日期：2015 年 12 月 25 日

购货单位	名　　　称：烟台荣昌股份有限公司 纳税人识别号：370602117625137 地　址、电话：烟台市福海区 APEC 产业园 17 号 7928188 开户行及账号：工行烟台市福海区支行 2300037100613200327				密码区	5＜-/566＜273＞21/0990// ＞/59220556+4/75＞+980 -7-＞0008+8//525889＜0 *1＞28*036+55-170＞＞0-	加密版本： 01
货物或应税劳务、服务名称	规格型号	单位	数量	单价	金额	税率	税额
动力电费		度	73578	0.62	45618.36	17%	7755.12
照明电费		度	11637	0.47	5469.39	17%	929.80
合　　计					￥51087.75		￥8684.92
价税合计(大写)	人民币伍万玖仟柒佰柒拾贰元陆角柒分				(小写)￥59772.67		
销货单位	名　　　称：烟台电力股份有限公司 纳税人识别号：370602117654321 地　址、电话：烟台市解放路 19 号 6250335 开户行及账号：农行延安路支行 82600087567				备注	烟台电力股份有限公司 370602117654321 发票专用章	

收款人：刘英　　　　复核人：朴京　　　　开票人：赵凌　　　　销货单位:(章)

第三联：发票联　购买方记账凭证

19—2

山东增值税专用发票

3706151130

国家税务总局监制
抵扣联

No.05725673

开票日期：2015 年 12 月 25 日

购货单位	名　　　称：烟台荣昌股份有限公司 纳税人识别号：370602117625137 地　址、电话：烟台市福海区 APEC 产业园 17 号 7928188 开户行及账号：工行烟台市福海区支行 2300037100613200327				密码区	5＜-/566＜273＞21/0990// ＞/59220556+4/75＞+980 -7-＞0008+8//525889＜0 *1＞28*036+55-170＞＞0-	加密版本： 01
货物或应税劳务、服务名称	规格型号	单位	数量	单价	金额	税率	税额
动力电费		度	73578	0.62	45618.36	17%	7755.12
照明电费		度	11637	0.47	5469.39	17%	929.80
合　　计					￥51087.75		￥8684.92
价税合计(大写)	人民币伍万玖仟柒佰柒拾贰元陆角柒分				(小写)￥59772.67		
销货单位	名　　　称：烟台电力股份有限公司 纳税人识别号：370602117654321 地　址、电话：烟台市解放路 19 号 6250335 开户行及账号：农行延安路支行 82600087567				备注	烟台电力股份有限公司 370602117654321 发票专用章	

收款人：刘英　　　　复核人：朴京　　　　开票人：赵凌　　　　销货单位:(章)

第二联：抵扣联　购买方扣税凭证

19-3

外购动力分配表

2015 年 12 月

车间、部门	计量单位	生产用电					照明用电			合计
		用电度数		单价	金额		用电度数	单价	金额	
		工时	度数							
基本生产车间	度	A-01					4,826			
		B-02								
		小计	58,561							
机修车间	度		7,316				1,732			
动力车间	度		5,430	0.62			1,436	0.47		
销售门市部	度						1,043			
厂部	度						2,173			
综合楼工程	度		2,271				427			
合计	度		73,578				11,637			

注：基本车间的生产用电按 A、B 两种产品的生产工时比例分配。

20-1

山东增值税专用发票

3706151130

国家税务总局监制
发票联

No.05757889

开票日期：2015 年 12 月 25 日

购货单位	名　　称：烟台荣昌股份有限公司 纳税人识别号：370602117625137 地址、电话：烟台市福海区 APEC 产业园 17 号 7928188 开户行及账号：工行烟台市福海区支行 2300037100613200327	密码区	5＜-/566＜273＞21/0990// ＞/59220556+4/75＞+980 -7-＞0008+8//525889＜0 *1＞28*036+55-170＞＞0-	加密版本： 01
货物或应税劳务、服务名称	规格型号	单位	数量	单价	金　额	税率	税　额
水费		吨	1755	3.05	5352.75	13%	695.86
合　　计					￥5352.75		￥695.86
价税合计（大写）	人民币陆仟零肆拾捌元陆角壹分		（小写）￥ 6048.61				

销货单位	名　　称：烟台市自来水公司 纳税人识别号：370602112435687 地址、电话：烟台市松江路 65 号 6897735 开户行及账号：农行延安路支行 82600067895	备注	烟台市自来水公司 370602112435687 发票专用章

收款人：高雨　　　复核人：宋星　　　开票人：宋田　　　销货单位：(章)

第三联：发票联　购买方记账凭证

20-2

山东增值税专用发票

3706151130

国家税务总局监制
抵扣联

No.05757889

开票日期：2015 年 12 月 25 日

购货单位	名　　称：烟台荣昌股份有限公司 纳税人识别号：370602117625137 地 址、电 话：烟台市福海区 APEC 产业园 17 号 7928188 开户行及账号：工行烟台市福海区支行 2300037100613200327				密码区	5<-/566<273>21/0990// >/59220556+4/75>+980 -7->0008+8//525889<0 *1>28*036+55-170>>0-		加密版本： 01
货物或应税劳务、服务名称	规格型号	单位	数量	单价	金　额	税率	税　额
水费		吨	1755	3.05	5352.75	13%	695.86
合　　计					￥5352.75		￥695.86
价税合计（大写）		人民币陆仟零肆拾捌元陆角壹分			（小写）￥ 6048.61		
销货单位	名　　称：烟台市自来水公司 纳税人识别号：370602112435687 地 址、电 话：烟台市松江路 65 号 6897735 开户行及账号：农行延安路支行 82600067895				备注	烟台市自来水公司 370602112435687 发票专用章	

第二联：抵扣联　购买方扣税凭证

收款人：高雨　　　　　复核人：宋星　　　　　开票人：宋田　　　　　销货单位：（章）

20-3

水费分配表

2015 年 12 月

用水部门	计量单位	数量	单价	金额	用途
基本生产车间	m³	294			
机修车间	m³	231			
动力车间	m³	453			非生产用水
销售门市部	m³	148	3.05		
厂　　部	m³	72			
综合楼工程	m³	557			工程用水
合　　计	m³	1755			

21

烟台荣昌股份有限公司
存货盘点报告单

2015 年 12 月 26 日　　　　　　　　　　　　　071226 号

类别	名称	单位	计划单价	数量		盘盈		盘亏		原因
				账存	实存	数量	金额	数量	金额	
原材料	甲材料	吨	23,000.00					0.05	1,150.00	
										原因不明
合　计								0.05	1,150.00	

财务主管：马俊　　　　　　　仓库主管：王晓　　　　　　　　库管员：蒋霞

22

费用计提（摊销）计算表

年　　　月

项　　目	金　　额	计　入　科　目	对　应　科　目
合　计			

23

财产物资盘点报告单

类别：存货　　　　　　　　　2015 年 12 月 28 日

名称	规格	单位	计划单价	结存数量		盘 盈		盘 亏				
				账存	实存	数量	金额	数量	计划成本	差异率	差异额	实际成本
甲材料		吨	23,000.00					0.05	1,150.00			
合　计												
原因分析： 　　短缺的材料属于保管责任事故。						审批意见： 　　由保管员蒋霞赔偿 40%，其余作为经营损失核销。 　　　　　　　　　　　　吕英胜 　　　　　　　　　　　　2015 年 12 月 31 日						

财务科长：马俊　　　　　　仓库负责人：王晓　　　　　　保管员：蒋霞

第三联

24

差旅费报销单

年　　月　　日

姓　　名	张林	工作部门	供应科	出差时间	12 月 26～28 日
出差事由	采购	出差地点	济南	往返天数	3 天
发生费用	交通费	住宿费	伙食补贴	其　他	合　　计
	456.00	390.00	120.00	284.00	1,250.00
合　　计	人民币（大写）				
预借金额		应退金额		应补金额	

批准人：　　　　　　审核人：　　　　　　部门主管：　　　　　　出差人：

25

固定资产折旧计算表

2015 年 12 月

车间、部门	类别	原值	月折旧率	月折旧额
基本生产车间	厂房			
	机器设备			
	小计			
机修车间	厂房			
	机器设备			
	小计			
动力车间	厂房			
	机器设备			
	小计			
销售门市部	房屋建筑物			
厂部	房屋建筑物			
	运输设备			
	小计			
合　　计				

26-1

中国工商银行**托收凭证**（付款通知）

5

委托日期：2015 年 12 月 31 日

业务类型		委托收款（☑邮划、□电划）		托收承付（□邮划、□电划）										此联付款人开户银行给付款人按期付款通知
付款人	全　　称	烟台荣昌股份有限公司	收款人	全　　称		中国网通烟台分公司								
	账号或地址	2300037100613200327		账号或地址		82600023698								
	开户银行	工行烟台市福海区支行		开户银行		农行延安路支行								
金额	人民币（大写）伍仟柒佰壹拾贰元整			千	百	十	万	千	百	十	元	角	分	
							¥	5	7	1	2	0	0	
款项内容	12 月电话费		附寄单证张数			1 张								
商品发运情况			合同名称号码											
备注：付款人开户银行收到日期 年 月 日 复核　　记账	中国工商银行烟台市福海支行 付款人开户银行签章 收到 2015.12.31 委托收款专用章（11）		付款人注意： 1. 根据支付结算办法，上列委托收款（托收承付）款项在付款期限内未提出拒付，即视为同意付款，以此代付款通知。 2. 如需提出全部或部分拒付，应在规定期限内，将拒付理由书并附债务证明退交开户银行。											

26-2

中国网通（集团）有限公司山东省分公司专用发票

发票联

中国网通 CNC

发票代码：23706084210

受理编号：715254193　合同号：53500011000000437　发票号码：01337886

客户名称	烟台荣昌股份有限公司		电话	7928188
基本月租费：545.00	国内长途费：981.57			
本地区内话费：1457.66	上次余额：0.00			
本地区间话费：94.80	本次余额：0.00			
新业务费：88.00	本次应收：5712.00			
互联网业务费：2555.80	代收费用可详查信息费清单			
电话信息费：16.00				
代收信息费：21.20				
短信业务费：0.60				
他网通信费：9.37				
优惠费：58.00				
实收金额	（大写）伍仟柒佰壹拾贰元整		（小写）￥5712.00	

本次费用统计从：2015/11/28—2015/12/27　　收款日期：2015.12.28

第二联：发票联

343

27

工资费用分配表

年　　月

车 间、部 门			直接计入	分配计入		合计
				分配标准	分配额	
基本车间	生产工人	A-01				
		B-02				
	管理人员					
	小计					
辅助车间	机修车间					
	动力车间					
	小计					
厂　　　　　部						
销 售 门 市 部						
综 合 楼 工 程 人 员						
合　　　　计						

28-1

基金计提标准及比例表

项 目	计提基数	计提比例
养老基金	上年月平均工资基数（合计 118,000.00 元）	20%
医疗保险金	上年月平均工资基数（合计 118,000.00 元）	10%
失业保险金	上年月平均工资基数（合计 118,000.00 元）	1.5%
住房公积金	上年月平均工资基数（合计 118,000.00 元）	8%

28-2

计提基金的上年工资额表

车间、部门					计提基数
基本车间	生产工人		本月生产工时	分配率	
		A-01			
		B-02			
		小计			75,700.00
	管理人员				5,900.00
	小　计				81,600.00
辅助车间	机修车间				5,000.00
	动力车间				4,300.00
	小　计				9,300.00
厂　部					14,400.00
销售门市部					8,700.00
综合楼工程人员					4,000.00
合　计					118,000.00

注：A-01、B-02产品应负担的部分，按本月生产工时比例分配。

28-3

社会保险费、住房公积金计提表

年 月 日 单位：元

车间、部门			计提基数	项 目			合计
				医疗保险（10%）	养老保险(20%)、失业保险（1.5%）	住房公积金（8%）	
基本车间	生产工人	A-01					
		B-02					
	管理人员						
	小计						
辅助车间	机修车间						
	动力车间						
	小计						
厂 部							
销售门市部							
综合楼工程人员							
合 计							

29

烟台市住房公积金缴款书

2015 年 12 月 31 日 附变更清册 张

缴款单位	烟台荣昌股份有限公司		住房公积金账号 23000371006132004 39								备注	项目	比例	金额
缴款项目	年度	月份	金额									个人	8%	9440
			百	十	万	千	百	十	元	角	分		单位	8%	9440
住房公积金	2015	11		¥	1	8	8	8	0	0	0				

大写 壹万捌仟捌佰捌拾元整

项目	上月汇缴		本月增加		本月减少		本月汇缴	
	人数	金额	人数	金额	金额	人数	人数	金额
住房公积金								

收款单位（盖章） 收款单位经办人（章）高玉 缴款单位经办人（章）韩虹

收款财务专章

30

山东省社会保险费专用收款票据

NO:242004364794

缴费单位：烟台荣昌股份有限公司　　经济类别：3700000760　股份　　　　　单位：元

缴费项目	起始年月	终止年月	人数	单位缴纳额	个人缴纳额	滞纳金	利息	合计金额
医疗保险	2015.11.1	2015.11.30	160	11,800.00	2,360.00			14,160.00
养老、失业保险	2015.11.1	2015.11.30	160	25,370.00	10,030.00			35,400.00
			转账收讫					
人民币合计（大写）肆万玖仟伍佰陆拾元整					¥49,560.00			

第一联　收据

收款单位（章）　财务复核人：张翔　业务复核人：杨伟　操作员：01　开据时间：2015.12.31

31

中国工商银行计付存款利息清单（收款通知）

2015 年 12 月 31 日

账号

单位名称	烟台荣昌股份有限公司	结算户账号	2300037100613200327
计算起讫日期	2015 年 10 月 01 日至 2015 年 12 月 31 日		
计算户账号	计息总积数	利率（年）	利息金额
	137,010,000.00	1.2%	4,567.00
备注：你单位上述存款利息已收入你单位账户			

32

中国工商银行计收利息清单（付款通知）

2015 年 12 月 31 日

单位名称	烟台荣昌股份有限公司	账　　号	2300037100613200327
贷款金额	600,000.00 元	计息起讫日期	2015 年 10 月 01 日至 12 月 31 日
利率（月）	7‰		
利息金额	人民币（大写）壹万贰仟陆佰元整	¥：12,600.00	
你单位上述应偿借款利息已从你单位账户划出。			
此致			
借款单位　（银行盖章）		复核：　　　记账：	

33

中国工商银行计收利息清单（付款通知）

2015 年 12 月 31 日

单位名称	烟台荣昌股份有限公司	账　　号	2300037100613200327
贷款金额	90,000.00 元	计息起讫日期	2015 年 10 月 01 日至 12 月 31 日
利率（月）	5‰		
利息金额	人民币（大写）壹仟叁佰伍拾元整		￥: 1,350.00

你单位上述应偿借款
利息已从你单位账户
划出。

中国工商银行
烟台市福海支行
2015.12.31
转讫
（银行盖章）(1)

此致

借款单位　　　　　　　　　　　　　　　　复核：　　　　记账：

34

收　据

No. **056589**

年　　月　　日

今收到

| 金额（大写） | 佰 | 拾 | 万 | 仟 | 佰 | 拾 | 元 | 角 | 分整 |

　　　　￥:　　　　　　　　　　　　　　　（单位盖章）

核准　　　　　会计　　　　　记账　　　　　出纳　　　　　经手人

③记账联

35

固定资产验收单

年　　月　　日　　　　　　　　　　　　编　号

名称		规格		制造单位		来源	
验收工程		总造价			使用年限		
验收 小组 意见							
施工单位 意见				使用部门 意见			

36

交易性金融资产成本与公允价值比较表

2015 年 12 月 31 日

种类	成本价	公允价值	变动损益
合计			

38

无形资产减值准备计提表

年　　月

项目	账面价值	可收回金额	计提金额	计入科目	对应科目
合计					

财务主管：　　　　　　　　复核：　　　　　　　　制表：

39-1

材料成本差异计算表

2015 年 12 月　　　　　　　　　　　　　　　　　单位：元

类别	月初结存		本月收入		合　计		成本差异率
	计划成本	成本差异	计划成本	成本差异	计划成本	成本差异	
原材料							
合　计							

注：超支（＋），约（－）。

39-2

领料单

2015 年 12 月 1 日

领料部门：基本生产车间　　　　　　　　　　　　　　　　No. 071201

材料类别	材料名称	计量单位	数量	实际成本		材料用途
				单价	金额	
低值易耗品	工具	件	15			车间一般用
	合计					

仓库主管：王晓　　　　　　　　领料人：刘伟　　　　　　　　仓库经手人：蒋霞

39-3

领料单

2015 年 12 月 1 日

领料部门：机修车间　　　　　　　　　　　　　　　　　No. 071202

材料类别	编号	材料名称	计量单位	数量	计划成本		材料用途
					单价	金额	
辅助材料	201	丙材料	吨	2	5,100.00	10,200.00	修理用
	合计						

仓库主管：王晓　　　　　　　　领料人：李玉　　　　　　　　仓库经手人：蒋霞

39–4

领料单

2015 年 12 月 1 日

领料部门：动力车间 　　　　　　　　　　　　　　　　　　　　　　　No.071203

材料类别	编号	材料名称	计量单位	数量	计划成本		材料用途
					单价	金额	
辅助材料	202	丁材料	吨	8	11,000.00	88,000.00	发电用
合计							

仓库主管：王晓 　　　　　　　　领料人：张强 　　　　　　　　仓库经手人：蒋霞

39–5

领料单

2015 年 12 月 3 日

领料部门：行政科 　　　　　　　　　　　　　　　　　　　　　　　No.071204

材料类别	材料名称	计量单位	数量	实际成本		材料用途
				单价	金额	
低值易耗品	管理用具	件	10			办公用
合计						

仓库主管：王晓 　　　　　　　　领料人：刘刚 　　　　　　　　仓库经手人：蒋霞

39-6

领料单

2015 年 12 月 7 日

领料部门：基本生产车间　　　　　　　　　　　　　　　　　　　　　No. 071205

材料类别	编号	材料名称	计量单位	数量	计划成本		材料用途
					单价	金额	
原料及主要材料	101	甲材料	吨	20	23,000.00	460,000.00	A-01 产品领用
	102	乙材料	吨	37	38,000.00	1,406,000.00	B-02 产品领用
辅助材料	202	丁材料	吨	2	11,000.00	22,000.00	A-01 产品领用
				1.5	11,000.00	16,500.00	B-02 产品领用
合计							

仓库主管：王晓　　　　　　　　　领料人：刘伟　　　　　　　　　仓库经手人：蒋霞

39-7

领料单

2015 年 12 月 15 日

领料部门：基本生产车间　　　　　　　　　　　　　　　　　　　　　No. 071206

材料类别	编号	材料名称	计量单位	数量	计划成本		材料用途
					单价	金额	
原料及主要材料	101	甲材料	吨	19	23,000.00	437,000.00	A-01 产品领用
	102	乙材料	吨	15	38,000.00	570,000.00	B-02 产品领用
合计							

仓库主管：王晓　　　　　　　　　领料人：刘伟　　　　　　　　　仓库经手人：蒋霞

39-8

原材料耗用汇总表

2015 年 12 月 31 日

原材料类别　领料部门及用途		原料及主要材料				辅助材料				计划成本合计	差异额	实际成本
		甲材料		乙材料		丙材料		丁材料				
		数量	计划成本	数量	计划成本	数量	计划成本	数量	计划成本			
基本生产车间	A-01											
	B-02											
	一般用											
机修车间												
动力车间												
合　计												

39-9

原材料耗用汇总表

2015 年 12 月 31 日

材料名称　领料部门及用途	工具			管理工具			成本合计
	数量	单位成本	金额	数量	单位成本	金额	
基本生产车间							
机修车间							
动力车间							
销售门市部							
厂部							
综合楼施工队							
合　计							

40

辅助生产费用分配表（直接分配法）

年　月

辅助生产车间		机修车间	动力车间	合　计
待分配辅助生产费用				
对辅助车间以外提供的劳务数量				
费用分配率（单位成本）				
基本生产—A-01产品	耗用数量			
	分配金额			
基本生产—B-02产品	耗用数量			
	分配金额			
基本生产车间	耗用数量			
	分配金额			
销售门市部	耗用数量			
	分配金额			
厂部	耗用数量			
	分配金额			
综合楼施工队	耗用数量			
	分配金额			
合　　计				

41

制造费用分配表

年　月　　　　　　　　　　金额单位：元

产品名称	生产工时	分配率	金额
合计			

42

坏账准备提取计算表

年　　月　　日

账户名称	期末余额	坏账提取率	应提取额	坏账准备余额	实际提取额
应收账款					
其他应收款					
合　计					

43-1

产品成本计算单

车间：生产车间　　　　　　　　　　年　　月　　　　　　　　　　单位：元
产品名称：A-01　　　　　　　　　　　　　　　　　　　　　　　　产量：

摘要	直接材料	燃料及动力	直接人工	制造费用	合计
期初在产品费用					
本月发生费用					
生产费用合计					
完工产品数量					
在产品约当产量					
约当总产量					
费用分配率					
完工产品成本					
完工产品单位成本					
期末在产品成本					

会计主管：　　　　　　　审核：　　　　　　　　　　制单：

43-2

产品成本计算单

车间：生产车间　　　　　　　　年　月　　　　　　　单位：元
产品名称：B-02　　　　　　　　　　　　　　　　　　产量：

摘要	直接材料	燃料及动力	直接人工	制造费用	合计
期初在产品费用					
本月发生费用					
生产费用合计					
完工产品数量					
在产品约当产量					
约当总产量					
费用分配率					
完工产品成本					
完工产品单位成本					
期末在产品成本					

会计主管：　　　　　　　审核：　　　　　　　制单：

43-3

产品成本汇总表

年　月

成本项目 / 产品名称	直接材料	燃料及动力	直接人工	制造费用	合计
合　计					

43-4

产成品入库单

交库单位： 年 月

产品名称	交验数量（台）	检验结果		实收数量（台）	单位成本（元／台）	金额（元）
		合格	不合格			
合 计						

生产车间 检验人 仓库经手人

44

产成品收发存月报表

年 月

产品名称	计量单位	期初余额			本期完工			本期销售			期末余额		
		数量	单价	金额	数量	单价	金额	数量	单价	金额	数量	单价	金额
合计													

45

税费计算表

年　月

项目	计税基础	税率	金额	计入科目
合计				

财务主管：　　　　　　　　　复核：　　　　　　　　制表：

46

收　据

No.**012598**

2015 年 12 月 31 日

今收到　烟台荣昌股份有限公司	存根（白）
2015 年 12 月份伙食补贴	
	客户（红）
金额(大写)　　零佰零拾贰万叁仟柒佰零拾零元零角零分整	
￥：23700.00　　　　　　　（单位盖章）	

核准　张敏　　　　会计　　　　　记账　　　　　出纳　张悦　　　　经手人　孙杨

47-53 原始凭证由实训者根据经济业务情况自制。

表 18

资 产 负 债 表

会企 01 表

编制单位：　　　　　　　　　　　2015 年 12 月 31 日　　　　　　　　　　单位：元

资产	期末余额	年初余额	负债和所有者权益（或股东权益）	期末余额	年初余额
流动资产：			流动负债：		
货币资金			短期借款		
交易性金融资产			交易性金融负债		
应收票据			应付票据		
应收账款			应付账款		
预付款项			预收款项		
应收利息			应付职工薪酬		
应收股利			应交税费		
其他应收款			应付利息		
存货			应付股利		
一年内到期的非流动资产			其他应付款		
其他流动资产			一年内到期的非流动负债		
流动资产合计			其他流动负债		
非流动资产：			流动负债合计		
可供出售金融资产			非流动负债：		
持有至到期投资			长期借款		
长期应收款			应付债券		
长期股权投资			长期应付款		
投资性房地产			专项应付款		
固定资产			预计负债		
在建工程			递延所得税负债		
工程物资			其他非流动负债		
固定资产清理			非流动负债合计		
生产性生物资产			负债合计		
油气资产			所有者权益 （或股东权益）：		
无形资产			实收资本（或股本）		
开发支出			资本公积		
商誉			减：库存股		
长期待摊费用			盈余公积		
递延所得税资产			未分配利润		
其他非流动资产			所有者权益		
			（或股东权益）合计		
非流动资产合计					
资产总计			负债和所有者权益		
			（或股东权益）总计		

表 19

利 润 表

会企 02 表

编制单位：

2015 年 12 月

单位：元

项目	本期金额	上期金额
一、营业收入		
减：营业成本		
营业税金及附加		
销售费用		
管理费用		
财务费用		
资产减值损失		
加：公允价值变动收益（损失以"–"号填列）		
投资收益（损失以"–"号填列）		
其中：对联营企业和合营企业的投资收益		
二、营业利润（亏损以"–"号填列）		
加：营业外收入		
减：营业外支出		
其中：非流动资产处置损失		
三、利润总额（亏损总额以"–"号填列）		
减：所得税费用		
四、净利润（净亏损以"–"号填列）		
五、每股收益：		
（一）基本每股收益		
（二）稀释每股收益		

实训模块三

粮食企业会计实训

一、实训企业基本信息

（一）模拟企业概况

企业名称：宏达储备库

注册地址：烟台市福海区 APEC 产业园 17 号

联系电话：0535–7928188

法人代表：夏宏鑫

注册资本：人民币 3000 万元

企业类型：股份有限公司

纳税人登记号：370612237615983

企业代码：82918131–7

开户行：中国农业发展银行烟台市海欣支行，行号 23679

账号：99000008988789123456

（二）生产特点

宏达储备库为省级粮食储备库，该储备库的业务包括政策性业务和经营性业务。粮油业务中政策性业务比较特殊，不同于工商企业的会计处理，为本次实训的重点内容；经营性业务同一般的工商企业，此次实训不做训练。政策性业务主要是在国家政策的指引下进行经营，包括储备粮油、最低收购价粮食等业务。

（三）公司机构及人员分工

表 1　公司机构及人员分工

部门	负责人	部门	负责人
综合科	丁林		会计主管：实训学生
销售科	夏青		出纳：实训学生
化验科	宫晓	财务部	制单员：实训学生
业务科	宁林		记账员：实训学生
经营科	保管：实训学生		成本会计：实训学生

（四）账务处理程序

该公司采用科目汇总表账务处理程序，如图 1 所示。

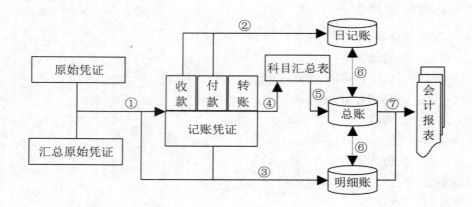

图 1

（五）会计核算说明

1. 流动资产核算部分

（1）库存现金限额为 15,000.00 元。

（2）该储备库的开户银行和银行存款账户均为中国农业发展银行。

（3）周转材料采用实际成本计价核算，本月发出周转材料的实际成本按月末一次加权平均法计算，并采用一次摊销法摊销。

2. 固定资产核算部分

对固定资产按平均年限法计提折旧，固定资产的使用寿命为 30 年，不考虑净残值，已经使用的年限为 12 年。

3. 无形资产核算部分

无形资产按直线法摊销，摊销期限为 50 年，已经摊销 12 年。

4. 税金及附加核算部分

（1）增值税。本企业为粮食企业，政策性业务处理不考虑增值税。

（2）企业所得税。本公司的企业所得税税率为 25%，按照应付税款法进行核算。

（3）个人所得税。公司职工应负担的个人所得税由公司代扣代缴。

5. 利润及利润分配核算部分

年末分别按本年税后利润的 10% 计提法定盈余公积，按 5% 计提任意盈余公积。

6. 计算最终结果保留两位小数

二、实训资料

（一）模拟企业建账资料

1. 2015 年 8 月总账账户期初余额见表 2。

2. 2015 年 8 月三栏式明细账期初余额见表 3。

3. 2015 年 8 月日记账期初余额见表 4。

4. 2015 年 8 月固定资产期初余额见表 5。

表 2 2015 年 8 月总账账户期初余额

账户名称	借方	贷方
库存现金	15,000.00	
银行存款	1,095,780.00	
其他应收款	3,000.00	
周转材料	200.00	
储备粮油	243,500.00	
商品粮油	26,000.00	
固定资产	38,160,000.00	
累计折旧		2,014,000.00
无形资产	3,000,000.00	
累计摊销		755,000.00
短期借款		100,000.00
应交税费		245,288.00
长期借款		6,000,000.00
实收资本		24,590,000.00
资本公积		312,480.00
盈余公积		510,000.00
利润分配		8,016,712.00

表 3 2015 年 8 月三栏式明细账期初余额

一级科目	二级科目	三级科目	借方	贷方
其他应收款	张帆		3,000.00	
储备粮油	省级储备粮油	小麦	243,500.00	
商品粮油	小麦		26,000.00	
累计折旧				16,006,000.00
累计摊销				95,000.00
短期借款	中国农业发展银行			100,000.00
长期借款	中国农业发展银行			6,000,000.00
应交税费	应交所得税			245,288.00

表 4 2015 年 8 月日记账期初余额

一级科目	二级科目	借方	贷方
库存现金		15,000.00	
银行存款	中国农业发展银行	1,095,780.00	

表5　2015 年 8 月固定资产明细账户期初余额

部门	类　别	金　额
业务科	仓房	26,000,000.00
	机器设备	11,800,000.00
	小　计	37,800,000.00
综合科	房屋建筑物	760,000.00
	运输设备	600,000.00
	小　计	1,360,000.00
合计		39,160,000.00

（二）模拟企业 2015 年 8 月份发生的各项经济业务

1. 8 月 1 日，综合科职工李霞出差预借差旅费 4,000.00 元，出纳以现金付讫。

2. 8 月 8 日，以现金支付业务招待费 3,000.00 元。

3. 8 月 9 日，职工李霞出差回来，实际报销 3,800.00 元，交回现金 200.00 元。

4. 8 月 10 日，以银行存款从上海青山贸易有限公司购买防化药品共 5,000.00 元，药品已交付仓库使用。

5. 8 月 10 日，宏达储备库依据储备小麦入库计划，向当地农业发展银行借入收购资金 150,000.00 元，已办理贷款手续，贷款已转入企业银行存款户。

6. 8 月 10 日，向农发行取得最低收购价小麦贷款 143,000.00 元，年利率 5.85%，已办妥贷款手续，款项已转入企业银行存款户。

7. 8 月 11 日，按照上级下达的计划，签发转账支票在山东省粮食批发市场购入省级储备小麦 100,000 斤，每斤价款 1.50 元，政府规定的结算价为每斤 1.56 元，另以现金支付运费等 5,000.00 元，小麦已经验收入库。

8. 8 月 12 日，宏达粮库按规定抛售储备小麦 100,000 斤给欣宝酱油厂，成本价为每斤 1.10 元，销售价格为每斤 1.50 元，支付运费等 1,000.00 元，销售价差收入扣除销售费用 1,000.00 元后上缴地方财政。

9. 上级有关部门下达某企业中央储备小麦轮换计划 1,000,000 斤，8 月 13 日，该企业从西山粮管所轮入小麦 1,000,000 斤，平均轮入价为每斤 1.40 元，同一天轮出中央储备小麦 1,000,000 斤给东华面粉厂，平均轮出价为每斤 1.42 元，轮换补贴标准为每斤 0.04 元。

10. 8 月 14 日，计算本月应付职工工资 89,600.00 元，其中：业务人员工资 71,000.00 元，管理人员工资 18,600.00 元。

11. 8 月 15 日，从政府无偿取得划拨土地 45 亩。政府文件明确该块土地市场公允价值为 900 万元，使用期限 50 年。A 国有粮食企业采用直线法摊销土地使用权。

12. 8 月 16 日，购入化验仪器一台，单价为 1,500.00 元，款项已由银行存款支付，化验仪器已交付使用。该企业低值易耗品采用一次摊销法核算。

13. 8 月 17 日，按最低收购价从同里粮管所收购小麦（三等混合麦）200,000 斤，收购价格 0.69 元 / 斤，支付给梁凯装卸费用 4,800.00 元，款项均签发转账支票支付。

14. 8 月 18 日，宏达储备库按国家规定，对按最低收购价收购的小麦共 200,000 斤进行集中拍卖，销往兴盛面粉厂，单价 0.73 元 / 斤，以银行存款支付。销售过程中运杂费用为 2,000.00 元，货款收回存入银行。该批小麦入库结算价格是 0.50 元 / 斤。经财政核定，销售差价收入扣减运杂费后余额上交地方财政。

15. 8 月 19 日，以现金支付本月水电费 1,000.00 元。

16. 8 月 20 日，收到业务科报来商品购进入库单及增值税专用发票，签发转账支票，从东海粮管所购入小麦 10,000 斤，价格为 15,000.00 元。

17. 8 月 20 日，签发转账支票用以发放职工工资共计 89,600.00 元。

18. 8 月 21 日，储备库签发转账支票，从华夏粮管所收购小麦 10,000 斤，每斤含税收购价为 1.50 元，计 15,000.00 元，款项已付。另以库存现金支付收购费用 200.00 元。

19. 8 月 23 日，储备库销售给欣和酱油股份有限公司小麦 10,000 斤，每斤价格为 1.60 元，计 16,000.00 元，货款已收存银行。该批小麦平均单位成本为 1.32 元 / 斤。

20. 8 月 24 日，宏达从符合规定的华润粮油批发有限公司采购军供大米 100,000 斤，每斤价格为 2.40 元。按照双方约定的供货方式，由华润粮油批发有限公司负责将大米分 2 次送到指定地点，中途发生的运输费由宏达负担，装卸等其他费用由华润粮油批发有限公司负担。货款先行支付，采购费用据实结算。

21. 8 月 25 日，宏达收到华润粮油批发有限公司送到指定地点的 80,000 斤军供大米，单价 2.40 元 / 斤，发生运费 800.00 元，以现金支付。

22. 8 月 26 日，宏达收到华润粮油批发有限公司送到指定地点的剩余 20,000 斤军供大米，单价 2.40 元 / 斤，以现金支付运输费 200.00 元。

23. 8 月 27 日，宏达储备库销售军供大米 60,000 斤给欣美达酱油厂，价格为每斤 1.40 元，款项银行收讫。

24. 8 月 28 日，宏达储备库结转本月已销 60,000 斤军供大米成本，单位成本为 2.41 元 / 斤。

25. 8 月 28 日，收到国家核定的军供大米差价为每斤 1.10 元，共计数量 60,000 斤。

26. 2015 年实际存储省级储备玉米 50,000 吨。根据有关规定，省财政厅按照企业的实际储备量给予 8 月、9 月、10 月共计每吨 78.00 元的粮食保管费补贴。2015 年 8 月 30 日，宏达储备库收到财政拨付的 8 月、9 月、10 月补贴款共 3,900,000.00 元。

27. 8 月 30 日，收到张帆的赔偿款 3,000.00 元。

28. 8 月 30 日，计提本月固定资产折旧费。

29. 8 月 30 日，对无形资产进行摊销。

30. 8 月 30 日，支付银行借款的利息，其中短期借款的利息为 8%，长期借款的利息为 12%，利息均按月支付（本月新借入的借款暂不考虑利息）。

31. 8 月 31 日结转本月利润。

公司空白转账支票：转账支票共需要 10 张，后附转账支票 16 张。

中国农业发展银行

转账支票存根　№6539001

支票号码：

科目

对方科目

出票日期：　年　月　日

收款人：

金额：

用途：

单位主管　　　　会计

本支票付款期限十天

中国农业发展银行转账支票

出票日期（大写）：　年　月　日　　　　№6539001

收款人：

付款行名称：福海区办事处

出票人账号：23456

人民币
（大写）

百	十	万	千	百	十	元	角	分

用途：＿＿＿＿＿

上列款项请从
我账户内支付

出票人签章

记账：　　　　复核：

中国农业发展银行

转账支票存根　№6539002

支票号码：

科目

对方科目

出票日期：　年　月　日

收款人：

金额：

用途：

单位主管　　　　会计

本支票付款期限十天

中国农业发展银行转账支票

出票日期（大写）：　年　月　日　　　　№6539002

收款人：

付款行名称：福海区办事处

出票人账号：23456

人民币
（大写）

百	十	万	千	百	十	元	角	分

用途：＿＿＿＿＿

上列款项请从
我账户内支付

出票人签章

记账：　　　　复核：

中国农业发展银行转账支票

№6539003

出票日期（大写）：　　　年　　月　　日

收款人：

付款行名称：福海区办事处
出票人账号：23456

人民币
（大写）

百	十	万	千	百	十	元	角	分

用途：
上列款项请从
我账户内支付

本支票付款期限十天

出票人签章

复核：　　　　　记账：

中国农业发展银行

转账支票存根　№6539003

支票号码：№6539003

科目

对方科目

出票日期：　年　月　日

收款人：

金额：

用途：

单位主管　　　　会计

中国农业发展银行转账支票

№6539004

出票日期（大写）：　　　年　　月　　日

收款人：

付款行名称：福海区办事处
出票人账号：23456

人民币
（大写）

百	十	万	千	百	十	元	角	分

用途：
上列款项请从
我账户内支付

本支票付款期限十天

出票人签章

复核：　　　　　记账：

中国农业发展银行

转账支票存根　№6539004

支票号码：№6539004

科目

对方科目

出票日期：　年　月　日

收款人：

金额：

用途：

单位主管　　　　会计

中国农业发展银行转账支票

№6539005

付款行名称：福海区办事处
出票人账号：23456

出票日期（大写）：　　年　　月　　日

收款人：

人民币
（大写）

百	十	万	千	百	十	元	角	分

用途：

上列款项请从
我账户内支付

本支票付款期限十天

出票人签章

记账：　　　　　复核：

中国农业发展银行
转账支票存根
支票号码：№6539005
科目
对方科目
出票日期：　　年　　月　　日
收款人：
金额：
用途：

单位主管　　　　会计

中国农业发展银行转账支票

№6539006

付款行名称：福海区办事处
出票人账号：23456

出票日期（大写）：　　年　　月　　日

收款人：

人民币
（大写）

百	十	万	千	百	十	元	角	分

用途：

上列款项请从
我账户内支付

本支票付款期限十天

出票人签章

记账：　　　　　复核：

中国农业发展银行
转账支票存根
支票号码：№6539006
科目
对方科目
出票日期：　　年　　月　　日
收款人：
金额：
用途：

单位主管　　　　会计

中国农业发展银行 转账支票存根

№6539007

中国农业发展银行转账支票

№6539007

付款行名称：福海区办事处
出票人账号：23456

出票日期（大写）： 年 月 日

收款人：

人民币
（大写）

	百	十	万	千	百	十	元	角	分

用途：＿＿＿＿＿
上列款项请从
我账户内支付

出票人签章

复核： 记账：

本支票付款期限十天

科目

对方科目

出票日期： 年 月 日

收款人：

金额：

用途：

单位主管 会计

中国农业发展银行 转账支票存根

№6539008

中国农业发展银行转账支票

№6539008

付款行名称：福海区办事处
出票人账号：23456

出票日期（大写）： 年 月 日

收款人：

人民币
（大写）

	百	十	万	千	百	十	元	角	分

用途：＿＿＿＿＿
上列款项请从
我账户内支付

出票人签章

复核： 记账：

本支票付款期限十天

科目

对方科目

出票日期： 年 月 日

收款人：

金额：

用途：

单位主管 会计

中国农业发展银行转账支票

No6539009

出票日期（大写）：　　　年　　月　　日

收款人：

付款行名称：福海区办事处
出票人账号：23456

人民币（大写）：

百	十	万	千	百	十	元	角	分

用途：

上列款项请从
我账户内支付

出票人签章

复核：　　　　　记账：

本支票付款期限十天

中国农业发展银行

转账支票存根

支票号码：No6539009

科目

对方科目

出票日期：　年　月　日

收款人：

金额：

用途：

单位主管　　　会计

中国农业发展银行转账支票

No6539010

出票日期（大写）：　　　年　　月　　日

收款人：

付款行名称：福海区办事处
出票人账号：23456

人民币（大写）：

百	十	万	千	百	十	元	角	分

用途：

上列款项请从
我账户内支付

出票人签章

复核：　　　　　记账：

本支票付款期限十天

中国农业发展银行

转账支票存根

支票号码：No6539010

科目

对方科目

出票日期：　年　月　日

收款人：

金额：

用途：

单位主管　　　会计

中国农业发展银行转账支票 №6539011

出票日期（大写）：　　年　　月　　日

收款人：

付款行名称：福海区办事处
出票人账号：23456

人民币
（大写）

	百	十	万	千	百	十	元	角	分

用途：＿＿＿＿＿＿
上列款项请从
我账户内支付

本支票付款期限十天

复核：　　　　　出票人签章　　　　　记账：

中国农业发展银行

转账支票存根

支票号码：№6539011

科目

对方科目

出票日期：　年　月　日

收款人：

金额：

用途：

单位主管　　　　会计

中国农业发展银行转账支票 №6539012

出票日期（大写）：　　年　　月　　日

收款人：

付款行名称：福海区办事处
出票人账号：23456

人民币
（大写）

	百	十	万	千	百	十	元	角	分

用途：＿＿＿＿＿＿
上列款项请从
我账户内支付

本支票付款期限十天

复核：　　　　　出票人签章　　　　　记账：

中国农业发展银行

转账支票存根

支票号码：№6539012

科目

对方科目

出票日期：　年　月　日

收款人：

金额：

用途：

单位主管　　　　会计

中国农业发展银行转账支票

№6539013

付款行名称：福海区办事处

出票人账号：23456

出票日期（大写）：　　年　　月　　日

收款人：

人民币
（大写）

	百	十	万	千	百	十	元	角	分
百	十								

用途：＿＿＿＿＿＿＿＿＿＿

上列款项请从
我账户内支付

本支票付款期限十天

出票人签章

复核：　　　　记账：

中国农业发展银行

转账支票存根

支票号码：№6539013

科目

对方科目

出票日期：　年　月　日

收款人：

金额：

用途：

单位主管　　　　会计

中国农业发展银行转账支票

№6539014

付款行名称：福海区办事处

出票人账号：23456

出票日期（大写）：　　年　　月　　日

收款人：

人民币
（大写）

	百	十	万	千	百	十	元	角	分
百	十								

用途：＿＿＿＿＿＿＿＿＿＿

上列款项请从
我账户内支付

本支票付款期限十天

出票人签章

复核：　　　　记账：

中国农业发展银行

转账支票存根

支票号码：№6539014

科目

对方科目

出票日期：　年　月　日

收款人：

金额：

用途：

单位主管　　　　会计

中国农业发展银行转账支票

No6539015

付款行名称：福海区办事处
出票人账号：23456

出票日期（大写）：　　年　　月　　日
收款人：

人民币
（大写）

百	十	万	千	百	十	元	角	分

用途：
上列款项请从
我账户内支付

出票人签章

复核：　　　记账：

本支票付款期限十天

中国农业发展银行
转账支票号码：No6539015
支票号码：No6539015
科目
对方科目
出票日期：　年　月　日
收款人：
金额：
用途：

单位主管　　　会计

中国农业发展银行转账支票

No6539016

付款行名称：福海区办事处
出票人账号：23456

出票日期（大写）：　　年　　月　　日
收款人：

人民币
（大写）

百	十	万	千	百	十	元	角	分

用途：
上列款项请从
我账户内支付

出票人签章

复核：　　　记账：

本支票付款期限十天

中国农业发展银行
转账支票号码：No6539016
科目
对方科目
出票日期：　年　月　日
收款人：
金额：
用途：

单位主管　　　会计

附：证明及记录模拟企业 8 月份经济业务的原始凭证

1

宏达储备库借据

2015 年 8 月 1 日

部门名称	综合科	借款人	李霞
借款用途		差旅费	
借款金额（大写）	肆仟元整　现金付讫	万 千 百 十 元 角 分 ¥ 4 0 0 0 0 0	
部门负责人	董华	主管领导	黄利海
财务处		王华涛	

2

烟台市服务业专用发票

2015 年 08 月 08 日　　　　　　　　　　No. 46234

付款单位：宏达储备库

项目	单位	数量	单价	金　额								备注
				百	十	万	千	百	十	元	角	分	
餐费							3	0	0	0	0	0	
							现金付讫						
人民币金额合计（小写）						¥	3	0	0	0	0	0	
人民币金额合计（大写）				叁仟元整									

收款单位盖章：发票专用章　　　　开票人：李华伟

3–1

差旅费结算单

附单据共　张　　　　2015 年 8 月 9 日

项　目	金　额								出差时间：8月1日至8月8日共8天
	十	万	千	百	十	元	角	分	
原借款									出差地点：上海
火　车									
汽　车									事　　由：参观学习
旅馆费									
补助费									部门负责人（签字）　　　财务主管（签字）
市内交通费									
其　他									
合计（实际差旅费）									年　月　日　　　　年　月　日

各项支出（大写）_____　　　　结算人（盖章）

退还结余款_____

补　付　款_____　　　　　　年　月　日

请将原始单据粘贴在此单据后面

制单：　　　　　　　复核：

3–2

火车票
（烟台—上海）
￥：800.00

上海出租车票
发票
50 元

火车票
（上海—烟台）
￥：800.00

上海出租车票
发票
50 元

上海出租车票
发票
50 元

上海出租车票
发票
50 元

3-3

上海市饮食业发票

发　票　联

客户名称：宏达储备库　　　　2015 年 8 月 9 日　　　　NO.325678

品名	单位	数量	单价	金　额						
				万	千	百	十	元	角	分
住宿费	天	8	250		2	0	0	0	0	0
合计人民币（大写）贰仟元整							0		0	0

收款人：李四　　　　　　　　　　　单位名称（盖章）：

3-4

宏达储备库收据

2015 年 8 月 9 日　　　　NO.0001748

缴款单位	李霞	缴款方式	现金
系付达储备库差预借的差旅费	现金付讫		
人民币（大写）　贰佰元整			￥：200

收款单位（盖章）　财务专用章　　　财务：王华涛　　　经手人：王娜

4

中国农业发展银行 电子凭证（回单）

1

□普通 □加急　　　　　2015 年 8 月 10 日

汇款人	全称	宏达储备库	收款人	全称	上海青山贸易有限公司
	账号	99000008988789123456		账号	11050003402
	汇出地点	山东省烟台市/县		汇入地点	上海市普陀区中山北路 18 号
汇出行名称		农发行烟台市分行	汇入行名称		上海市建行中山北路支行

金额	人民币（大写）伍仟元整	亿	千	百	十	万	千	百	十	元	角	分
							￥	5	0	0	0	0	0

中国农业发展银行
烟台市银海支行
业务处理讫章
（3）汇出行签章

支付密码

附加信息及用途
购磷化铝

复核：　　　　记账：

5

中国农业发展银行借款凭证

币别：人民币　　　　　提款日期：2015 年 8 月 10 日　　　　　NO. 字 0001

借款人	宏达储备库	贷款科目	12302	借款种类	市级储备粮借款
用途	用于收购小麦	到期日期	2016 年 2 月 15 日	借款合同编号	37069900-20X4
基准利率	5.00%	浮动利率		逾期借款罚息比率	50%	未按合同约定用途使用借款罚息比率	100%

借款金额	人民币（大写）壹拾伍万元整	十	亿	千	百	十	万	千	百	十	元	角	分
						￥	1	5	0	0	0	0	0

中国农业发展银行
烟台市银海支行
业务处理讫章
（3）

客户代码	3706123456	主档代码	34587645	资金属性码	432
存款户账号	99000008988789123456		贷款户账号		99000008988789123987

上述贷款已转入你单位存款户，请你单位按借款合同约定的用途使用并按期归还。

银行收讫

银行会计部门签章

复核：　李忠海　　　　　记账：宋华

6

中国农业发展银行借款凭证

币别：人民币　　　　　　　提款日期：2015 年 8 月 10 日　　　NO. 字 0002

借款人	宏达储备库	贷款科目	12302	借款种类	市级储备粮借款
用途	最低收购价小麦贷款	到期日期	2016 年 2 月 10 日	借款合同编号	37069901-20X4

基准利率	5.00%	浮动利率		逾期借款罚息比率	50%	未按合同约定用途使用借款罚息比率	100%

		十	亿	千	百	十	万	千	百	十	元	角	分
借款金额	人民币（大写）壹拾肆万叁仟元整			¥	1	4	3	0	0	0	0	0	0

客户代码	3706123456	主档代码	34587645	资金属性码	432
存款户账号	99000008988789123456	贷款户账号	99000008988789123987

上述贷款已转入你单位存款户，请你单位按借款合同约定的用途使用并按期归还。

中国农业发展银行
烟台市银海支行
业务处理讫章
银行收讫
（3）

银行会计部门签章

　　　　　复核：李忠海　　　　　　　　　　　　　记账：宋华

7-1

山东省国家税务局通用机打发票

发 票 联

发票代码 137061320084

开票日期：2015-8-11　　　行业分类：收购业　　　　发票号码 00081670

出售人：山东省粮油批发市场	地址：山东烟台市银海区莱山路 123 号
结算方式：银行转账	

品名	等级	入库仓号	单位	数量	单价	金额	备注
小麦	2等	104	斤	100000	1.5	150,000.00	

山东省粮油批发市场
370612387654456
发票专用章

银行付讫

合计 人民币（大写）壹拾伍万元整	¥150,000.00

购买人：宏达储备库		
填票人：王英梅	付款人：由莉莉	验货员：陈风英

7-2

宏达储备库检斤入库单

日期：2015 年 8 月 11 日 06：25—2015 年 8 月 11 日 07：08

客户名称：山东省粮食批发市场

卸粮仓号	品名/产地	毛重	皮重	净重	等级
104	小麦/鲁			100000	二等
包装袋重	扣重		结算重量	车号	价格（元/斤）	备注
	%	公斤	100000	鲁 W37892	1.5	

货主签字：王凤梅　　　　　　保管员：袁学凯　　　　　业务专章 检斤员：于美丽

7-3

宏达储备库粮油质量检验单

2015 年 8 月 11 日

NO.000159

购货单位	宏达储备库	仓号	104	车号	鲁 W37892
销货单位	山东省粮食批发市场	品名	小麦	数量	100000
检验结果					
容量	775 克/升	出粉			%
水分	10.5%	气味/色泽			正常
碎米	总量	3%			
	大碎米	2.4%			
	小碎米	0.6%		化验专章	
备注：					

负责人：张海　　　　　　　　　　　　　　　检验员：陈风英

7-4

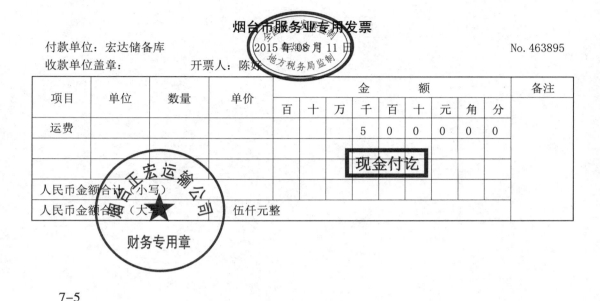

烟台市服务业专用发票

付款单位：宏达储备库　　　2015 年 08 月 11 日　　　　　　　　　No.463895

收款单位盖章：　　　开票人：陈好

项目	单位	数量	单价	金　　额									备注
				百	十	万	千	百	十	元	角	分	
运费						5	0	0	0	0	0	0	
人民币金额合计（小写）													
人民币金额合计（大写）		伍仟元整											

现金付讫

7-5

烟 台 市 粮 食 局
烟 台 市 财 政 局　　　　　文 件
中国农业发展银行烟台市分行

烟粮字【2015】87 号

关于同意宏达储备库将新收购小麦转为地方储备粮的批复

宏达储备库：

　　按照《烟台市市级储备粮轮换管理办法》（烟粮字【2013】106 号）的要求，并根据《关于轮换小麦请示的批复（烟粮字【2014】4 号）》实际执行情况，经检查验收，同意将 2015 年 8 月 11 日收购入库的 100,000 斤小麦转为地方储备粮，规定结算价为每斤 1.56 元 / 斤。同时，你库要抓紧办理相关手续，加强库存管理，做到账账相符，账实相符，确保市级储备粮安全。

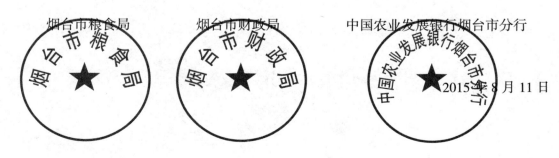

烟台市粮食局　　　　　烟台市财政局　　　　中国农业发展银行烟台市分行

2015 年 8 月 11 日

8–1

中国农业发展银行　进账单（收账通知）3

2015 年 8 月 12 日

出票人	全称	上海欣宝酱油厂	收款人	全称	宏达储备库
	账号	99000008988789123321		账号	99000008988789123456
	开户银行	工商银行支楚路分行		开户银行	农发行烟台市××支行

人民币（大写）壹拾伍万元整	千	百	十	万	千	百	十	元	角	分
		￥	1	5	0	0	0	0	0	0

票据种类　　　　票据张数
票据号码

中国农业发展银行
烟台市银海支行
业务处理讫章
（3）

复核　记账　　　　　　　　　　　　　开户银行签章

8–2

山东省国家税务局通用机打发票

记账联

发票代码 137061320088

开票日期：2015-8-18　　行业分类：收购业　　发票号码 00081910

出售人：宏达储备库	地址：烟台市福海区 APEC 产业园 17 号
结算方式：银行转账	

品名	等级	出库仓号	单位	数量	单价	金额	备注
小麦	2 等	204	斤	100000	1.5	150,000.00	

银行付讫

合计　人民币（大写）　　　　壹拾伍元整　　　　￥150,000.00

购买人：欣宝酱油厂

填票人：王海波　　　　付款人：李丽莉　　　　验货员：王明

417

8—3

宏达储备库检斤出库单

日期：2015 年 8 月 12 日 07:05—2015 年 8 月 12 日 09:03

客户名称：烟台欣宝酱油厂　　　　　序号：007039　　　　　　　　单位：斤

仓号	品名/产地	毛重	皮重	净重
204	小麦/鲁	110000	10000	100000
包装袋重	扣重	结算重量	车号	备注
	％　　　斤	100000	12460	

货主签字：苏国华　　　　　　保管员：袁学凯　　　　　检斤员：于美丽

8—4

烟台市服务业专用发票

付款单位：宏达储备库　　　　　2015 年 08 月 12 日　　　　　　No.463896

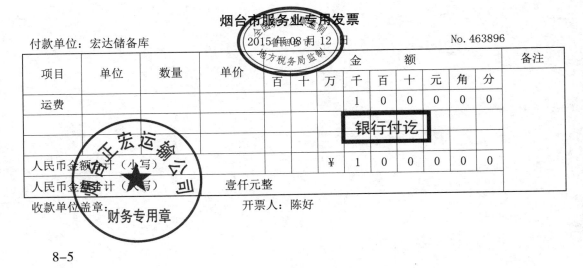

项目	单位	数量	单价	金　　额								备注
				百	十	万	千	百	十	元	角	分	
运费							1	0	0	0	0	0	
人民币金额合计（小写）							¥	1	0	0	0	0	0	
人民币金额合计（大写）		壹仟元整											

银行付讫

收款单位盖章　　财务专用章　　　　开票人：陈好

8—5

结转主营业务成本汇总表

2015 年 8 月 12 日　　　单位：斤/元

品名	数量	单价	金额	备注
小麦	100000	1.10	110,000.00	欣宝
合计	100000		110,000.00	

制表人：孙庆明

8-6

应上交财政差价表

2015 年 8 月 12 日

品名	销售收入	销售成本	销售价差	销售费用	应上交财政差价款
小麦	150,000.00	110,000.00	40,000.00	1,000.00	39,000.00
合计	150,000.00	110,000.00	40,000.00	1,000.00	39,000.00

制表人：孙庆明

8-7

收款收据

2015 年 8 月 12 日　　　　　　第 0123 号

交款单位　　宏达储备库

交款事由　　销售小麦应上交财政差价款

人民币（大写）叁万玖仟零佰零拾零元零角零分　　￥39,000.00

备注：

单位盖章：　　　　　　　会计：李明　　　　　经办人：王娜

银行付讫

9-1

山东省国家税务局通用机打发票

发 票 联

发票代码 137061320084

开票日期：2015-8-13　　　行业分类：收购业　　　发票号码 00081908

品名	等级	入库仓号	单位	数量	单价	金额	备注
小麦	2等	104	斤	1000000	1.40	1,400,000.00	银行付讫

出售人：西山粮管所　　　　　　　　　　地址：山东烟台市银海区莱山路 167 号

结算方式：银行转账

合计 人民币（大写）壹佰肆拾万元整　　　　　　　¥1,400,000.00

购买人：宏达储备库

填票人：王英梅　　　　　　付款人：由莉莉　　　　验货员：陈风英

9-2

宏达储备库检斤入库单

日期：2015 年 8 月 13 日 06:05—2015 年 8 月 13 日 07:03

客户名称：西山粮管所

卸粮仓号	品名/产地	毛重	皮重	净重	等级
104	小麦/鲁			1000000	二等
包装袋重	扣重	结算重量	车号	价格（元/斤）	备注
	％　　公斤	1000000	鲁 W37892	1.4	

货主签字：王凤梅　　　　　保管员：袁学凯　　　　　检斤员：于美丽

9-3

宏达储备库粮油质量检验单

2015 年 8 月 13 日　　　　　　　　　　　　　　　　NO. 000160

| 购货单位 | 宏达储备库 | 仓号 | 104 | 车号 | 鲁 W37892 |
| 销货单位 | 西山粮管所 | 品名 | 小麦 | 数量 | 1000000 |

检验结果			
容量	775 克/升	出粉	％
水分	10.5％	气味/色泽	正常
碎米	总量	3％	
	大碎米	2.4％	
	小碎米	0.6％	
备注：			

负责人：张海　　　　　　　　　　　　　　　　检验员：陈凤英

第四联　财务联

（化验专章）

9-4

山东省国家税务局通用机打发票

记 账 联

发票代码 137061320087

开票日期：2015-8-13　　　行业分类：收购业　　　发票号码 00081909

出售人：宏达储备库　　　　　地址：烟台市福海区 APEC 产业园 17 号
结算方式：银行转账

品名	等级	出库仓号	单位	数量	单价	金额	备注
小麦	2 等	104	斤	1000000	1.42	1,420,000.00	

银行收讫

| 合计　人民币（大写）壹佰肆拾贰万元整 | ¥1,420,000.00 |

（发票专用章）

购买人：东华面粉厂
填票人：王同梅　　　　付款人：逄莉莉　　　　验货员：胡玉英

9-5

中国农业发展银行 进账单（收账通知）3

2015 年 8 月 13 日

出票人	全称	东华面粉厂	收款人	全称	宏达储备库
	账号	99000008988789123369		账号	99000008988789123456
	开户银行	工商银行天河路分行		开户银行	农发行烟台市××支行

人民币（大写）壹佰肆拾贰万元整	千	百	十	万	千	百	十	元	角	分
	¥	1	4	2	0	0	0	0	0	0

票据种类　　　　　票据张数
票据号码

中国农业发展银行
烟台市银海支行
业务处理讫章
（3）

复核　记账　　　　　　　　　　　开户银行签章

9-6

宏达储备库检斤出库单

日期：2015 年 8 月 13 日 07:05—2015 年 8 月 13 日 09:03

客户名称：烟台欣宝酱油厂　　　　序号：007039　　　　　　单位：斤

仓号	品名/产地	毛重	皮重	净重
204	小麦/鲁			1000000
包装袋重	扣重	结算重量	车号	备注
	％	斤	1000000	12469

货主签字：苏国华　　　　　　保管员：袁学凯　　　　　检斤员：于美丽

427

9-7

结转主营业务成本汇总表

2015 年 8 月 13 日　　　　　　　单位：斤/元

品名	数量	单价	金额	备注
小麦	1000000	1.40	1,400,000.00	欣和
合计	1000000	1.40	1,400,000.00	

制表人：孙庆明

9-8

宏达储备库补贴明细

付款人	收款日期	款项内容	金额	备注
中央储备粮集团	2015-8-13	小麦轮换补贴	40,000.00	1000000 斤
合计			40,000.00	

财务专用章

9-9

宏达储备库收据

2015 年 8 月 13 日　　　　　　　NO.0001749

缴款单位	中央储备粮集团	缴款方式	转账
系付	小麦轮换补贴	银行收讫	
人民币（大写）　肆万元整			¥：40,000.00

收款单位（盖章）　　　　　财务：　　　　　　经手人：

财务专用章

第三联：记账联

10

工资费用分配计算表

人员分工	基本工资	岗位工资	绩效奖	加班费	应扣工资		应付工资	实发工资
					病假	事假		
业务人员	50,000.00	20,000.00	400	600	0	0	71,000.00	71,000.00
行政管理人员	10,000.00	8,000.00	200	400	0	0	18,600.00	18,600.00
合计	60,000.00	28,000.00	600	1,000	0	0	89,600.00	89,600.00

11-1

烟国用（2015）第 0835 号

土地使用权人	宏达储备库		
坐落	烟台市福海区 APEC 产业园 17 号		
地号	37060209089990004560	图号	4,163.8-488.8
用途	仓储用地	取得价格	/
使用权类型	划拨	终止日期	/
使用权面积	3350 平方米	其中	独用面积	/
			分摊面积	/

　　根据《中华人民共和国宪法》、《中华人民共和国土地管理法》和《中华人民共和国房地产管理法》等法律依据，为保护土地使用权人的合法权益，对土地使用权人申请登记的本证所列土地权利，经审查核实，准予登记，颁发此证。

11-2

递延收益分摊计算表

2015 年 8 月

待摊金额	使用年限	年摊销额	月摊销额	备 注
9,000,000.00	50	180,000.00	15,000.00	

主管： 记账： 复核： 制表：

12-1

中国农业发展银行 电子凭证 （回单）

1

□普通 □加急　　　　　2015 年 8 月 16 日

汇款人	全称	宏达储备库	收款人	全称	莱州新伟粮仪厂										
	账号	99000008988789123456		账号	99000008988789123678										
	汇出地点	山东省烟台市/县		汇入地点	山东省莱州市/县										
汇出行名称		农发行烟台市分行	汇入行名称		莱州农村商业银行蓝海支行										
金额		人民币（大写）壹仟伍佰元整			亿	千	百	十	万	千	百	十	元	角	分
									¥	1	5	0	0	0	0
		中国农业发展银行 烟台市银海支行 业务处理讫章 （3） 汇出行签章	支付密码												
			附加信息及用途 购化验仪器												
			复核　　　　记账												

12-2

山东省国家税务局通用机打发票

发 票 联

开票日期：　　　　行业分类：货物销售　　　　网络发票号：123456876556

购货方：　　宏达储备库	销货方：　　莱州新伟粮仪厂
购货方：烟台市福海区 APEC 产业园 17 号 地址及电话：7928188	销货方：莱州市新海路 13 号 地址及电话：15153525089
购货方识别号：370602712345678A	销货方识别号：370602712345321A 371002780400003
购货方： 银行及账号：99000008988789123456	销货方：莱州农村商业银行盐海支行 银行及账号：99000008988789123678

货物名称	数量	单价	总值
粮食化验器	1	1500	1500

金额（大写）　　壹仟伍佰元整	¥1,500.00

开具总金额限十万元以内有效　　　开票人：　　　　开票单位（未盖章无效）

12-3

宏达储备库物资入库单

2015 年 8 月 16 日

品名	规格	单位	数量	单价	金额	备注
化验仪器		台	1	1500	1,500.00	

材料会计：邹敏　　　　　保管：田海明　　　　　制单：夏明梅

12-4

宏达储备库物资入库单

2015 年 8 月 16 日

品名	领料部门	单位	数量	单价	金额	备注
化验仪器	化验科	台	1	1500	1,500.00	

材料会计：邹敏　　　　　　保管：田海明　　　　　　制单：夏明梅

13-1

山东省国家税务局通用机打发票

发 票 联

开票日期：2015-8-17　　　行业分类：收购业

发票代码 137061320084

发票号码 00081908

出售人：同里粮管所　　　　　　　　　地址：山东烟台市银海区莱山路 125 号

结算方式：银行转账

品名	等级	入库仓号	单位	数量	单价	金额	备注
小麦	3等	04	斤	200000	0.69	138,000.00	

银行付讫

合计 人民币（大写）壹拾叁万捌仟元整　　　　　　¥138,000.00

购买人：宏达储备库

填票人：王英梅　　　　　付款人：由莉莉　　　　　验货员：陈风英

13-2

宏达储备库检斤入库单

日期：2015 年 8 月 17 日 06:05—2015 年 8 月 17 日 07:03

客户名称：同里粮管所

卸粮仓号	品名/产地	毛重	皮重	净重	等级
101	小麦/鲁			200000	二等
包装袋重	扣重		结算重量	车号	价格（元/斤）备注
	%	斤	200000	鲁 W37892	0.69

货主签字：李梅玲　　　　　　　保管员：袁学凯　　　　　　　检斤员：于美丽

13-3

宏达储备库粮油质量检验单

2015 年 8 月 17 日　　　　　　　　　　NO. 000161

购货单位	宏达储备库	仓号	101	车号	鲁 W37892
销货单位	西山粮管所	品名	小麦	数量	200000
检验结果					
容量	775 克/升		出粉		%
水分	10.5%		气味/色泽		正常
碎米	总量	3%			
	大碎米	2.4%			
	小碎米	0.6%			
备注：					

负责人：张海　　　　　　　　　　　　检验员：陈风英

第四联　财务联

13-4

山东省国家税务局通用机打发票
发 票 联

发票代码 137061320084

开票日期：2015-8-17　　　行业分类：税务机关代开　　　发票号码 00081908

付款方：宏达储备库	发票申请表号码：125689678990

收款方名称及地址、电话：梁凯，芝罘区祥和路 105 号，13905356130

收款人识别号或证件号码：370784198305281323

银行付讫

品目	金额
装卸费	¥4,800.00

烟台保税港区国家税务局
代开发票专用章

收款人：梁凯　　　完税凭证号码：370786789876788899

开票人：邹丽

第二联 发票联（购货单位付款凭证）

14-1

中国农业发展银行 进账单（收账通知）3

2015 年 8 月 18 日

出票人	全称	东华面粉厂	收款人	全称	宏达储备库									
	账号	99000008988789123369		账号	99000008988789123456									
	开户银行	工商银行支楚路分行		开户银行	农发行烟台市××支行									
人民币（大写）壹拾肆万陆仟元整			千	百	十	万	千	百	十	元	角	分
				¥	1	4	6	0	0	0	0	0
票据种类　　　　票据张数 票据号码			中国农业发展银行 烟台市银海支行 业务处理讫章 （3）						复核　　记账			开户银行签章

此联是收款人开户银行交给收款人的收账通知

14-2

山东省国家税务局通用机打发票
记 账 联

发票代码 137061320088

开票日期：2015-8-18　　　　行业分类：收购业　　　　发票号码 00081910

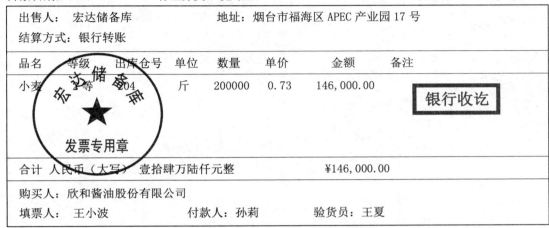

出售人：宏达储备库		地址：烟台市福海区 APEC 产业园 17 号					
结算方式：银行转账							
品名	等级	出库仓号	单位	数量	单价	金额	备注
小麦	二等	204	斤	200000	0.73	146,000.00	银行收讫
合计 人民币（大写）壹拾肆万陆仟元整						¥146,000.00	
购买人：欣和酱油股份有限公司							
填票人：王小波		付款人：孙莉			验货员：王夏		

（发票专用章：宏达储备库）

14-3

宏达储备库检斤入库单

日期：2015 年 8 月 18 日 07:05—2015 年 8 月 18 日 09:03

客户名称：兴盛面粉厂　　　　序号：007040　　　　单位：斤

仓号	品名/产地	毛重	皮重	净重
204	小麦/鲁			200,000.00
包装袋重	扣重	结算重量	车号	备注
	％　　斤	200,000.00	12469	

货主签字：苏国华　　　　　　保管员：袁学凯　　　　收检斤员：于美丽

（业务专章：宏达储备库）

14-4

烟台市服务业专用发票

付款单位：宏达储备库　　2015 年 08 月 18 日　　鲁烟台市　　No. 463896

项目	单位	数量	单价	金额									备注
				百	十	万	千	百	十	元	角	分	
运费							2	0	0	0	0	0	
							银行付讫						
人民币金额合计（小写）						2	0	0	0	0	0		
人民币金额合计（大写）			贰仟元整										

收款单位盖章：　　　　　　　　　　开票人：陈好

14-5

结转主营业务成本汇总表

2015 年 8 月 18 日　　单位：斤/元

品名	数量	单价	金额	备注
小麦	200000	0.73	146,000.00	兴盛面粉厂
合计	200000		146,000.00	

制表人：孙庆明

14—6

应上交财政差价表

2015 年 8 月 18 日

品名	销售收入	销售成本	销售价差	销售费用	应上交财政差价款
小麦	146,000.00	100,000.00	46,000.00	2,000.00	44,000.00
合计	146,000.00	100,000.00	46,000.00	2,000.00	44,000.00

制表人：孙庆明

14—7

收款收据

2015 年 8 月 18 日　　　第 0129 号

交款单位　　宏达储备库

交款事由　　销售最低收购价小麦应上交财政差价款

人民币（大写）肆万肆仟零佰零拾零元零角零分　　￥44,000.00

备注：

单位盖章：　　　　　　　会计：李明　　　　　　经办人：

第二联：交付款单位

15-1

山东省国家税务局通用机打发票

发 票 联

发票代码 137061320432

开票日期：2015-8-19　　　行业分类：水力供应业　　　发票号码 00081675

户　　号：00235667325	地址：烟台市福海区 APEC 产业园 17 号			
客户名称：宏达储备库				
项目名称	计量单位	数量	单价	金额
水费	吨	120	2.5	300.00

现金付讫

合计（大写）叁佰元整
人民币

填票人：王明霞　　　　　　收费人：朱丽萍　　　　　2015-8-19　09:03:40

15-2

山东省国家税务局通用机打发票

发 票 联

发票代码 137061320084

开票日期：2015-8-19　　　行业分类：电力供应业　　　发票号码 00081908

户　　号：00435667775	地址：烟台市福海区 APEC 产业园 17 号			
客户名称：宏达储备库				
项目名称	计量单位	数量	单价	金额
电费	kwh	1400	0.5	700.00

现金付讫

合计（大写）柒佰元整
人民币

填票人：李晓艳　　　　　　收费人：于涛　　　　　　2015-8-19　09:03:45

16-1

宏达储备库检斤入库单

日期：2015 年 8 月 20 日　07：05—2015 年 8 月 20 日　09：03

客户名称：东海粮管所

卸粮仓号	品名/产地	毛重	皮重	净重	等级
104	小麦/鲁			10000	一等
包装袋重	扣重		结算重量	车号	价格（元）	备注
	%	斤	10000	鲁 W37892	1.3274	

货主签字：王化玲　　　　　　保管员：袁学凯　　　　　　检斤员：于美丽

16-2

宏达储备库粮油质量检验单

2015 年 8 月 20 日　　　　　　NO. 000162

购货单位	宏达储备库	仓号	104	车号	鲁 W37892
销货单位	东海粮管所	品名	小麦	数量	10,000
			检验结果		
容量	775 克/升	出粉率		%	
水分	10.5%	气味/色泽		正常	
碎米	总量	3%		现金付讫	
	大碎米	2.4%			
	小碎米	0.6%			
备注：					

负责人：张海　　　　　　　　　　　　　　检验员：陈凤英

第四联　财务联

17

特色业务烟台市福海支行批量代付成功清单

账号	姓名	金额
23000371326121	胡华	2508
23000371326122	王梅梅	2709
23000371326123	韩冰	3089
23000371326124	王科	2308
……	……	……
合计		89600

机构代码：23000372　　　机构名称：烟台市福海支行　　　入账时间：2014 年 8 月 20 日

18-1

宏达储备库检斤入库单

日期：2015 年 8 月 21 日 07：05—2015 年 8 月 21 日 09：03

客户名称：华夏粮管所

卸粮仓号	品名/产地	毛重	皮重	净重	等级
104	小麦/鲁			10000	一等
包装袋重	扣重	结算重量	车号	价格（元）	注
	% 斤	10000	鲁 W37892	1.3274	

货主签字：王化玲　　　　保管员：袁学凯　　　　检斤员：于美丽

18—2

宏达储备库粮油质量检验单

2015 年 8 月 21 日　　　　　　　　　　　NO. 000162

购货单位	宏达储备库	仓号	104	车号	鲁 W37892
销货单位	华夏粮管所	品名	小麦	数量	10000
检验结果					
容量	775 克/升		出粉		%
水分	10.5%		气味/色泽		正常
碎米	总量	3%			
	大碎米	2.4%			
	小碎米	0.6%			
备注：					

负责人：张海　　　　　　　　　　　　　　　检验员：陈凤英

18—3

山东省国家税务局通用机打发票

发 票 联

发票代码 137061320085

发票号码 00081909

开票日期：2015-8-21　　　行业分类：税务机关代开

付款方：　宏达储备库　　　　　　　　发票申请表号码：125689678991

收款方名称及地址、电话：梁凯，芝罘区祥和路 105 号，13905356130

收款人识别号或证件号码：370784198305281323

现金付讫

品目　　　　　金额
装卸费　　　¥200.00

烟台保税港区国家税务局
代开发票专用章

收款人：梁凯　　　完税凭证号码：370786789876788900

开票人：邹丽

19-1

中国农业发展银行　进账单（收账通知）3

2015 年 8 月 23 日

出票人	全称	欣和酱油股份有限公司	收款人	全称	宏达储备库
	账号	99000008988789123334		账号	99000008988789123456
	开户银行	工商银行支楚路分行		开户银行	农发行烟台市××支行

人民币（大写）壹万陆仟元整	千	百	十	万	千	百	十	元	角	分
				¥ 1	6	0	0	0	0	0

票据种类　　　票据张数 票据号码	中国农业发展银行 烟台市银海支行 业务处理讫章 （3）
复核　　记账	开户银行签章

此联是收款人开户银行交给收款人的收账通知

19-2

山东省国家税务局通用机打发票
记账联

发票代码 137061320088

开票日期：2015-8-23　　　行业分类：收购业　　　发票号码 00081910

出售人：宏达储备库	地址：烟台市福海区 APEC 产业园 17 号
结算方式：银行转账	

品名	等级	出库仓号	单位	数量	单价	金额	备注
小麦	2 等	204	斤	10000	1.60	16,000.00	银行收讫

合计　人民币（大写）壹万陆仟元整　　　　　¥16,000.00

购买人：欣和酱油股份有限公司

填票人：王小涛　　　付款人：王莉　　　验货员：王海丽

19-3

宏达储备库检斤出库单

日期：2015 年 8 月 23 日 07：05—2015 年 8 月 23 日 09：03

客户名称：欣和酱油股份有限公司　　　　序号：007041　　　　单位：斤

仓号	品名/产地	毛重	皮重	净重
204	小麦/鲁			10000
包装袋重	扣重	结算重量	车号	备注
	％　　　斤	10000	12469	

货主签字：苏国华　　　　　　保管员：袁学凯　　　　　　检斤员：于美丽

19-4

结转主营业务成本汇总表

2015 年 8 月 23 日　　单位：斤/元

品名	数量	单价	金额	备注
小麦	10000	1.32	13，200.00	欣和酱油股份有限公司
合计	10000		13，200.00	

制表人：孙庆明

20

收款收据

2015 年 8 月 24 日　　　　　　　　　　NO.0001748

缴款单位	宏达储备库	缴款方式	转账
系付	军供大米预付款　银行收讫		
人民币（大写）贰拾肆万元整		¥：240,000.00	

收款单位（盖章）财务专用章　　　财务：　　　　　　经手人：

21-1

山东省国家税务局通用机打发票

发 票 联

开票日期：2015-8-25　　　　行业分类：收购业

发票代码 137061320084

发票号码 00081670

出售人：华润粮油批发有限公司　　　　　　地址：山东烟台市银海区莱山路 137 号

结算方式：银行转账

品名	等级	入库仓号	单位	数量	单价	金额	备注
小麦	2 等	104	斤	80000	2.40	192,000.00	银行付讫
合计　人民币（大写）壹拾玖万贰仟元整						¥192,000.00	

购买人：宏达储备库

填票人：王英梅　　　　　付款人：由莉莉　　　　验货员：陈风英

21-2

宏达储备库检斤入库单

日期：2015 年 8 月 25 日 06:25—2015 年 8 月 11 日 07:08

客户名称：华润粮油批发有限公司

卸粮仓号	品名/产地	毛重	皮重	净重	等级
104	小麦/鲁			80000	一等
包装袋重	扣重		结算重量	车号	价格（元/斤）备注
	%	公斤		鲁 W37892	2.4

货主签字：王凤梅　　　　　　保管员：袁学凯　　　　　　检斤员：于美丽

业务专章

21-3

宏达储备库粮油质量检验单

2015 年 8 月 25 日　　　　　　　　　　NO. 000159

购货单位	宏达储备库		仓号	104	车号	鲁 W37892
销货单位	华润粮油批发有限公司		品名	小麦	数量	80000
检验结果						
容量	775 克/升		出粉		%	
水分	10.5%		气味/色泽		正常	
碎米	总量	3%				
	大碎米	2.4%				
	小碎米	0.6%				
备注：						

化验专章

负责人：张海　　　　　　　　　　　　检验员：陈风英

21-4

烟台市服务业专用发票

付款单位：宏达储备库　　　　　　2015 年 08 月 25 日　　　　　　No. 463894
收款单位盖章：　　　　　　开票人：陈好

项目	单位	数量	单价	金　　额									备注
				百	十	万	千	百	十	元	角	分	
运费								8	0	0	0	0	
人民币金额（小写）								¥	8	0	0	0	0	
人民币金额合计（大写）			捌佰元整										

现金付讫

22-1

山东省国家税务局通用机打发票

发 票 联

发票代码 137061320084
发票号码 00081670

开票日期：2015-8-26　　　　行业分类：收购业

出售人：华润粮油批发有限公司　　　　　　地址：山东烟台市银海区莱山路 137 号
结算方式：银行转账

品名	等级	入库仓号	单位	数量	单价	金额	备注
小麦	2 等	104	斤	20000	2.40	48,000.00	

银行付讫

合计 人民币（大写）肆万捌仟元整　　　　¥48,000.00

购买人：宏达储备库
填票人：王英梅　　　　　　付款人：由莉莉　　　　　　验货员：陈凤英

22-2

宏达储备库检斤入库单

日期：2015 年 8 月 26 日 06：25—2015 年 8 月 11 日 07：08

客户名称：华润粮油批发有限公司

卸粮仓号	品名/产地	毛重	皮重	净重	等级
104	小麦/鲁			20000	二等
包装袋重	扣重	结算重量	车号	价格（元/斤）	备注
	％ 公斤		鲁 W37892		

货主签字：王凤梅　　　　　　保管员：袁学凯　　　　　　　　检斤员：于美丽

业务专章

22-3

宏达储备库粮油质量检验单

2015 年 8 月 26 日　　　　　　　　　　NO. 000159

购货单位	宏达储备库	仓号	104	车号	鲁 W37892
销货单位	华润粮油批发有限公司	品名	小麦	数量	20000
检验结果					
容量	775 克/升		出粉	％	
水分	10.5%		气味/色泽	正常	
碎米	总量	3%			
	大碎米	2.4%			
	小碎米	0.6%			
备注：					

化验专章

负责人：张海　　　　　　　　　　检验员：陈凤英

22-4

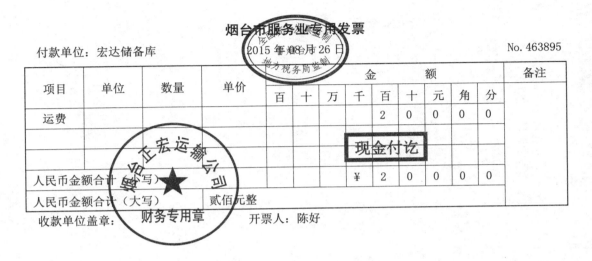

烟台市服务业专用发票

付款单位：宏达储备库　　　　2015 年 08 月 26 日　　　　　　　No. 463895

项目	单位	数量	单价	金　　　　额									备注
				百	十	万	千	百	十	元	角	分	
运费								2	0	0	0	0	
人民币金额合计（写）								¥	2	0	0	0	0
人民币金额合计（大写）　贰佰元整													

现金付讫

收款单位盖章：　财务专用章　　　　　　开票人：陈好

23-1

中国农业发展银行 进账单（收账通知）3

2015 年 8 月 27 日

出票人	全称	欣美达酱油厂	收款人	全称	宏达储备库										此联是收款人开户银行交给收款人的收账通知
	账号	99000008988789123330		账号	99000008988789123456										
	开户银行	工商银行支楚路分行		开户银行	农发行烟台市××支行										
人民币（大写）捌万肆仟元整				千	百	十	万	千	百	十	元	角	分		
						¥	8	4	0	0	0	0	0		
票据种类　　　　票据张数 票据号码															
复核　　记账			开户银行签章												

中国农业发展银行
烟台市银海支行
业务处理讫章
（3）

23-2

山东省国家税务局通用机打发票

记 帐 联

发票代码 137061320088

开票日期：2015-8-27　　　行业分类：收购业　　　　发票号码 00081910

出售人：宏达储备库			地址：烟台市福海区 APEC 产业园 17 号				
结算方式：银行转账							
品名	等级	出库仓号	单位	数量	单价	金额	备注
小麦	2 等	204	斤	60000	1.40	84,000.00	银行收讫
合计　人民币（大写）捌万肆仟元整						¥84,000.00	
购买人：欣美达酱油厂							
填票人：王涛涛			付款人：王莉莉			验货员：王海英	

23-3

宏达储备库检斤出库单

日期：2015 年 8 月 27 日 07:05—2015 年 8 月 27 日 09:03

客户名称：欣美达酱油厂　　　　序号：007040　　　　单位：斤

仓号	品名/产地	毛重	皮重	净重
204	小麦/鲁			60000
包装袋重	扣重	结算重量	车号	备注
	％　　斤	60000	12469	

货主签字：苏国华　　　　保管员：袁学凯　　　　检斤员：于美丽

24

结转主营业务成本汇总表

2015 年 8 月 28 日 单位：斤/元

品名	数量	单价	金额	备注
军供大米	60000	2.41	144,600.00	欣美达酱油厂
合计	60000	2.41	144,600.00	

制表人：孙庆明

25-1

应收补贴款计算表

所属时间：2015 年 8 月

品种	供应数量（公斤）	补贴标准（斤）	金额（元）	备注
大米	60000	1.1	66,000.00	
合计	60000	1.1	66,000.00	

25-2

中国农业发展银行　进账单（收账通知）3

2015 年 8 月 28 日

出票人	全称	中央储备粮集团	收款人	全称	宏达储备库
	账号	99000003248789123369		账号	99000008988789123456
	开户银行	农发行北淮路分行		开户银行	农发行烟台市××支行

人民币（大写）陆万陆仟元整	千	百	十	万	千	百	十	元	角	分
				¥	6	6	0	0	0	0	0

票据种类　　　　票据张数
票据号码

中国农业发展银行
烟台市银海支行
业务处理讫章
（3）

复核　　记账　　　　　　　　　　　　　　　开户银行签章

25-3

宏达储备库收据

2015 年 8 月 28 日　　　　　　　　　　　　　　NO.0001748

缴款单位	中央储备粮集团	缴款方式	转账
系付	军供大米差价补贴　　银行收讫		
人民币（大写）　陆万陆仟元整		¥：66,000.00	
收款单位（盖章）　★财务专用章		财务：	经手人：

26-1

宏达储备库补贴明细

付款人	收款日期	款项内容	金额	备注
中央储备粮集团	2015-8-30	玉米保管补贴	3,900,000.00	50000 吨
合计			3,900,000.00	

26-2

中国农业发展银行　进账单（收账通知）3

2015 年 8 月 30 日

出票人	全称	中央储备粮集团	收款人	全称	宏达储备库									
	账号	99000003248789123369		账号	99000008988789123456									
	开户银行	农发行北淮路分行		开户银行	农发行烟台市××支行									
人民币（大写）叁佰玖拾万元整				千	百	十	万	千	百	十	元	角	分	
				¥	3	9	0	0	0	0	0	0	0	
票据种类　　票据张数 票据号码														
复核　　记账				开户银行签章										

中国农业发展银行
烟台市银海支行
业务处理讫章
（3）

此联是收款人开户银行交给收款人的收账通知

26-3

宏达储备库收据

2015 年 8 月 30 日　　　　　　　　　　NO.0001750

缴款单位	山东省财政厅	缴款方式	转账
系付	玉米保管费用补贴　　银行收讫		
人民币（大写）　叁佰玖拾万元整			¥: 3,900,000.00

收款单位（盖章）　　　财务专用章　　财务：　　　　　　　　经手人：

第三联：记账联

26-4

递延收益分摊计算表

2015 年　8　月

待摊金额	摊销月数	月摊销额	备　注
3,900,000.00	3	1,300,000.00	

主管：　　　　　　　　　　　　　　复核：　　　　　　制表：

27

宏达储备库收据

2015 年 8 月 30 日　　　　　　　　　　NO.0001750

缴款单位	张帆	缴款方式	现金
系付	赔偿款　　现金收讫		
人民币（大写）　叁仟元整			¥3,000.00

收款单位（盖章）　　　财务专用章　　财务：王华涛　　　　经手人：王娜

第三联：记账联

28

固定资产折旧计算表

2015 年 8 月

部门	类别	原值	月折旧率	月折旧额
业务科	仓库			
	机器设备			
	小　计			
综合管理科	房屋建筑物			
	运输设备			
	小　计			
合　　计				

29

无形资产摊销计算表

2015 年 8 月

无形资产名称	待摊金额	使用年限	年摊销额	本月应摊金额	备　注
合计					

主管：　　　　　记账：　　　　　　　复核：　　　　　　制表：

30-1

30-2

31

月末结转"本年利润"明细表
2015 年 8 月 31 日

账户名称	转入"借方"金额	账户名称	转入"贷方"金额

制单：　　　　　　　　　　　审核：

实训模块四

企业涉外会计实训

一、实训目的

通过对实际业务的模拟实训，比较系统地练习外贸企业核算的基本程序和具体方法。包括：进出口业务原始凭证的填制和审核、各种账簿的设置、复币记账的方法、汇兑损益的计算、出口退税的核算等内容。通过直观的仿真实训，使学生在课堂上所学的知识得到巩固和消化，加深对涉外企业财务会计核算规程和方法的理解。

二、实训过程和要求

1. 建立 2015 年 9 月账。

（1）建立总分类账。开设总分类账户，并将余额过入新账第一行"余额"栏内，在摘要栏内注明"期初余额"字样。总分类账应采用三栏式订本账。

（2）建立库存现金日记账，并将余额过入新账第一行"余额"栏内，在摘要栏内注明"期初余额"字样。库存现金日记账采用三栏式订本账。

（3）建立银行存款日记账，并将余额过入新账第一行"余额"栏内，在摘要栏内注明"期初余额"字样。银行存款日记账采用复币订本账。

（4）建立其他明细分类账。在数量进价金额核算法下，库存商品采用"数量金额式"明细账，按品名开设账户，并将期初结存的数量、金额过入第一行"余额"栏中的"数量"、"金额栏"内，在摘要栏内注明"期初余额"字样。在售价金额核算法下，库存商品采用"三栏式"明细账，按柜组开设明细账户，并将期初结存金额过入第一行"余额"栏内，在摘要栏内注明"期初余额"字样。"应交税费—应交增值税"等明细账，应采用"多栏式"，并将期初余额过入相应的栏次；其他明细账，如"应收账款"、"短期借款"等，采用三栏式明细账，并将期初余额过入第一行"余额"栏内。

2. 对"期初余额"进行试算平衡，试算平衡内容包括：

（1）总账账户"借方"余额合计＝总账账户"贷方"余额合计。

（2）总账账户余额＝所属明细账账户余额之和。

（3）总账库存现金账户余额＝库存现金日记账余额。

（4）总账银行存款账户余额＝银行存款日记账余额。

3. 根据审核无误的原始凭证编制记账凭证。

记账凭证可以采用收款凭证、付款凭证和转账凭证三种凭证。原始凭证有的是从外部或本单位其他部门取得的，有的需要自制。不论是何种原始凭证，都必须经过审核后，方可据以编制记账凭证。

原始凭证审核的内容包括：

（1）凭证内容是否真实。

（2）凭证是否合法。

（3）凭证是否合理。

（4）凭证是否完整，包括原始凭证各项基本要素是否齐全，是否有漏项情况，日期是否完整，数字是否清晰，文字是否工整，有关人员签章是否齐全，凭证联次是否正确等。

（5）审核凭证的正确性。

（6）审核凭证是否及时。

4.根据记账凭证编制科目汇总表（10天汇总一次）。

5.根据科目汇总表登记总账。

6.计算账户的本期发生额及余额。库存现金、银行存款日记账；收入、成本、费用明细账需结计本月发生额。应收、应付、财产物资明细账月末只需结计"余额"，总账账户平时只需结计月末余额。

7.进行月末对账、结账。对账包括：账证核对、账账核对和账实核对，在模拟实训过程中，只需要进行账证核对和账账核对；结账：对只需结计月末余额的账户，只需要在最后一笔经济业务之下通栏划单红线，对需结计本月发生额的账户，需在最后一笔经济业务下面通栏划单红线，结出本月发生额和余额，在摘要栏注明"本月合计"，在下面通栏划单红线。

8.根据总账和明细账，编制资产负债表、利润表。

9.进行会计档案整理，将会计凭证与账簿装订成册。

实训结束后，应将9月份的记账凭证连同所附的原始凭证，按照编号顺序装订成册，加具封面，注明模拟企业名称、经济业务的年度、月份和起讫日期，并由装订人员在装订线处签名或盖章；会计报表也要按月装订成册，加具封面。

三、实训企业基本信息

（一）模拟企业概况

企业名称：烟台华丰食品有限责任公司

地址电话：山东烟台芝罘区大海阳路30号

开户银行：建设银行烟台分行 37001666660050788626

法人代表：张庆

注册资金：捌佰万元整

经营范围：食品加工，食品进出口

税务登记：一般纳税人

主要生产加工草莓干、香蕉干、苹果干、胡萝卜干、圆葱干等各种果蔬制品并销售公司上述所列自产产品，进口各种果蔬制品。

（二）生产特点

烟台华丰食品有限责任公司是一个既有内销业务又有进出品业务的食品加工企业，设有一个基本生产车间。该公司涉及的原材料主要有蔬菜类和水果类，蔬菜类有胡萝卜、圆葱、秋葵和紫薯，水果类有草莓、香蕉和苹果；辅助材料有麦芽糖、棕榈油。主要生产上述种类的果蔬干，产品生产完工验收合格后，送交仓库。

（三）公司机构及人员分工

公司机构及人员分工见表1

表1　机构及人员分工表

部门	负责人	部门	负责人
销售经理	林莉	保管部门	李强
生产部门	黄菲菲	一材料库	林琳
财务部	杨文	一产品库	王也

（四）账务处理程序

该公司采用科目汇总表账务处理程序，如图1所示。

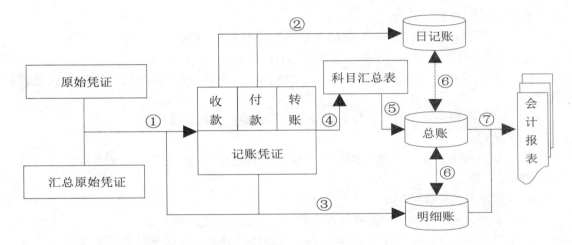

图1　账务处理程序图

（五）会计核算说明

1. 流动资产核算部分

（1）库存现金限额为 3,000.00 元。

（2）银行存款开设人民币户和美元户。

（3）应收账款外销业务下设应收外汇账款二级科目。

（4）原材料按实际成本计价核算。

（5）低值易耗品和包装物采用实际成本计价核算，采用一次摊销法摊销。

（6）购入材料必须办理入库手续，填制收料单。

（7）产成品的收发按实际成本计价核算，本月发出产成品的实际成本按全月一次加权平均法计算。

2. 固定资产核算部分

对固定资产按平均年限法分类计提折旧，净残值率为 10%。

3. 产品成本核算部分

（1）公司将所有会计工作都集中在会计部门进行核算，产成品收发核算按实际成本计价，由生产成本账户归集所生产的各种产品成本。

（2）本公司"生产成本"设置 3 个成本项目：直接材料、直接人工、制造费用。

（3）基本生产车间的人工费用按产品数量比例进行分配。

（4）制造费用按产品的数量比例分配。

（5）月末产品全部完工入库，没有在产品。

4. 流动负债核算部分

（1）应付账款下设应付外汇账款二级科目，核算进口业务中应付各种款项；对内采购材料货款按季度结算。

（2）其他应付款核算除货款以外应付的其他费用。

5. 税金及附加核算部分

（1）增值税。经主管税务机关认定本公司为增值税一般纳税人，税率为 17%，产品出口退税率为 5%，出口采用"免、抵、退"方法核算。

（2）企业所得税。本公司的企业所得税税率为 25%，按照资产负债表债务法进行核算。

（3）个人所得税。公司职工应负担的个人所得税由公司代扣代缴。

（4）关税。

（5）其他税金及附加。城市维护建设税按流转税额的 7% 计算；教育费附加按流转税额的 3% 计算。

6. 与工资有关的各项经费、基金的计提

（1）企业负担的社会保险费和住房公积金按工资的一定比例计提。

（2）企业从职工工资中代扣代缴的由个人负担的社会保险费和住房公积金见"工资汇总表"。

7. 利润及利润分配核算部分

（1）年末分别按本年税后利润的 10% 计提法定盈余公积，按 5% 计提任意盈余公积。

（2）按本年税后利润的 20% 计提应付投资者利润。

8. 其他

采用委托收款和托收承付结算方式的付款业务，均在接到银行付款通知的当日通知银行付款。

四、实训资料

（一）模拟企业建账资料

1. 2015 年总账账户 9 月初余额见表 2。

2. 2015 年三栏式明细账 9 月初余额见表 3。

3. 2015 年日记账 9 月初余额资料见表 4。

4. 2015 年原材料明细账 9 月初余额资料见表 5。

5. 2015 年周转材料明细账 9 月初余额资料见表 6。

6. 2015 年库存商品明细账 9 月初余额资料见表 7。

7. 2015 年应收账款外币账户 9 月初余额资料见表 8。

表 2　2015 年总账账户 9 月初余额

账户名称	2015 年 9 月初余额		账户名称	2015 年 9 月初余额	
	借方	贷方		借方	贷方
库存现金	3,382.60		短期借款		100,000.00
银行存款	884,989.93		应付账款		33,900.00
其他货币资金	200,000.00		其他应付款		26,350.00
交易性金融资产	1,000,000.00		应付职工薪酬		111,440.00
应收账款	1,013,600.00		应交税费		45,550.86
其他应收款	4,000.00		应付利息		22,891.67
预付账款	9,360.00		长期借款		700,000.00
原材料	138,100.00		实收资本		5,000,000.00
周转材料	30,400.00		盈余公积		216,000.00
库存商品	470,280.00		本年利润		963,780.00
固定资产	5,000,000.00		利润分配		1,248,000.00
累计折旧	-286,200.00				
合计	8,467,912.53		合计		8,467,912.53

表 3　2015 年三栏式明细账 9 月初余额

一级科目	二级科目	明细科目	9 月初余额	
			借方	贷方
其他货币资金	信用证存款		100,000.00	
	存出投资款		100,000.00	
交易性金融资产	股票	万华（成本）	920,000.00	
		万华（公允价值变动）	80,000.00	
应收账款	金源股份有限公司		13,600.00	
	应收外汇账款	三木株式会社	1,000,000.00	
预付账款	上海中粮食品有限公司		9,360.00	
其他应收款	张林		4,000.00	
短期借款	建设银行	生产周转借款		100,000.00
应付账款	烟台程果食品有限公司			33,900.00
	青岛恒泰货运有限责任公司			26,350.00

一级科目	二级科目	明细科目	9月初余额	
			借方	贷方
应付职工薪酬	工资			80,000.00
	社会保险			25,440.00
	住房公积金			3,200.00
	职工教育经费			1,200.00
	工会经费			1,600.00
应交税费	应交个人所得税			1,175.86
	应交所得税			44,375.00
应付利息	中国建设银行			22,891.67
长期借款	中国建设银行			700,000.00
实收资本	张庆			5,000,000.00
盈余公积	法定盈余公积			144,000.00
	任意盈余公积			72,000.00

表4　2015年日记账9月初余额

账户名称	2015年9月初借方余额		
	美元金额	汇率	人民币金额
库存现金日记账			2,342.60
银行存款日记账—人民币户			638,401.93
银行存款日记账—美元户	40,000.00	6.1647	246,588.00

表5　原材料明细账9月初余额

二级科目	编号	名称	计量单位	2015年9月初余额		
				库存数量	单位成本	金额
原料及主要材料	001	香蕉	kg	1,000	2	2,000.00
	002	草莓	kg	1,600	5	8,000.00
	003	苹果	kg	10,000	2	20,000.00
	004	胡萝卜	kg	12,000	2.4	28,800.00
	005	圆葱	kg	8,000	2	16,000.00
	006	秋葵	kg	9,000	4	36,000.00
	007	紫薯	kg	10,000	2.2	22,000.00
辅助材料	008	麦芽糖	kg	100	40	4,000.00
	009	棕榈油	桶	10	130	1,300.00
合计						138,100.00

表6　周转材料明细账9月初余额

二级科目	明细账户	计量单位	库存数量	单位成本	金额
低值易耗品	工具	件	60	40	2,400.00
	管理用具	件	30	40	1,200.00
	工作服	套	160	80	12,800.00
	小计				16,400.00
包装物	包装箱	只	5000	1.2	6,000.00
	塑料袋	个	20000	0.4	8,000.00
	小计				14,000.00
合计					30,400.00

表7　库存商品明细账9月初余额

产品编号	产品名称	计量单位	库存数量	单位成本	金额
0101	草莓干	箱	300	420	126,000.00
0102	香蕉干	箱	400	101.7	40,680.00
0103	苹果干	箱	600	136	81,600.00
0201	胡萝卜干	箱	300	110	33,000.00
0202	圆葱干	箱	500	130	65,000.00
0203	秋葵干	箱	500	160	80,000.00
0204	紫薯干	箱	400	110	44,000.00
合计					470,280.00

表8　2015年9月外币账户期初余额

账户名称	2015年9月初借方余额		
	美元金额	汇率	人民币金额
应收账款—应收外汇账款（三木株式会社）	162,213.90	6.1647	1,000,000.00

（二）模拟企业 2015 年 9 月份经济业务的原始凭证

1—1

山东增值税专用发票

370615002130　　　　　　　　　　　　　　　　　　　　No.10592685

开票日期：2015 年 09 月 02 日

购货单位	名　　称：烟台华丰食品有限公司 纳税人识别号：370600683229330 地址、电话：山东烟台芝罘区海阳路 30 号 0535-6250963 开户行及账号：中国建设银行烟台分行 37001666660050788626	密码区	5<-/566<273>21/0990// >/59220556+4/75>+980 -7->0008+8//525889<0 *1>28*036+55-170>>0-	加密版本： 01 370615002130 10592685

货物或应税劳务、服务名称	规格型号	单位	数量	单价	金　额	税率	税　额
香蕉		kg	3000	2	6000.00	13%	780.00
草莓		kg	800	5	4000.00	13%	520.00
合　　计					￥10000.00		￥1300.00

价税合计（大写）	人民币壹万壹仟叁佰元整	（小写）￥ 11300.00

销货单位	名　　称：烟台程果食品有限公司 纳税人识别号：370602112276675 地址、电话：烟台市芝罘区幸福中路 130 号 开户行及账号：中国工商银行烟台分行 1001741129300011687	备注	（烟台程果食品有限公司 370602112276675 发票专用章）

收款人：李明　　　复核人：王芳　　　开票人：王远　　　销货单位：（章）

第三联：发票联　购货方记账凭证

1—2

入库单

2015 年 9 月 2 日　　　　连续号　001

交来单位及部门	烟台程果食品有限公司		发票号码或生产单号码	10592685		验收仓库	一号仓库	入库日期	2015.09.02

编号	名称及规格	单位	数　　量		实际价格		计划价格		价格差异
			交　库	实　收	单价	金　额	单价	金　额	
001	香蕉	kg	3000	3000	2.00	6000.00			
002	草莓	kg	800	800	5.00	4000.00			
合　　　计						10000.00			

财务部门　　　　　　　　　保管部门
主管：杨文　　记账：王也　　主管：李强　　　验收：张玉　　　　　　　缴库

（三）财务联

2–1

中国建设银行电汇凭证（回单）

委托日期 2015 年 09 月 03 日

汇款人	全　称	烟台华丰食品有限责任公司	收款人	全称	青岛恒泰货运有限责任公司
	账　号	37001666660050788626		账号	215600407850
	汇出行名称	山东 省 烟台 市／县		汇入行名称	山东 省 青岛 市／县
	汇出行名称	中国建设银行烟台分行		汇入行名称	中国银行山东省分行

金额	人民币（大写）贰万陆仟叁佰伍拾元整	亿	千	百	十	万	千	百	十	元	角	分
					¥	2	6	3	5	0	0	0

支付密码　　　　　中国建设银行　552310
　　　　　　　　　　烟台分行

附加信息及用途：

汇出行签章　支付港杂费

此联汇出行给汇款人的回单

2–2

中国建设银行收费凭证

2015 年 09 月 03 日

户名	烟台华丰食品有限责任公司	开户银行	中国建设银行烟台分行
账号	37001666660050788626	收费种类	手续费

凭证（结算）种类	单价	数量	金额						
			千	百	十	元	角	分
电汇	10.00	中国建设银行 烟台分行			1	0	0	0
合计人民币	壹拾元整		¥		1	0	0	0

复核：刘莉莉　　　　　记账：

第一联 回单

3

领　料　单

领料部门：**生产部门**
用　　途：**水果干**　　　　　2015 年 9 月 3 日　　　　　第 001 号

材料			单 位	数 量		成 本									
						单 价	总 价								
编号	名 称	规 格		请 领	实 发		百	十	万	千	百	十	元	角	分
001	香蕉		kg	800	800	2.00			1	6	0	0	0	0	0
002	草莓		kg	2000	2000	5.00		1	0	0	0	0	0	0	0
003	苹果		kg	6000	6000	2.00		1	2	0	0	0	0	0	0
合 计							¥	2	3	6	0	0	0	0	0

会计联

部门经理：黄菲菲　　　　　会计：王也　　　　　仓库：林琳　　　　　经办人：李华

4-1

关税与增值税计算表

关税完税价格 =CIF 价 * 当日汇率	
进口关税 = 关税完税价格 * 进口关税税率	
增值税完税价格 = 关税完税价格 + 进口关税	
进口增值税 = 增值税完税价格 * 增值税税率	

4-2

中国人民银行人民币即期外汇牌价

汇率表数据更新时间：2015-09-05　10:30　　　　　　　　　　单位：人民币 /100 外币

货币名称	现汇买入价	现钞买入价	卖出价	中间价	基准价
美元 USD	634.43	629.34	636.97	636.19	636.19
瑞士法郎 CAF	647.94	627.92	654.46	661.19	661.19
瑞典克朗 SEK	74.72	72.41	75.32	75.24	75.24
日元 JPY	5.3024	5.1385	5.3556	5.3021	5.3021

4-3

中华人民共和国海关进口货物报关单

预录入编号：　7585222　　　　　　　　　　　　　　海关编号：　42012015090503156

进口口岸 4201		备案号 3321		进口日期 2015-09-05	申报日期 2015-09-07
经营单位 泰国阳光 FRUIT KING 有限公司		运输方式 海运	运输工具名称 轮船		提运单号 73624809
收货单位 烟台华丰食品有限责任公司		贸易方式 进口内销	征免性质 一般征免		征税比例 15%
许可证号 3724552	起运国（地区） 泰国			装货港 曼谷	境内目的地 烟台
批准文号 7736	成交方式 CIF	运费		保费	杂费
合同协议号 MG20-15/60	件数	包装种类 纸箱		毛重（公斤）	净重（公斤）
集装箱号 353566	随附单据		用途 进口内销		

标记唛码及备注							
项号	商品编号	商品名称、规格型号	数量及单位	原产国（地区）	单价	总价	币制	征免
	0813409090	金枕头榴莲干	150箱	泰国	USD95.68	USD14,352.00	USD（美元）	15%
	0813409090	菠萝蜜干	200箱	泰国	USD76.54	USD15,308.00	USD（美元）	15%
	0804502090	芒果干	100箱	泰国	USD109.35	USD10,935.00	USD（美元）	15%

税费征收情况

已报审

录入员 0002834 录入单位 报关员 林华 单位地址 山东烟台芝罘区大海阳路30号 邮编 264670	兹声明以上申报无讹并承担法律责任 申报单位（签章） 报关专用章 0535-6925056	填制日期 2015-09-07	海关审单批注及放行日期（签章） 审单 征税 查验	统计 放行

5-1

海关进口关税专用缴款书

税务系统：海关系统　　　填发日期：2015 年 09 月 05 日　　　号码 No.2200201509160

收款单位	海关	烟台海关 4201			缴款单位（人）	名称	烟台华丰食品有限责任公司
	项目	进口关税	预算级次	中央		账号	37001666660050788626
	收款国库	国家金库烟台分库 05351				开户银行	中国建设银行烟台分行

税号	货物名称	数量	单位	完税价格（¥）	税率（%）	税款金额
0813409090	金枕头榴莲干	150	箱	91,305.9888	15%	13,695.90
0813409090	菠萝蜜干	200	箱	97,387.9652	15%	14,608.19
0804502090	芒果干	100	箱	69,567.3765	15%	10,435.11

税款金额人民币（大写）：叁万捌仟柒佰叁拾玖元贰角整	合计（¥）	38,739.20

申请单位编号	42161936	报关单单号编号	42012015090503156	填制单位	收款国库（银行）
合同（批文）号	MG20-15/60	运输工具（号）	135753	制单人	中国建设银行烟台分行 2015.09.05 收讫 (1)
交款期限		提／装货	352276		
备注					

从下发缴款书之日起限 15 日内缴纳（期末遇法定节假日顺延）逾期按日征收税款千分之一的滞纳金

5-2

海关进口增值税专用缴款书

税务系统：海关系统　　　填发日期：2015 年 09 月 05 日　　　号码 No.2200201509160

收款单位	海关	烟台海关 4201			缴款单位（人）	名称	烟台华丰食品有限责任公司
	项目	进口增值税	预算级次	中央		账号	37001666660050788626
	收款国库	国家金库烟台分库 05351				开户银行	中国建设银行烟台分行

税号	货物名称	数量	单位	完税价格（¥）	税率（%）	税款金额
0813409090	金枕头榴莲干	150	箱	91,305.9888	13%	13,650.25
0813409090	菠萝蜜干	200	箱	97,387.9652	13%	14,559.50
0804502090	芒果干	100	箱	69,567.3765	13%	10,400.32

税款金额人民币（大写）：叁万捌仟陆佰壹拾元零柒分	合计（¥）	38,610.07

申请单位编号	42161936	报关单单号编号	42012015090503156	填制单位	收款国库（银行）
合同（批文）号	MG20-15/60	运输工具（号）	135753	制单人	中国建设银行烟台分行 2015.09.05 收讫 (1)
交款期限		提／装货	352276		
备注					

从下发缴款书之日起限 15 日内缴纳（期末遇法定节假日顺延）逾期按日征收税款千分之一的滞纳金

6–1

中国人民银行人民币即期外汇牌价

汇率表数据更新时间：2015-09-06　16:06　　　　　　　　　　单位：人民币/100外币

货币名称	现汇买入价	现钞买入价	卖出价	中间价	基准价
美元 USD	633.94	629.49	637.76	636.19	636.19
瑞士法郎 CAF	651.37	631.24	657.91	661.19	661.19
瑞典克朗 SEK	75.09	72.77	75.69	75.24	75.24
日元 JPY	5.3161	5.1518	5.3695	5.3021	5.3021

6–2

中国建设银行
China Construction Bank

请填写一下内容提供有效证件 Complete this portion of from and present with valisID	以后由操作人员填写 DO NOT WRITE BELOW
收汇人 Pecerver：	
收款人名称：烟台华丰食品有限责任公司 Payee	经办行 8724　　操作员代码 0081 Agency　　　　Operater
收款人账号：370016666600500202	日期 09.06　　时间 date　　　　Time
开户行：中国建设银行烟台分行 Bank of deposit	汇款城市　日本东京 Pemittance city
发汇人：Senmen：	
汇款人名称：日本三木株式会社 payer	号码　87230125 Number
汇款人账号：0001230050003699 Payer's a/c NO.	汇款监控号码 Money transfer control NO. SEDK680003113822
开户行：日本银行 Bank of deposit	支票 Check　金额　USD35600.00 号码 number 45632　Amount
收汇金额：USD35600.00 Amount expense	发汇城市　日本东京 Transfer counter
	收汇城市　山东烟台 Expected country
汇款附言：2015年8月份货款 Details of payment	备注　汇款为美元 memo

收汇单
TO RECEIVE MONEY

中国建设银行
烟台分行

7-1

上海增值税专用发票

3100082150

区　上海

国家税务总局监制

发票联

No.10972586

开票日期：2015 年 09 月 06 日

购货单位	名　　称：烟台华丰食品有限公司 纳税人识别号：370600683229330 地 址、电 话：山东烟台芝罘区海阳路 30 号 0535-6250963 开户行及账号：中国建设银行烟台分行 37001666660050788626	密码区	5<-/566<273>21/0990//　加密版本： >/59220556+4/75 > +980　01 -7->0008+8//525889< 0　3100082150 *1>28*036+55-170>>0-　10972586

货物或应税劳务、服务名称	规格型号	单位	数量	单价	金　额	税率	税　额
麦芽糖		kg	200	40.00	8000.00	17%	1360.00
合　　计					￥8000.00		￥1360.00

价税合计(大写)	人民币玖仟叁佰陆拾元整		(小写)￥ 9360.00

销货单位	名　　称：上海中粮食品有限公司 纳税人识别号：310229737459651 地 址、电 话：青浦工业园区新水路 277 号 开户行及账号：中国工商银行上海市青浦支行 1001741129300011687	备注	上海中粮食品有限公司 310229737459651 发票专用章

收款人：李明　　　复核人：王芳　　　开票人：王远　　　销货单位:(章)

第三联：发票联 购货方记账凭证

7-2

入库单

2015 年 9 月 6 日　　　　　连续号　002

交来单位及部门	上海中粮食品有限公司		发票号码或生产单号码		10972586	验收仓库	二号仓库	入库日期	2015.09.06

编号	名称及规格	单位	数　　量		实际价格		计划价格		价格差异
			交　库	实　收	单价	金　额	单价	金　额	
008	麦芽糖	kg	200	200	40.00	8000.00			
合　　　　计						8000.00			

(三) 财务联

财务部门　　　　　　　　　　　保管部门

主管：杨文　　记账：王也　　　主管：李强　　　验收：张玉　　　　　　缴库

8-1

Thailand SUNSHINE FRUIT KING CO.,LTD

On-Nuch 36 Road No.300,Suan-Luang, Bangkok.
Tel: +802 297 4481   Fax: +802 297 4481
Bank: Bank of Bangkok branches in Lampang 006623561355
Swift Code: KASITHBK
Enterprise number: NO 42161936

Huafeng Food Co.,Ltd.
Haiyang Road No.30, Zhifu District,
Yantai,China

Invoice   5518

Proforma invoice no.   101567
Shipping date: 05.09.2015
Shipping address: Zhifu Yantai, China
Delivery Terms: CIF Yantai, China
Payment Terms: D/A AT 60 DAYS AFTER B/L DATE
Quantity: 450 cases of fruits and vegetables dry
Weight: 2.63MT

Description: Golden Pillow durian dry
Dried pineapple
Dried mango

TOTAL INVOICE: USD40595.00

The exporter of the products by this document"(Aut. No No/97-930307378)"
declares that, except where otherwise clearly indicated, these products are of
EEA preferential oigin.
Shipment Terms according to Incoterms 2000.

SUNSHINE   FRUIT   KING

BOSTON INDUSTRIAL   05.09.2015   David Beckham

                    Date   Sign

8-2

贸易进口付汇核销单（代申报单）

外汇管理局浙江
监制章

印单局代码：420000　　　　　　　　　　　　　　　核销单编号：427867597393123

单位代码 42161936	单位名称 烟台华丰食品有限责任公司	所在地外汇名称 烟台市外汇局
付汇银行名称 中国建设银行烟台分行	收汇人国别 泰国	交易编码 1 6 1 4
收款人是否在保税区： 是□ 否☑	交易附言	

对外付汇币种 USD	对外付汇总额	
其中：购汇金额	现汇金额 40,595.00	其他方式金额
人民币账号 37001666660050788626	外汇账号 37001666660050788647	

付汇性质

☑ 正常付款

□ 不在名录　　　　　□ 90天以上信用证　　　□ 90天以托收　　　　　□ 异地付汇

□ 90天以上到货　　　□ 转口贸易　　　　　　□ 境外工程使用物资　　□ 真实性审查

备案表编号

预计到货日期 2015/09/15	进口批件号	合同/发票号 MG20-15/60

结算方式

信用证	90天以内□	90天以上□	承兑日期 / /	付汇日期 / /	期限 天
托收	90天以内☑	90天以上□	承兑日期 / /	付汇日期 / /	期限 天

	预付货款 ☑ 货到付款（凭报关单付汇） □ 付汇日期 2015/09/07	
汇款	报关单号　　　报关日期 / / 　报关单币种　　　金额	
	报关单号　　　报关日期 / / 　报关单币种　　　金额	
	报关单号　　　报关日期 / / 　报关单币种　　　金额	
	报关单号　　　报关日期 / / 　报关单币种　　　金额	
	（若报关单填写不完，可另附纸。）	
其他		付汇日期

烟台华丰食品有限责任公司 财务专用章

中国建设银行 2015.09.07 烟台分行 国际结算专用章

以下由付汇银行填写	
申报号码：□□□□□　□□□□□□□□□　□□□□□□□□	
业务编号：　　　审核日期：　　　　　（付汇银行签章）	

进口单位签章

8-3

境外汇款申请书

中国建设银行

日期

Date
2015/09/07

至： To:	☑电汇 T/T　□票汇 D/D　□信汇 M/T	发电等级 Priority	☑普通 Normal　□加急 Urgent

申报号码BOP　Reporting　NO.	5346783212335		
银行业务编号 Bank　Transac.Ref.No	55367	收电行/付款行 Receiver/Drawn on	中国建设银行烟台分行
汇款币种及金额 Currency & Interbank Settlement Amount	USD40,595.00	金额大写 Amount in words	美元肆万零伍佰玖拾伍元整

其中	现汇金额 Amount in FX	40,595.00	账号 Account No./Credit Card No.	006623561355
	购汇金额 Amount of Purchase		账号 Account No./Credit Card No.	
	其他金额 Amount of Others		账号 Account No./Credit Card No.	

汇款人名称及地址 Remitter's Name & Address	烟台华丰食品有限责任公司/山东烟台芝罘区大海阳路30号		
☑对公　组织机构代码Unit Code 42161936	□对私	个人身份证件号码 Individual ID No. □中国居民个人　　　□中国非居民个人 Resident Individual　　Non- Resident Individual	

收款银行之代理行名称及地址 Correspondent of Beneficiary's Bank Name &Address	----------------
收款人开户银行名称及地址 Beneficiary's Bank Name &Address	收款人开户银行在其代理行账号 Bene's Bank A/C No. 曼谷银行南邦府分行 Bank of Bangkok branches in Lampang
收款人名称及地址 Beneficiary's Name &Address	收款人账号 Bene's Bank A/C No. 泰国阳光 FRUIT KING 有限公司 Thailand SUNSHINE FRUIT KING CO.,LTD

汇款附言 Remittance Information	只限140 个字位 Not Exceeding 140 Characters	国内外费用承担 All Bank's Charges If Any Are To Be Bome By □汇款人 OUR　☑收款人 BEN　□共同 SHA

收款人常驻国家（地区）名称及代码　Resident Country/Region Name &Code

请选择：□预付货款 Advance Payment □货到付款 Payment Against Delivery □退款 Refund□其他 Others				最迟装运日期	
交易编码 BOP Transac.Code	161410	相应币种及金额 Currency & Amount	USD40,595.00	交易附言 Transac.Remark	一般贸易
是否为进口核销项下付款	☑是　□否	合同号	MG20-15/60	发票号	5518
外汇局批件/备案表号		报关单经营单位代码			
报关单号		报关单币种及总金额		本次核注金额	
报关单号		报关单币种及总金额		本次核注金额	

银行专用栏 For Bank Use Only	申请人签章 Applicant's Signature	银行签章 Bank's Signature
购汇汇率 Rate	请按照贵行背页所列条款代办以上回款并进行申报 Please Effect The Above Remittance,Subject To the Conditions Overleaf	核准 签字 Authorized Person
等值人民币 RMB Equivalent		
手续费 Commission		
电报费 Cable Charges	申请人姓名 Name of Applicant	
合计 Total Charges	电话 Phone No.0535-6250963	Date
支付费用方式 In Payment if the Remittance	□现金 by Cash □支票 by Check □账户 from Account	
核印 Sig.Ver.	经办 Marker　陈靖	复核 Checker

515

8-4

中国人民银行人民币即期外汇牌价

汇率表数据更新时间：2015-09-07　08:29　　　　　　　　　　单位：人民币/100外币

货币名称	现汇买入价	现钞买入价	卖出价	中间价	基准价
美元 USD	633.94	629.49	637.76	636.19	636.19
瑞士法郎 CAF	651.37	631.24	657.91	661.19	661.19
瑞典克朗 SEK	75.09	72.77	75.69	75.24	75.24
日元 JPY	5.3161	5.1518	5.3695	5.3021	5.3021

9-1

烟台市服务业统一发票

发票联

日期：2015 年 09 月 07 日　　　　　　　　　发票代码 31022970012
客户：烟台华丰食品有限责任公司　　　　　　发票号码 71982078

经营项目	单位	数量	单价	十	万	千	百	十	元	角	分	备注
购货佣金						2	0	0	0	0	0	
合计人民币（大写）　贰仟零佰零拾零元零角零分					￥	2	0	0	0	0	0	

金额

恒通股份有限公司
310229737323459
发票专用章

收款单位（发票专用章）：　　　　　财务：　　　　填票：　　　　收款：

第二联：发票联

9-2

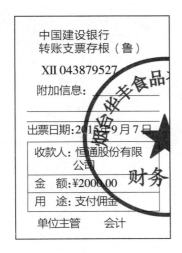

中国建设银行
转账支票存根（鲁）

XII 043879527

附加信息：

出票日期：2015年9月7日

收款人：恒通股份有限公司

金　额：¥2000.00

用　途：支付佣金

单位主管　会计

9-3

中国建设银行进账单（回单）

2015 年 09 月 07 日

付款人	全　称	烟台华丰食品有限责任公司	收款人	全　称	恒通股份有限公司									
	账　号	37001666660050788626		账　号	310229737323459									
	开户行	中国建设银行烟台分行		开户开	中国工商银行上海市青浦支行	亿	千	百	十	万	千	百	十	元	角	分
金额	人民币（大写）贰仟元整										¥	2	0	0	0	0	0
票据种类	转账支票														
票据张数	1 张		中国建设银行 烟台分行												
复核　记账				开户银行签章										

此联汇出行给汇款人的回单

10—1

鲁国税税发印字（200
1020091010000206

出口专用
FOR EXPORT ONLY

烟台市出口发票
INVOICE FOR EXPORT PRODUCT OF YANTAI　　MUNICIPAL

货物出口单位：烟台华丰食品有限责任公司
EXPORT Unit: Huafeng Food Co.Ltd.

传真地址：
Fax　05356250963

Address: Maizidian road 7

电话挂号：　　　　　　　　发票联
Cable Address: 05356250966　FOR BOOK KEEPING

发票代码：110897654121

电话号码：　　　　　　　　经办人员（签名）
Tel:　05356250963　　Person handing(Sign)　张媛

发票号码：55678123

信用证号码：　　　　　　　货物出口单位
L/C No:　07KL 02AC1　Export Unit (Seal) 烟台华丰食品有限责任公司

日期：
Date:2015 年 09 月 08 日

合同号码：
Contract No:SC20150908

客户：Sana Co. Ltd.　（日本三木株式会社）

地址：Yokahama, Japan

装船名：
Per S.S

船期
Date of shipment　2015-09-08

船出
From　　Yantai, China

目的港
To　Yokahama Japan

唛头 MARK	件数 PACKAGE	货名 DESCRIPTION	数量 QUANTITY	单价 UNIT PRICE	金额 AMONUT
				CFR Yokohama	
Yokohama	1	胡萝卜干	200	USD31.4272	USD6285.45
Japan	1	圆葱干	300	USD37.7127	USD9051.05
Made in China	1	秋葵干	300	USD47.1409	USD14142.27
	1	紫薯干	200	USD31.4272	USD6285.45
TOTAL					USD35764.22

大写金额　TOTAL AMOUNT IN WRITING SAY
U.S. DOLLAR THIRTY-FIVE THOUSAND SEVEN HUNDRED AND SIXTY-FOUR POINT TWO TWO

注：未盖货物出口单位印章及经办人签名无效　　审核：刘青　制表：李霖　出口海关：烟台海关

10-2

国际货物运输代理业专用发票
SPECITAL INVOLCE FORINTER

发票代码：513310006789
发票号码：06076789

信息码：566623　　　密码：

BANK ACCOUNT

付款单位：烟台华丰食品有限责任公司 PAYER	开票日期：2015-09-08 DATE ISSUTED	开户银行名称：中国建设银行烟台分行 账号：37001666660050788626
船名/航次/航班/车次 VESSEL/VOY/TRAIN NO.　0169	提（运）单号 B/L NO.　PASU980350678	开航日期 DATE SAILED　2015.09.08
起运港 LOAD P　Yantai，China	卸货港 DIS. PORT　Yokohama	目的港 DESTIONATTON　　Yokahama

收费内容（货物名称，数量，单价）	金额 AMOUNT	备注 REMARKS
海运费	USD900.00	运费由购货方 承担
金额合计（大写） TOTAL IN CAPITALS	美元玖佰元整　　SUM	合计 USD900.00

企业盖章
BUSINESS SEAL

BUSINESS REGISTER NO.　220358813

CHECKED BY　张梅　ISSUED BY　张勇
（手开无效）

地址
ADDRESS

税务登记号
TAX REGISTER NO.

HAND-WRITING INVALID

烟台市芝罘区机场路 103 号　22035881388002

烟台华丰股份有限公司
3706020118524141
发票专用章

10-3

中国人民银行人民币即期外汇牌价

汇率表数据更新时间：2015-09-08　10:30　　　　　　　　单位：人民币 /100 外币

货币名称	现汇买入价	现钞买入价	卖出价	中间价	基准价
美元 USD	635.58	630.48	638.12	636.39	636.39
瑞士法郎 CAF	651.16	631.06	656.4	653.43	653.43
瑞典克朗 SEK	75.08	72.76	75.68	75.34	75.34
日元 JPY	5.3227	5.1585	5.3601	5.332	5.332

10-4

中华人民共和国海关出口货物报关单

预录入编号：010004211　　　　　　　　　　　　　　　　海关编号：42012011001000421

出口口岸 烟台海关		备案号		出口日期 2015年09月08日	申报日期 2015年09月06日
经营单位 烟台华丰食品有限责任公司		运输方式 海运	运输工具名称 COSCO		提运单号 PASU980350678
发货单位 烟台华丰食品有限责任公司		贸易方式 一般贸易	征免性质 一般征税		结汇方式
许可证号	运抵国（地区） 日本		指运港 横滨		境内货源地
批准文号 784201565	成交方式 CFR		运费 USD900.00	保费	杂费
合同协议号 SC20150908	件数 4		包装种类 纸箱	毛重（公斤） 2020	净重（公斤） 2000
集装箱号 CBHU5543846		随附单据 出境货物通关单		生产厂家	
标记唛码及备注					

项号	商品编号	商品名称、规格型号	数量及单位	最终目的国（地区）	单价	总价	币制	征免
1	0712909990	胡萝卜干	200	JAPAN	31.4272	6285.45	美元	照章征税
2	0712909990	圆葱干	300	JAPAN	37.7127	9051.05	美元	照章征税
3	0712399090	秋葵干	300	JAPAN	47.1409	14142.27	美元	照章征税
4	0714909099	紫薯干	200	JAPAN	31.4272	6285.45	美元	照章征税

税费征收情况

录入员　录入单位	兹声明以上申报无讹并承担法律责任	海关审单批注及放行日期（签章）
报关员 9000178 　　　　　申报单位：（签章） 单位地址 山东烟台芝罘区大海阳路30号 邮编　　　　　电话 264000　　05326250968	填制日期 2015年09月06日	审单　　　　审价 征税　　　　统计 查验　　　　放行

11

领 料 单

领料部门：**生产部门**
用　　途：**蔬菜干**　　　　　　　　　　2015 年 9 月 9 日　　　　　　　　第 002 号

材料			单位	数量		成本									
编号	名称	规格		请领	实发	单价	总价								
							百	十	万	千	百	十	元	角	分
004	胡萝卜		kg	8000	8000	2.40			1	9	2	0	0	0	0
005	圆葱		kg	4000	4000	2.00				8	0	0	0	0	0
006	秋葵		kg	6000	6000	4.00			2	4	0	0	0	0	0
007	紫薯		kg	6000	6000	2.20			1	3	2	0	0	0	0
合计							¥	6	4	4	0	0	0	0	0

会计联

部门经理：黄菲菲　　　　　会计：王也　　　　　仓库：林琳　　　　　经办人：李华

12

中国建设银行进账单（回单）

2015 年 9 月 9 日

付款人	全　称	烟台华丰食品有限责任公司	收款人	全　称	烟台程果食品有限公司										
	账　号	37001666660050788626		账　号	10017411293000011687										
	开户行	中国建设银行烟台分行		汇入行名称	中国工商银行烟台分行										
金额	人民币（大写）肆万伍仟贰佰元整					亿	千	百	十	万	千	百	十	元	角	分
									¥	4	5	2	0	0	0	0
票据种类	转账支票														
票据张数	1 张		中国建设银行 烟台分行												
复核　记账				开户银行签章										

此联汇出行给汇款人的回单

13-1

China Construction Bank FX Clearing Memo
（结汇水单）

Payee

（收款人名称）：烟台华丰食品有限责任公司

Payee's a/c No.　　　　　　　　　　　　　　　　　　　**Voucher No.**

（收款人账号）：37001666660050788626　　　　　　（申报单号）：000055433

FX amount（外汇金额）	Rate（结汇牌价）	Recording amount（入账金额）
USD30000.00	6.3632	190896.00

<table>
<tr><td rowspan="2">Description
摘要</td><td colspan="3">
Reference No.（业务编号）：　　Invoice No.（发票号）：　　VAL-DATE（起息日）：
Deduction（国外扣费）：　　Verification（核销单号）：　　Paying charge（偿付费）：
Commission（手续费）：　　Postal（邮电费）：　　Discrepancy fee（不付费）：
</td></tr>
<tr><td colspan="3">
LESS-COMM.（手续费）
LESS-OTHER.（其他）
- - - - - - - - - - - - - -
OUR COMMISSIONS AND CHARGES
PRE-ADV（预通知费）
ADV/CONF（通知/保兑费）
AMENDMT（修改费）
NEG/PTY（议付/付款费）
POSTAGE（邮费）
CAB/TEL（电讯费）
OTHER（其他）
- - - - - - - - - - - - - -
TOTAL（合计）
</td></tr>
</table>

13-2

中国人民银行人民币即期外汇牌价

汇率表数据更新时间：2015-09-09　10:30　　　　　　　　　　　　单位：人民币/100外币

货币名称	现汇买入价	现钞买入价	卖出价	中间价	基准价
美元 USD	636.57	639.13	639.13	636.32	636.32
瑞士法郎 CAF	648.4	628.38	653.6	649.93	649.93
瑞典克朗 SEK	75.37	73.04	75.97	75.76	75.76
日元 JPY	5.2453	5.0834	5.2821	5.2964	5.2964

14

中国建设银行
现金支票存根（鲁）

XIII 008894194

附加信息：
_____
_____

出票日期：2015 年 9 月 10 日

收款人：烟台华丰食品
有限责任公司

金　额：¥62024.14

用　途：工资款

单位主管　　会计

15

职工薪酬汇总表

公司名称：烟台华丰食品有限责任公司　　　　　　　　　　　　　　　　　　单位：元

部门	短期薪酬	短期薪酬		离职后福利			实付工资
	应付工资	医疗保险	住房公积金	养老保险	失业保险	个人所得税	
		个人承担 2%	个人承担 10%	个人承担 8%	个人承担 1%		
生产车间	40000	800	4000	3200	400	224.90	31,375.10
车间管理人员	5000	100	500	400	50	13.50	3,936.50
管理人员	23000	460	2300	1840	230	762.00	17,408.00
销售人员	12000	240	1200	960	120	175.46	9,304.54
合计	80000	1600	8000	6400	800	1175.86	62,024.14

复核：　　　　　　　　　　　　　　　　制表：

16—1

烟台市地方税务局电子缴税回单

隶属关系——区电子缴税号——370602536890467
注册类型——其他有限责任公司 填发日期 2015 年 09 月 10 日 征收机关——烟台市地方税务局芝罘分局

缴税单位	代码	010234		收款国库	烟台金库	
	全称	烟台华丰食品有限责任公司		国库账号	12366	
	账号	37001666660050788626		预算级次	（区）县级中央 60%　县区 40%	
	开户银行	中国建设银行烟台分行		国库开户银行	烟台金库	
税款所属期		日至		税款限交日期	20150930	
预算科目	税种税目	计税金额、销售收入或课税数量	税率或单位税额	已缴或扣除额	实缴税额
10200101	社保费养老	0		0	17600.00
10200201	社保费失业	0		0	2400.00
10200301	社保费医疗	0		0	8000.00
10200401	社保费工伤	0		0	800.00
10200501	社保费生育	0		0	640.00
金额合计	贰万玖仟肆佰肆拾元整				¥29440.00
申报方式	征收方式	打印次数	上列款项已核收记入收款单位账户 扣款日期——20150910 银行盖章	备注	代收代缴
网络申报	一般申报	0			

中国建设银行
烟台分行

未加盖银行印章无效

第一联：纳税人留存根

531

16-2

社会保险费计算表

2015 年 09 月 10 日

部门	短期薪酬 应付工资	短期薪酬						离职后福利				合计
		医疗保险		工伤保险	生育保险	住房公积金		养老保险		失业保险		
		企业承担 8%	个人承担 2%	企业承担 1%	企业承担 0.8%	企业承担 10%	个人承担 10%	企业承担 14%	个人承担 8%	企业承担 2%	个人承担 1%	
生产车间	40000	3200	800	400	320	4000	4000	5600	3200	800	400	22720
车间管理人员	5000	400	100	50	40	500	500	700	400	100	50	2840
管理人员	23000	1840	460	230	184	2300	2300	3220	1840	460	230	13064
销售人员	12000	960	240	120	96	1200	1200	1680	960	240	120	6816
合计	80000	6400	1600	800	640	8000	8000	11200	6400	1600	800	45440

16-3

住房公积金计算表

2015 年 09 月 10 日　　　　　　　　　金额单位：元

部门		短期薪酬 应付工资	短期薪酬（住房公积金）		小计
			企业承担部分 10%	个人承担部分 10%	
生产车间	生产工人	40000	4000	4000	8000
	车间管理人员	5000	500	500	1000
管理人员		23000	2300	2300	4600
销售人员		12000	1200	1200	2400
合计		80000	8000	8000	16000

16-4

住房公积金汇（补）缴书

2015 年 09 月 10 日

缴款单位	单位名称	烟台华丰食品有限责任公司	收款单位	单位名称	烟台华丰食品有限责任公司
	单位账号	370016666600507791234		公积金账号	370016666600507791234
	开户银行	中国建设银行烟台分行		开户银行	中国建设银行烟台分行

缴款类型	√汇缴　　□补缴	补缴原因										

缴款人数	20	缴款时间	2015 年 9 月至 2015 年 9 月	月数	1

缴款方式	□现金　　√转账	百	十	万	千	百	十	元	角	分
金额（大写）	人民币壹万陆仟元整	¥	1	6	0	0	0	0	0

上次汇缴		本次增加额		本次减少汇缴		本次汇（补）缴	
人数	金额	人数	金额	人数	金额	人数	金额

上述款项已划转至市住房公积金管理中心住房公积金存款户内。（银行盖章）

复核：	经办	2015 年 9 月 10 日

16-5

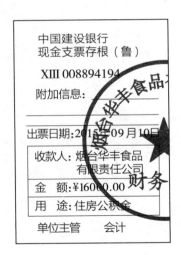

中国建设银行
现金支票存根（鲁）
XIII 008894194
附加信息：＿＿＿＿
＿＿＿＿＿＿＿＿
出票日期：2015 年 09 月 10 日
收款人：烟台华丰食品有限责任公司
金　额：¥16000.00
用　途：住房公积金
单位主管　　会计

16-6

烟台市地方税务局电子缴税回单

隶属关系——区电子缴税号——370602536890467

注册类型——其他有限责任公司　填发日期 2015 年 9 月 10 日　征收机关——烟台市地方税务局芝罘分局

<table>
<tr><td rowspan="4">缴税单位</td><td>代码</td><td>010234</td><td>收款国库</td><td colspan="2">烟台金库</td></tr>
<tr><td>全称</td><td>烟台华丰食品有限责任公司</td><td>国库账号</td><td colspan="2">12366</td></tr>
<tr><td>账号</td><td>37001666660050788626</td><td>预算级次</td><td colspan="2">（区）县级中央 60%　县区 40%</td></tr>
<tr><td>开户银行</td><td>中国建设银行烟台分行</td><td>国库开户银行</td><td colspan="2">烟台金库</td></tr>
<tr><td colspan="2">税款所属期</td><td colspan="2">20150801 日至 20150831</td><td colspan="2">税款限交日期　20150930</td></tr>
<tr><td>预算科目</td><td>税种税目</td><td>计税金额、销售收入或课税数量</td><td>税率或单位税额</td><td>已缴或扣除额</td><td>实缴税额</td></tr>
<tr><td>101060109</td><td>个人所得税—工资薪金所得</td><td></td><td>中国建设银行
烟台分行</td><td>0</td><td>1175.86</td></tr>
<tr><td>金额合计</td><td colspan="4">壹仟壹佰柒拾伍元捌角陆分</td><td>￥1175.86</td></tr>
<tr><td>申报方式</td><td>征收方式</td><td>打印次数</td><td colspan="3" rowspan="2">上列款项已核收记入收款单位账户
扣款日期——20150910
银行盖章</td></tr>
<tr><td>网络申报</td><td>一般申报</td><td>0</td></tr>
</table>

未加盖银行印章无效

第一联：纳税人留存根

17

中国建设银行收费凭证

2015 年 09 月 10 日

<table>
<tr><td>户名</td><td>烟台华丰食品有限责任公司</td><td>开户银行</td><td colspan="9">中国建设银行烟台分行</td></tr>
<tr><td>账号</td><td>37001666660050788626</td><td>收费种类</td><td colspan="9">手续费</td></tr>
<tr><td colspan="2" rowspan="3">1. 客户购买凭证时在"收费种类"栏填写所购凭证名称
2. 客户在输结算业务时，在"收费种类"栏分别填写手续费或邮电费，在"结算种类"栏填写办理的方式</td><td>凭证（结算）种类</td><td>数量</td><td colspan="7">金额</td></tr>
<tr><td>电汇凭证</td><td>1本</td><td>万</td><td>千</td><td>百</td><td>十</td><td>元</td><td>角</td><td>分</td></tr>
<tr><td></td><td></td><td></td><td></td><td></td><td>1</td><td>0</td><td>0</td><td>0</td></tr>
<tr><td colspan="2"></td><td>合计人民币</td><td>壹拾元整</td><td colspan="3">￥</td><td>1</td><td>0</td><td>0</td><td>0</td></tr>
</table>

复核　　　　　　　　　记账

第一联：回单

18–1

山东增值税专用发票

37061562189

国家税务总局监制
记账联

No.10656896

开票日期：2015 年 09 月 12 日

购货单位	名　称：金源股份有限公司 纳税人识别号：370602737459581 地 址、电话：烟台市幸福路 58 号 0532-6250101 开户行及账号：中国建设银行烟台分行 37001666600115116639118					密码区	5<-/566<273>21/0990// >/59220556+4/75>+980 -7->0008+8//525889<0 *1>28*036+55-170>>0-	加密版本： 01 37061562189 10656896

货物或应税劳务、服务名称	规格型号	单位	数量	单价	金　额	税率	税　额
草莓干		箱	6	500.00	3000.00	13%	390.00
香蕉干		箱	10	130.00	1300.00	13%	169.00
苹果干		箱	10	240.00	2400.00	13%	312.00
合　　计					￥6700.00		￥871.00
价税合计(大写)	人民币柒仟伍佰柒拾壹元整				(小写)￥ 7571.00		

销货单位	名　称：烟台华丰食品有限公司 纳税人识别号：370600683229330 地 址、电话：山东烟台芝罘区海阳路 30 号 0535-6250963 开户行及账号：中国建设银行烟台分行 37001666660050788626	备注	烟台华丰食品有限责任公司 370600683229330 发票专用章

第一联：记账联 销售方记账凭证

收款人：李芳　　　复核人：李晓然　　　开票人：张唯一　　　销货单位：(章)

18–2

销 售 单

购货单位：金源股份有限公司　　地址和电话：烟台市幸福路 58 号 0535-6250101　　单据编号：01202

纳税识别号：370602737459581　　开户行及账号：中国建设银行烟台分行　　制单日期：2015.09.12
37001666600115116639118

编　码	产品名称	规　格	单　位	单　价	数　量	金　额	备　注
0101	草莓干		箱	500.00	6	3000.00	
0102	香蕉干		箱	130.00	10	1300.00	
0103	苹果干		箱	240.00	10	2400.00	
合　计	人民币（大写）：陆仟柒佰元整					￥6700.00	

会计联

财务经理：杨文　　　销售经理：林莉　　　　经手人：王峰　　　　会计：王也

19-1

出入境检验检疫收费收据

国财　　01820

NO 0613138118

交款单位：烟台华丰食品有限责任公司　　　收费日期　　2015 年 09 月 14 日

申请单号	项目	摘要	金额						
			万	千	百	十	元	角	分
3100003308010901	出境检验检疫费	胡萝卜干			1	5	0	0	0
3100003308010902	出境检验检疫费	圆葱干			1	7	0	0	0
3100003308010903	出境检验检疫费	秋葵干			2	1	0	0	0
3100003308010904	出境检验检疫费	紫薯干			1	6	0	0	0
				¥	6	9	0	0	0

总计人民币 零拾零万零仟陆佰玖拾零元零角零分

收款单位 出入境检验检疫局　　　　复核　　　　　　收款人

第二联　付款方留存

19-2

中国建设银行
转账支票存根（鲁）

XII 04388002

附加信息：

出票日期：2015 年 09 月 14 日

收款人：烟台出入境检验检疫局

金　额：¥690.00

用　途：商检费

单位主管　会计

19-3

中国建设银行进账单（回单）

2015 年 09 月 14 日

付款人	全　称	烟台华丰食品有限责任公司	收款人	全　称	烟台出入境检验检疫局	
	账　号	37001666660050788626		账　号	37001666660005073412	
	开户行	中国建设银行烟台分行		汇入行名称	中国建设银行芝罘区支行北马路分理处	

金额	人民币（大写）陆佰玖拾元整	亿	千	百	十	万	千	百	十	元	角	分
							¥	6	9	0	0	0

票据种类	转账支票
票据张数	1 张

中国建设银行
烟台分行

复核　记账　　　　　　　　　　　开户银行签章

此联是开户银行交给持票人的回单

20-1

同城特约委托收款凭证（支款通知）

委托日期 2015 年 09 月 15 日　　　　流水号 17685267

付款人	全称	烟台华丰食品有限责任公司	收款人	全称	烟台市电信公司	此联交付款人作支款通知
	账户或者地址	37001666660050788626		账户或者地址	205225015	
	开户银行	中国建设银行烟台分行		开户银行	中国建设银行芝罘区支行	
委收金额	人民币（大写）	玖佰贰拾玖元整			¥929.00	

款项内容		合同号		凭证张数	
月租费	50.00	注意事项：			
本地话费	595.00	1. 上列款项为见票全额付款			
长话费	284.00	2. 上列款项若有误请与收款单位协商解决			
备注					

中国建设银行烟台分行

会计	复核	记账	支付日期 2015 年 09 月 15 日

20-2

烟台市电信局电信使用费收款收据

使用费　（本收据须盖章及收款员私章方可生效）			发票号：08329267	
电话号码：		信息费：	0	长途电话、非话费用：	0
市话、移动电话费：	595.00			国际长途：	0
月租费：	50.00			国内长途：	284.00
通话费：	879.00	98168：		直　拨：	0
市政附加费：	0	新　太：		人　工：	0
新业务月租费：	0	利　尼：		半自动：	0
话机代理费：	0			电　报：	0
无委费：				电子信箱：	
				ChInenet：	
				传真存储转发：	
小计：	¥929.00	小计：	0	小计：	0

烟台市电信公司
3706021265467
发票专用章

合计：	¥929.00		其中：市话费595.00元，长话284.00元

大写：人民币玖佰贰拾玖元整

168.96168 查询电话：			收款员：张琳琳
新太查询电话：		备注	
利尼查询电话：			2015 年 09 月 15 日

21-1

国际货物运输代理业专用发票
SPECITAL INVOICE FORINTER
INVOICE

发票代码:136698873123
发票号码:05358872

信息码:766632　　密码:

BANK ACCOUNT

付款单位:烟台华丰食品有限责任公司　开票日期:2015-09-17	开户银行名称:中国建设银行烟台分行	
PAYER　　　　　　　　　　　DATE ISSUTED	账号:37001666660050788626	

船名/航次/航班/车次　　　　　　提(运)单号　　　　　　　开航日期
VESSEL/VOY/TRAIN NO. 0232　　B/L NO. 98033167　　　　DATE SAILED _____

起运港　　　　　　　　　　　　卸货港　　　　　　　　　目的港
LOAD P BANGKOK , Thailand　　DIS.PORT YANTAI,China　　DESTIONATTON YANTAI,China

收费内容(货物名称,数量,单价)	金额 AMOUNT	备注 REMARKS
港杂费	CNY500.00	由出口企业支付海运费
金额合计(大写) TOTAL IN CAPITALS　　人民币伍佰元整	合计 SUM　CNY500.00	

第一联　存根联

企业签章　　　　　　　　工商登记号
BUSINESS...　　　　　　BUSINESS REGISTER NO. 220358973　　CHECKED BY 张梅 ISSUED BY 张勇
地址　3706020011852411　税务登记号　　　　　　　　　　（手开无效）
ADDRESS　　　　　　　　TAX REGISTER NO.　　　　　　　HAND-WRITING INVALID
烟台市芝罘区机场路 103 号 22035881388002

利丰股份有限公司
3706020011852411
发票专用章

21-2

货物运输业增值税专用发票

37060190801

No.870984029

开票日期:2015 年 09 月 17 日

承运人及纳税人 识别号	利丰股份有限公司 3706020011852411			密 码 区	>/59220556+4/75 > +980/ >/59220556+4/75 >/59220556+4/75 > +980/ >/59220556+4/75 >/59220556+4/75 > +980/ >/59220556+4/75 >/59220556+4/75 > +980/ >/59220556+4/75
实际受票方及纳 税人识别号	烟台华丰食品有限责任公司 370600683229330				
收货人及纳税人 识别号	烟台华丰食品有限责任公司 370600683229330	发货人及纳税人 识别号		烟台华丰食品有限责任公司 370600683229330	
起运地、经由、到达地					

费 用 项 目 及 金 额	费用项目	金额	费用项目	金额	运 输 货 物 信 息	
	运费	600.00				

合计金额	¥600.00	税率	11%	税额	¥66.00	机器编号	8098470980
价税合计(大写)		人民币陆佰陆拾陆元整			(小写)¥ 666.00		
车种车号	鲁YK3849			车船吨位		备	利丰股份有限公司
主管税务机关及代码	烟台国家税务局芝罘区税务支行 1620109					注	3706020011852411 发票专用章

第三联　发票联　受票方付款凭证

收款人:李丽　　　复核人:李梅　　　开票人:张勇　　　承运人:(章) 发票专用章

21-3

中国建设银行
转账支票存根（鲁）
XII 043879527
附加信息：

出票日期:2015年9月17日
收款人: 利丰股份有限公司
金　额:¥1,166.00
用　途: 支付港杂费等

单位主管　　会计

21-4

中国建设银行进账单（回单）

2015 年 09 月 17 日

付款人	全　称	烟台华丰食品有限责任公司	收款人	全　称	利丰股份有限公司
	账　号	37001666660050788626		账　号	3700166666600500202
	开户行	中国建设银行烟台分行		汇入行名称	中国建设银行广发路支行

金额	人民币（大写）壹仟壹佰陆拾陆元整	亿	千	百	十	万	千	百	十	元	角	分
						¥	1	1	6	6	0	0

票据种类	转账支票
票据张数	1 张

中国建设银行
烟台分行

复核　　记账

开户银行签章

此联是开户银行交给持票人的回单

22

入库单

2015 年 9 月 17 日　　　　连续号 003

交来单位及部门	泰国阳光 FRUIT KING 有限公司		发票号码或生产单号码		5518	验收仓库	一号仓库	入库日期	2015.09.17
编号	名称及规格	单位	数量		实际价格		计划价格		价格差异
			交库	实收	单价	金额	单价	金额	
0301	金枕头榴莲干	箱	150	150	706.8926	106,033.89			
0302	菠萝蜜干	箱	200	200	566.8608	113,372.16			
0303	芒果干	箱	100	100	806.9449	80,694.49			
合　　　计						300,100.54			

财务部门　　　　　　　　　　保管部门
主管: 杨文　记账: 王也　　　主管: 李强　　验收: 张玉　　　　　缴库

（三）财务联

23-1

上海增值税专用发票

1100083109

No.60971059

开票日期：2015 年 09 月 18 日

购货单位	名　称：烟台华丰食品有限公司 纳税人识别号：370600683229330 地址、电话：山东烟台芝罘区海阳路 30 号 0535-6250963 开户行及账号：中国建设银行烟台分行 37001666660050788626	密码区	5<-/566<273>21/0990//　加密版本： >/59220556+4/75>+980　01 -7->0008+8//525889<0　1100083109 *1>28*036+55-170>>0-　60971059

货物或应税劳务、服务名称	规格型号	单位	数量	单价	金　额	税率	税　额
棕榈油		桶	100	130.00	13000.00	17%	2210.00
合　　计					¥13000.00		¥2210.00

价税合计（大写）	人民币壹万伍仟贰佰壹拾元整	（小写）¥ 15210.00

销货单位	名　称：上海中粮食品有限公司 纳税人识别号：310229737459651 地址、电话：青浦工业园区新水路 277 号 开户行及账号：中国工商银行上海市青浦支行 1001741129300011	备注	上海中粮食品有限公司 310229737459651 发票专用章

收款人：李丽　　　　复核人：王怡然　　　开票人：朱勇　　　　销货单位：（章）

第三联：发票联　购买方记账凭证

23-2

入库单

2015 年 9 月 18 日　　　　连续号　003

交来单位及部门	上海中粮食品有限公司	发票号码或生产单号码	60971059	验收仓库	一号仓库	入库日期	2015.09.18

编号	名称及规格	单位	数　量		实际价格		计划价格		价格差异
			交库	实收	单价	金　额	单价	金　额	
009	棕榈油	桶	100	100	130.00	13,000.00			
合　　计						13,000.00			

（三）财务联

财务部门　　　　　　　　　　　保管部门
主管：杨文　　记账：王也　　　主管：李强　　　验收：张玉　　　　　　缴库

23-3

中国建设银行
现金支票存根（鲁）
XIII 008878654

附加信息：
_____
_____

出票日期：2015年9月18日

收款人：上海中粮食品
有限公司

金　额：¥15210.00

用　途：付货款

单位主管　　会计

23-4

中国建设银行进账单（回单）

2015 年 09 月 18 日

付款人	全　称	烟台华丰食品有限责任公司	收款人	全　称	上海中粮食品有限公司	
	账　号	37001666660050788626		账　号	10017411293000011687	
	开户行	中国建设银行烟台分行		汇入行名称	中国工商银行上海市青浦支行	

金额	人民币（大写）壹万伍仟贰佰壹拾元整	亿	千	百	十	万	千	百	十	元	角	分
					¥	1	5	2	1	0	0	0

票据种类	转账支票	
票据张数	1 张	
复核　　记账	中国建设银行 烟台分行	开户银行签章

此联是开户银行交给持票人的回单

24

产成品入库单

交库单位：生产车间　　　　2015 年 09 月 18 日　　　　NO.2015020901

产品编号	产品名称	交验数量（箱）	检验结果		实收数量（箱）	单位成本（元／箱）	金额（元）
			合格	不合格			
0101	草莓干	30	30		30		
0102	香蕉干	150	150		150		
0103	苹果干	150	150		150		
合计		330	330		330		

财务部门　　　　　　　　　　　保管部门
主管：杨文　　记账：王也　　　主管：李强　　　验收：张玉　　　　　缴库

（三）财务联

25

领 料 单

领料部门：生产部门

用　　途：　　　　　　　　　2015 年 9 月 19 日　　　　　　　第 008 号

材料			单位	数量		成本									
						单价	总价								
编号	名称	规格		请领	实发		百	十	万	千	百	十	元	角	分
008	麦芽糖		kg	100	100	40.00				4	0	0	0	0	0
009	棕榈油		桶	20	20	130.00				2	6	0	0	0	0
合　计							¥	6	6	0	0	0	0

会计联

部门经理：黄菲菲　　　　　会计：王也　　　　　仓库：林琳　　　　　经办人：李华

26–1

中国建设银行烟台分行

汇入汇款结汇通知书

NO. 7616202

业务编号：10009120153456

收款人：烟台华丰食品有限责任公司	日期：2015/09/19
账　　号：37001666660050788626	
开户行：中国建设银行烟台分行	汇款类型：境外汇入

结汇外汇金额	牌价	人民币金额
USD36664.22		

汇款银行：日本银行

汇　款　人：日本三木株式会社　　　　　　　　　中国建设银行　汇款人国别 / 地区：
　　　　　　　　　　　　　　　　　　　　　烟台分行

国外扣费：0

核销单号：8639116356　　　　　　　　　　申报单号：100002015120283655656

汇款附言：货款

经办：　　　　　　复核：

第一联 核销专用联

26–2

中国人民银行人民币即期外汇牌价

汇率表数据更新时间：2015-09-19　10：30　　　　　　　　　单位：人民币 /100 外币

货币名称	现汇买入价	现钞买入价	卖出价	中间价	基准价
美元 USD	610.58	605.68	613.02	615.57	615.57
瑞士法郎 CAF	669.07	648.41	674.44	660.30	660.30
瑞典克朗 SEK	96.18	93.21	96.95	94.56	94.56
日元 JPY	6.1374	5.948	6.1805	6.1991	6.1991

27-1

鲁国税税发印字（200
1020151010000308

出口专用
FOR EXPORT ONLY

烟台市出口发票
INVOICE FOR EXPORT PRODUCT OF YANTAI　MUNICIPAL

货物出口单：烟台华丰食品有限责任公司
EXPORT Unit: Hafeng Food Co.Ltd.

传真地址：
Fax　05356250966

Address: Maizidian road 7

电话挂号：　　　　　发票联
Cable Address:　05356250966　FOR BOOK KEEPING

发票代码：110897654151

电话号码：　　　　　经办人员（签名）
Tel:　05356250963　Person handing(Sign)　张媛

发票号码：53876456

信用证号码：　　　　货物出口单位
L/C No:　08KL 02SC7　Export Unit (Seal) 烟台华丰食品有限责任公司

日期：
Date: 2015年 09 月 20 日

合同号码：
Contract No: SC20150909

客户：Sana Co. Ltd. （日本三木株式会社）
地址：Yokahama, Japan

装船名：
Per S.S
船出
From　Yantai, China

船期
Date of shipment 2015-09-20
目的港
To　Yokahama Japan

唛头 MARK	件数 PACKAGE	货名 DESCRIPTION	数量 QUANTITY	单价 UNIT PRICE	金额 AMONUT
				FOB　Yantai	
Yokohama	1	胡萝卜干	280	USD31.4431	USD8804.07
Japan	1	圆葱干	190	USD37.7317	USD7169.02
Made in China	1	秋葵干	310	USD47.1646	USD14621.03
	1	紫薯干	320	USD31.4431	USD10061.79
	1	香蕉干	400	USD18.6468	USD7458.72
	1	草莓干	260	USD73.8912	USD19211.71
	1	苹果干	440	USD34.5874	USD15218.46
TOTAL					USD82544.80

大写金额　TOTAL AMOUNT IN WRITING SAY
U.S. DOLLAR EIGHTY-TWO THOUSAND FIVE HUNDRED AND FORTY-FOUR POINT EIGHT

注：未盖货物 出口单位印章及经办人签名无效　　审核：刘青　　制表：李霖　　出口海关：烟台海关

27-2

国际货物运输代理业专用发票
SPECITAL INVOLCE FORINTER

发票代码：513310006798
发票号码：07086798

信息码：566634　　密码：

BANK ACCOUNT

付款单位：日本三木株式会社 PAYER	开票日期：2015-09-20 DATE ISSUTED	开户银行名称：中国建设银行烟台分行 账号：37001666660050788626
船名/航次/航班/车次 VESSEL/VOY/TRAIN NO. 0176	提（运）单号 B/L NO. 790320123	开航日期 DATE SAILED 2015.09.20
起运港 LOAD P Yantai , China	卸货港 DIS.PORT Yokohama	目的港 DESTIONATTON Yokahama

收费内容（货物名称，数量，单价）	金额 AMOUNT	备注 REMARKS
海运费	USD800.00	由出口企业 支付海运费
金额合计（大写） TOTAL IN CAPITALS　　美元捌佰元整	合计 SUM　SUMUSD800.00	

企业签章 BUSINESS SEAL	工商登记号 BUSINESS REGISTER NO. 220358813	复核 CHECKED BY 张梅	制单 ISSUED BY 张勇
地址 370602011852411 ADDRESS 发票专用章 烟台市芝罘区机场路 103 号 22035881388002	税务登记号 TAX REGISTER NO.	（手开无效） HAND-WRITING INVALID	

27-3

中国人民银行人民币即期外汇牌价

汇率表数据更新时间：2015-09-20　10:30　　　　　　　　　　　单位：人民币/100 外币

货币名称	现汇买入价	现钞买入价	卖出价	中间价	基准价
美元 USD	612.67	607.76	615.13	614.55	614.55
瑞士法郎 CAF	651.30	631.20	656.54	656.61	656.61
瑞典克朗 SEK	85.66	83.01	86.34	86.59	86.59
日元 JPY	5.6228	5.4492	5.6622	5.6462	5.6462

27-4

中华人民共和国海关出口货物报关单

预录入编号： 010004276   海关编号： 42012011001000421

出口口岸 烟台海关		备案号		出口日期 2015年09月20日	申报日期 2015年09月18日
经营单位 烟台华丰食品有限责任公司		运输方式 海运	运输工具名称 COSCO		提运单号 PASU980350397
发货单位 烟台华丰食品有限责任公司		贸易方式 一般贸易	征免性质 一般征税		结汇方式
许可证号	运抵国（地区） 日本		指运港 横滨		境内货源地
批准文号 784201566	成交方式 FOB	运费 USD800.00		保费	杂费
合同协议号 SC20150909	件数 5	包装种类 纸箱		毛重（公斤） 3015	净重（公斤） 3000
集装箱号 CBHU5543846		随附单据 出境货物通关单	生产厂家		
标记唛码及备注					

项号	商品编号	商品名称、规格型号	数量及单位	原产国 （地区）	单价	总价	币制	征免
1	0712909990	胡萝卜干	280	JAPAN	31.4431	8804.07	美元	照章征税
2	0712909990	圆葱干	190	JAPAN	37.7317	7169.02	美元	照章征税
3	0712909990	秋葵干	310	JAPAN	47.1646	14621.03	美元	照章征税
4	0714909099	紫薯干	320	JAPAN	31.4431	10061.79	美元	照章征税
5	0803900000	香蕉干	400	JAPAN	18.6468	7458.72	美元	照章征税

税费征收情况		

录入员　　录入单位	兹声明以上申报无讹并承担法律责任	海关审单批注及放行日期（签章）	
报关员 9000178		审单	审价
申报单位：（签章）		验讫章	
单位地址 山东烟台芝罘区大海阳路30号	报关专用章	征税	统计
邮编 264000　　电话 05356250963　　填制日期 2015年09月20日		查验	放行

559

27-5

中华人民共和国海关出口货物报关单

预录入编号：010004277　　　　　　　　　　　　　　海关编号：42012011001000421

出口口岸 烟台海关		备案号		出口日期 2015年09月20日	申报日期 2015年09月18日
经营单位 烟台华丰食品有限责任公司		运输方式 海运	运输工具名称 COSCO		提运单号 PASU980350397
发货单位 烟台华丰食品有限责任公司		贸易方式 一般贸易	征免性质 一般征税		结汇方式
许可证号	运抵国（地区） 日本		指运港 横滨		境内货源地
批准文号 784201566	成交方式 FOB	运费 USD200.00	保费		杂费
合同协议号 SC20150909	件数 2	包装种类 纸箱	毛重（公斤） 1407		净重（公斤） 1400
集装箱号 CBHU5543846		随附单据 出境货物通关单	生产厂家		

标记唛码及备注

项号	商品编号	商品名称、规格型号	数量及单位	原产国（地区）	单价	总价	币制	征免
1	2008800000	草莓干	260	JAPAN	73.8912	19211.71	美元	照章征税
2	0813300000	苹果干	440	JAPAN	34.5874	15218.46	美元	照章征税

税费征收情况

录入员　录入单位	兹声明以上申报无讹并承担法律责任	海关审单批注及放行日期（签章）	
报关员 9000178　　申报单位：（签章）		审单　　　　审价	
单位地址 山东烟台芝罘区大海阳路30号 邮编　　　　电话 264000　　05356250963	填制日期 2015年09月20日	征税　　　　统计 查验　　　　放行	

报关专用章

中华人民共和国烟台海关 验讫章

烟台华丰食品有限责任公司

28

产成品入库单

交库单位：生产车间　　　　　　2015 年 09 月 20 日　　　　　　NO.2015020902

产品编号	产品名称	交验数量（箱）	检验结果		实收数量（箱）	单位成本（元／箱）	金额（元）
			合格	不合格			
0201	胡萝卜干	320	320		320		
0202	圆葱干	100	100		100		
0203	秋葵干	240	240		240		
0204	紫薯干	180	180		180		
合计		840	840		840		

财务部门　　　　　　　　　　保管部门
主管：杨文　记账：王也　　　主管：李强　　　验收：张玉　　　　　　缴库

（三）财务联

29

山东增值税专用发票

37061562189

No.10656897

开票日期：2015 年 09 月 20 日

购货单位	名　　　称：金源股份有限公司
	纳税人识别号：370602737459581
	地 址、电 话：烟台市幸福路 58 号 0532-6250101
	开户行及账号：中国建设银行烟台分行 37001666001151166391 18

密码区：5<-/566<273>21/0990// >/59220556+4/75>+980 -7->0008+8/525889<0 *1>28*036+55-170>>0-

加密版本： 01 37061562189 10656897

货物或应税劳务、服务名称	规格型号	单位	数量	单价	金　额	税率	税　额
金枕头榴莲干		箱	30	1000.00	30000.00	13%	3900.00
菠萝蜜干		箱	40	800.00	32000.00	13%	4160.00
芒果干		箱	20	1200.00	24000.00	13%	3120.00
合　　计					¥ 86000.00		¥ 11180.00

价税合计(大写)	人民币玖万柒仟壹佰捌拾元整	(小写)¥ 97180.00

销货单位	名　　　称：烟台华丰食品有限公司	备注
	纳税人识别号：370600683229330	
	地 址、电 话：山东烟台芝罘区海阳路 30 号 0535-6250963	
	开户行及账号：中国建设银行烟台分行 37001666660050788626	

第一联：记账联 销售方记账凭证

收款人：李芳　　　复核人：李晓然　　　开票人：张唯一　　　销货单位：(章)

30

烟台市商业零售发票

发票联

税号：370255237890567

收款单位：烟台芝罘区大悦城

付款单位（个人）：烟台华丰食品有限责任公司

发票代码：223458671123

发票号码：22038023

密码：

项目		单价	数量	金额
打印纸	包	54.00	20.00	1080.00
水笔	支	1.20	100.00	120.00

小写合计：¥1200.00

大写合计：人民币壹仟贰佰元整

机打号码 3254041131

机器编号 9757443234643

税控码 23561345467

收款人：赵文亮

开票日期：2015 年 09 月 22 日

收款单位（盖章有效）

31-1

中国建设银行烟台分行

汇入汇款结汇通知书

NO.8714478

业务编号：67329120155657

收款人：利丰股份有限公司		日期：2015/09/23
账 号：37001666660500202		
开户行：中国建设银行广发路支行	汇款类型：境内汇出	
结汇外汇金额	牌价	人民币金额
USD900.00		
汇款银行：中国建设银行烟台分行	中国建设银行烟台分行	
汇 款 人：烟台华丰食品有限责任公司		汇款人国别/地区：
国外扣费：0		
核销单号：7622297262	申报单号：PASU980350678	
汇款附言：前欠海运费		

经办：　　　　　　　　　复核：

第一联 核销专用联

31-2

中国人民银行人民币即期外汇牌价

汇率表数据更新时间：2015-09-23　10:30

单位：人民币/100外币

货币名称	现汇买入价	现钞买入价	卖出价	中间价	基准价
美元 USD	637.00	631.90	639.56	637.73	637.73
瑞士法郎 CAF	652.16	632.03	657.40	653.84	653.84
瑞典克朗 SEK	75.77	73.43	76.37	75.91	75.91
日元 JPY	5.2889	5.1257	5.3261	5.3087	5.3087

32-1

同城特约委托收款凭证（支款通知）

委托日期 2015 年 09 月 24 日　　　　　　流水号 17685267

付款人	全称	烟台华丰食品有限责任公司	收款人	全称	烟台市自来水公司
	账户或者地址	37001666660050788626		账户或者地址	37001666660050782886
	开户银行	中国建设银行烟台分行		开户银行	中国建设银行芝罘区支行
委收金额	人民币（大写）	肆仟柒佰壹拾玖元肆角陆分			¥4719.46
	款项内容	中国建设银行烟台分行	合同号	2235	凭证张数
水费	¥4719.46		注意事项：		
备注			1.上列款项为见票全额付款 2.上列款项若有误请与收款单位协商解决		

此联交付款人作支款通知

会计　　　　　　复核　　　　　　记账　　　　支付日期 2015 年 09 月 24 日

32-2

3100152140

山东增值税专用发票

国家税务总局监制
发票联

No.11692561

开票日期：2015 年 09 月 24 日

购货单位	名　　称：烟台华丰食品有限公司 纳税人识别号：370600683229330 地 址、电 话：山东烟台芝罘区海阳路 30 号 0535-6250963 开户行及账号：中国建设银行烟台分行 37001666660050788626				密码区	5<-/566<273>21/0990// >/59220556+4/75>+980 -7->0008+8//525889<0 *1>28*036+55-170>>0-	加密版本： 01 3100152140 11692561	

货物或应税劳务、服务名称	规格型号	单位	数量	单价	金　额	税率	税　额
水费		吨	750	5.56868	4176.51	13%	542.95
合　　计					￥4176.51		￥542.95

价税合计（大写）	人民币肆仟柒佰壹拾玖元肆角陆分 （小写)￥ 4719.46

销货单位	名　　称：烟台市自来水公司 纳税人识别号：370602223376673 地 址、电话：烟台市芝罘区大海阳路 8 号 开户行及账号：中国工商银行芝罘区支行 37001666660050782886	备注	烟台市自来水公司 370602223376673 发票专用章

收款人：李丽　　　复核人：王怡然　　　开票人：朱勇　　　　销货单位:(章)

第三联：发票联 购货方记账凭证

32-3

费用分割单

2015 年 09 月 24 日　　　　　　　　　　　NO.09021

分割项目	生产车间	管理部门	合计	备注
水费	3884.15	292.36	4176.51	
合计	3884.15	292.36	￥4176.51	

复核　　　　　　　　　　　　制单

33-1

同城特约委托收款凭证（支款通知）

委托日期 2015 年 09 月 24 日　　　　　　　流水号 17685267

付款人	全称	烟台华丰食品有限责任公司	收款人	全称	烟台市电力公司
	账户或者地址	37001666660050788626		账户或者地址	37001666660050781156
	开户银行	中国建设银行烟台分行		开户银行	中国建设银行芝罘区支行
委收金额	人民币 （大写）	叁万叁仟壹佰捌拾伍元捌角捌分			￥33185.88

款项内容		中国建设银行 烟台分行	合同号	2235	凭证张数
电费	￥33185.88		注意事项：		
			1. 上列款项为见票全额付款		
备注			2. 上列款项若有误请与收款单位协商解决		

会计　　　　　复核　　　　　记账　　　　　支付日期 2015 年 09 月 24 日

此联交付款人作支款通知

33-2

山东增值税专用发票

3706152156

No.11185241

开票日期：2015 年 09 月 24 日

购货单位	名　称：烟台华丰食品有限公司 纳税人识别号：370600683229330 地 址、电 话：山东烟台芝罘区海阳路 30 号 0535-6250963 开户行及账号:中国建设银行烟台分行 37001666660050788626	密码区	5<-/566<273>21/0990// 加密版本： >/59220556+4/75>+980　01 -7->0008+8//525889<0　3706152156 *1>28*036+55-170>>0-　11185241

货物或应税劳务、服务名称	规格型号	单位度	数量	单价	金额	税率	税额
电费			35000	0.8104	28364.00	17%	4821.88
合　计					￥28364.00		￥4821.88

价税合计(大写)	人民币叁万叁仟壹佰捌拾伍元捌角捌分　(小写)￥ 33185.88

销货单位	名　称：烟台市电力公司 纳税人识别号：370602556676612 地 址、电话：烟台市芝罘区解放路 158 号 开户行及账号：中国工商银行芝罘区支行 37001666660050567812	备注	烟台市电力公司 370602556676612 发票专用章

收款人：李丽　　复核人：王怡然　　开票人：朱勇　　销货单位:(章)

第三联：发票联　购货方记账凭证

33-3

费用分割单

2015 年 09 月 24 日　　　　　　NO.09022

分割项目	生产车间	管理部门	合计	备注
电费	26,094.88	2,269.12	28,364.00	
合计	26,094.88	2,269.12	28,364.00	

复核　　　　　　　　　　　制单

34-1

差旅费报销单

2015 年 09 月 28 日

姓名	张林	工作部门	供应科	出差时间	9 月 22～27 日
出差事由	采购	出差地点	上海	往返天数	6 天
发生费用	交通费	住宿费	伙食补贴	其他	合计
	1,200.00	2,100.00	1,500.00		
					现金付讫
合计	人民币（大写）肆仟捌佰元整			￥4,800.00	
预借金额	4,000.00	应退金额		应补金额	800.00

批准人：　　　　审核人：　　　　部门主管：　　　　出差人：

34—2

上海市服务业统一发票

发票联

日期：2015 年 09 月 28 日　　　　　　　　　发票代码 235020870012

客户：烟台华丰食品有限责任公司　　　　　　发票号码 71982013

经营项目	单位	数量	单价	金额								备注
				十万	千	百	十	元	角	分	
住宿费					2	1	0	0	0	0	2015 年 09 月 22 日至 2015 年 09 月 27 日，共 6 天
餐费					1	5	0	0	0	0	
合计人民币（大写）叁仟陆佰元整				¥	3	6	0	0	0	0	

上海新天地有限公司
021060255453642
发票专用章

收款单位（发票专用章）：　　　　　财务：　　　　填票：　　　　收款：

第二联：发票联

34—3

火车票	火车票	上海出租车票
（烟台南—上海虹桥）	（上海虹桥—烟台南）	发票
¥562.50 元	¥562.50 元	75 元

35

职工薪酬汇总表

2015 年 09 月 30 日

部门	短期薪酬	短期薪酬				离职后福利		小计
	应付工资	医疗保险 企业承担 8%	工伤保险 企业承担 1%	生育保险 企业承担 0.8%	住房公积金 企业承担 10%	养老保险 企业承担 14%	失业保险 企业承担 2%	
生产车间	40000.00	3200.00	400.00	320.00	4000.00	5600.00	800.00	14,320.00
车间管理人员	5000.00	400.00	50.00	40.00	500.00	700.00	100.00	1,790.00
管理人员	23000.00	1840.00	230.00	184.00	2300.00	3220.00	460.00	8,234.00
销售人员	12000.00	960.00	120.00	96.00	1200.00	1680.00	240.00	4,296.00
合计	80000.00	6400.00	800.00	640.00	8000.00	11200.00	1600.00	28,640.00

复核　　　　　　　　　　　　　制表：

36-1

固定资产总值及累计折旧计算表

单位：元

序号	类别	预计使用年限	原值	净残值	应提折旧原值	本月计提折旧
1	生产用固定资产		4,200,000.00		4,200,000.00	23,775.00
2	其中：房屋	20	1,300,000.00		1,300,000.00	4,875.00
3	机械设备	10	1,120,000.00		1,120,000.00	8,400.00
4	电子设备	5	500,000.00	10%	500,000.00	7,500.00
5	运输设备	5	200,000.00		200,000.00	3,000.00
6	非生产用固定资产	5	800,000.00		800,000.00	12,000.00
7	合计		5,000,000.00		5,000,000.00	35,775.00

36-2

费用分割单

2015 年 09 月 30 日　　　　　　　　　　NO.08013

分割项目	生产车间	管理部门	销售部门	合计	备注
折旧费	22,543.00	9,782.00	3,450.00	35,775.00	
合计	22,543.00	9,782.00	3,450.00	35,775.00	

复核　　　　　　　　　　　　　　　　制单

37

生产企业出口退税出口明细申报表

企业代码：42161936
企业名称：烟台华丰食品有限责任公司
纳税人识别号：370600683229330　　　　　所属日期：2015 年 09 月　　　　　金额单位：元

序号	关联号	出口发票号	报关单号	出口日期	核销单号	商品代码	商品名称	计量单位	美元离岸价	出口数量	出口进货金额	退税率(%)	应退增值税额	应退消费税额	代理证明号	进料加工手册
1		55678123	010004211	2015.09.08		0803900000	胡萝卜干	箱	6,285.45	200		5%	2,003.55			
2		55678123	0100042113	2015.09.08		0712909990	圆葱干	箱	9,051.05	300		5%	2,885.113			
3		55678123	010004211	2015.09.08		0712399090	秋葵干	箱	14,142.27	300		5%	4,507.99			
4		55678123	010004211	2015.09.08		0714909099	紫薯干	箱	6,285.45	200		5%	2,003.55			
5		53876456	010004276	2015.09.20		0803900000	胡萝卜干	箱	8,804.07	280		5%	2,806.385			
6		53876456	010004276	2015.09.20		0712909990	圆葱干	箱	7,169.02	190		5%	2,285.197			
7		53876456	010004276	2015.09.20		0712399090	秋葵干	箱	14,621.03	310		5%	4,660.60			
8		53876456	010004276	2015.09.20		0714909099	紫薯干	箱	10,061.79	320		5%	3,207.296			
9		53876456	010004276	2015.09.20		0803900000	香蕉干	箱	7,458.72	400		5%	2,377.542			
10		53876456	010004277	2015.09.20		2008800000	草莓干	箱	19,211.71	260		5%	6,123.925			
11		53876456	010004276	2015.09.20		0813300000	苹果干	箱	15,218.46	440		5%	4,851.036			
合计									118,309.02				37,712.184			

企业办税人：　　　　　　　　　　　　　　　　　　　制证日期：

38-1

银行存款—美元户

借				贷
期初余额				

本期发生额	本期发生额
期末余额	

38-2

应收账款—应收外汇账款（美元户）

借				贷			
期初余额							

本期发生额	本期发生额
期末余额	

38-3

中国人民银行人民币即期外汇牌价

汇率表数据更新时间：2015-09-30　10:30　　　　　　　　单位：人民币/100外币

货币名称	现汇买入价	现钞买入价	卖出价	中间价	基准价
美元 USD	634.33	629.24	636.87	636.13	636.13
瑞士法郎 CAF	648.17	628.14	654.69	654.96	654.96
瑞典克朗 SEK	75.23	72.91	75.83	75.86	75.86
日元 JPY	5.2662	5.1035	5.3192	5.3043	5.3043

39

制造费用分配表

年　　月　　　　　　　　　　　　金额单位：元

产品名称	产品数量（箱）	分配率	金额
合计			

40

生产成本计算表

年　　月　　日

产品名称	成本项目			合计	产品数量（箱）	单位成本（元／箱）
	直接材料	直接人工	制造费用			

制单：　　　　　　　　　　　　审核：

41-1

产成品出库单

2015 年 09 月 08 日 　　　　NO. 2015010901

购货单位	日本三木株式会社	销售单号	01201	发出仓库	三号仓库	出库日期	20150908
产品编号	产品名称	单位	出库数量	单价（元／箱）	金额（元）		备注
0201	胡萝卜干	箱	200				
0202	圆葱干	箱	300				
0203	秋葵干	箱	300				
0204	紫薯干	箱	200				
合　计			1000				

财务部门
主管：杨文　记账：王也　　主管：李强　　　　验收：张玉　　　　　缴库
　　　　　　　　　　　　保管部门

（三）财务联

41-2

产成品出库单

2015 年 09 月 12 日 　　　　NO. 2015010902

购货单位	金源服务有限公司	销售单号	01202	发出仓库	三号仓库	出库日期	20150912
产品编号	产品名称	单位	出库数量	单价（元／箱）	金额（元）		备注
0101	草莓干	箱	6				
0102	香蕉干	箱	10				
0103	苹果干	箱	10				
合　计			26				

财务部门
主管：杨文　记账：王也　　主管：李强　　　　验收：张玉　　　　　缴库
　　　　　　　　　　　　保管部门

（三）财务联

41-3

产成品出库单

2015 年 09 月 20 日　　　　NO. 2015010903

购货单位	日本三木株式会社	销售单号	01203	发出仓库	三号仓库	出库日期	20150920	
产品编号	产品名称	单位	出库数量	单价（元／箱）	金额（元）	备注		（三）财务联
0201	胡萝卜干	箱	280					
0202	圆葱干	箱	190					
0203	秋葵干	箱	310					
0204	紫薯干	箱	320					
0101	香蕉干	箱	400					
0102	草莓干	箱	260					
0103	苹果干	箱	440					
合　计			2200					

财务部门　　　　　　　　　　保管部门
主管：杨文　记账：王也　　主管：李强　　　验收：张玉　　　　　缴库

41-4

产成品出库单

2015 年 09 月 20 日　　　　NO. 2015010904

购货单位	金源服务有限公司	销售单号	01203	发出仓库	一号仓库	出库日期	20150920	
产品编号	产品名称	单位	出库数量	单价（元／箱）	金额（元）	备注		（三）财务联
0301	金枕头榴莲干	箱	30	1000.00				
0302	菠萝蜜干	箱	40	800.00				
0303	芒果干	箱	20	1200.00				
合　计			90					

财务部门　　　　　　　　　　保管部门
主管：杨文　　记账：王也　　主管：李强　　　验收：张玉　　　　　缴库

42

本年利润结转表

2015 年 9 月 30 日

转入本年利润（借方）科目	金额	转入本年利润（贷方）科目	金额
合计		合计	

43

所得税计算表

2015 年 9 月 30 日

本期应纳税额	所得税税率	所得税税额

资产负债表

会计 01 表

编制单位　　　　　　　　　　年　　月　　日　　　　　　　　　单位：

资产	期末余额	年初余额	负债和所有者权益（或股东权益）	期末余额	年初余额
流动资产：			流动负债：		
货币资金			短期借款		
交易性金融资金			交易性金融负责		
应收票据			应付票据		
应收账款			应付账款		
应收利息			预收款项		
应收股利			应付职工薪酬		
其他应收款			应交税费		
存贷			应交股利		
一年内到期的非流动资产			其他应付款		
其他流动资产			一年内到期非流动负债		
流动资产合计			其他流动负债		
非流动资产：			流动负债合计		
可供出售金融资产			非流动负债：		
持有至到期投资			长期借款		
长期应收款			应付债券		
长期股权投资			长期应付款		
投资性房地产			专项应付款		
固定资金			预计负债		
在建工程			递延所得税负债		
工程物资			其他非流动负债		
固定资产清理			非流动负债合计		
生产性生物资产			负债合计		
油气资产			所有者权益（股东权益）		
无形资产			实收资本		
开发支出			资本公职		
商英			减：库存股		
长期待摊费用			盈余公职		
递延所得税资产			未分配利润		
其他非流动资产			所有者权益（或股东权益）合计		
非流动资产合计					
资产合计			负债和所有者权益（股东权益）合计		

单位负责人　　　　　　会计主管　　　　　　　　复核　　　　　　　制表

利润表

编制单位　　　　　　　　　　　年　　月　　　　　　　　　　　单位：

项目	本期金额	上期金额
一、营业收入		
减：营业成本		
营业税金及附加		
销售费用		
管理费用		
财务费用		
管理费用		
财务费用		
资产减值损失		
加：公允价值变动收益（损失"－"填列）		
投资收益（损失"－"填列）		
其中：对联营企业和合营企业的投资收益		
二、营业利润（亏损以"－"填列）		
加：营业外收入		
减：营业外收入		
其中：非流动资产处理损失		
三、利润总额（亏损总额以"－"号填列）		
减：所得税费用		
四、净利润（净亏损以"－号填）		
五、每股收益：		
（一）基本每股收益		
（二）稀释每股收益		

单位负责人　　　　　　　会计主管　　　　　　　复核　　　　　　　制表

实训模块五

小企业会计实训

小企业会计实训，是以培养学生专业技能为宗旨，以小型微利企业 12 月份的经济业务为例，设计了从建账开始到填制审核凭证、登记账簿和编制会计报表的全程实务操作演练，有助于提高学生的综合分析能力和操作技能，为学生毕业后尽快胜任会计工作做好充分的准备。

一、实训目的

通过对实际业务的模拟实训，比较系统地练习小型微利企业会计核算的基本程序和具体方法。包括：各种原始凭证的填制和审核、对各种经济业务进行会计确认和计量、记账凭证的填制和审核、各种账簿的设置和登记、成本费用的归集和分配以及会计报表的编制等内容。通过直观的仿真实训，使学生在课堂上所学的知识得到巩固和消化，加深对企业财务会计核算规程和方法的理解。

通过实训，不但可以增强学生对理论知识的理解，还可以从会计实务角度塑造学生从事会计工作应具备的专业作风、心理素质和道德风范；特别是将经济业务的来龙去脉与企业的生产经营有机结合起来，有助于学生了解和掌握财经法规、制度，培养学生实事求是的科学态度和一丝不苟的工作作风，为学生日后从事会计及财务管理工作奠定较为扎实的基础。

二、实训过程和要求

1. 经济业务的处理要严格遵守 2006 年发布的新《企业会计准则》。

2. 根据建账资料所提供的 2015 年 12 月初各账户余额和发生额，开设总分类账、明细分类账及库存现金日记账、银行存款日记账，将数据过入账中，在摘要栏写"承前页"。

（1）建立总分类账。开设总分类账户，并将余额和发生额过入第一行内。总分类账应采用三栏式订本账。

（2）建立库存现金日记账，并将余额和发生额过入第一行内。库存现金日记账采用三栏式订本账。

（3）建立银行存款日记账，并将余额和发生额过入第一行内。银行存款日记账采用三栏式订本账。

（4）建立其他明细分类账。需要记录数量的账户，如原材料明细账、周转材料明细账、库存商品明细账等，应采用"数量金额式"明细分类账，并将期初结存的数量、单价和金额过入第一行"余额"栏中的"数量"、"单价"和"金额"栏内；"生产成本"、"应交税费——应交增值税"等明细账，应采用"多栏式"账页，并将期初余额记入相应的栏次；其他明细账，如"应收账款"、"应收票据"、"短期借款"等，采用"三栏式"账页，并将期初余额过入第一行"余额"栏内。

3. 根据审核无误的原始凭证编制记账凭证。

（1）记账凭证采用收款凭证、付款凭证和转账凭证三种凭证。

（2）原始凭证不论是从外部或本单位其他部门取得的，还是自制的，都必须经过审核无误后，方可据以编制记账凭证。

（3）原始凭证审核的内容包括：

① 凭证内容是否真实；

② 凭证是否合法；

③ 凭证是否合理；

④ 凭证是否完整，包括原始凭证各项基本要素是否齐全，是否有漏项情况，日期是否完整，数字是否清晰，文字是否工整，有关人员签章是否齐全，凭证联次是否正确等；

⑤ 审核凭证的正确性；

⑥ 审核凭证是否及时。

4. 进行对账、结账。

（1）对账。对账包括账证核对、账账核对和账实核对，模拟实训过程中不需要做账实核对。

（2）结账。对只需结计月末余额的账户，只在最后一笔经济业务记录之下通栏划单红线；对需要结计本月发生额的账户，要在最后一笔经济业务记录下面结出本月发生额和余额，在摘要栏注明"本月合计"，在下面通栏划单红线；需要结计本年累计发生额的账户，每月结账时，应在"本月合计"行下结出自年初起至本月末止的累计发生额，登记在月份发生额下面，在摘要栏内注明"本年累计"字样，并在下面通栏划单红线。12 月末的"本年累计"就是全年累计发生额，全年累计发生额下通栏划双红线。

年终结账时，要将所有总账账户结出全年发生额和年末余额，在摘要栏内注明"本年合计"字样，并在合计数下通栏划双红线"封账"；有余额的账户，要将其余额结转下年，并在摘要栏注明"结转下年"字样，将余额直接记入新账余额栏内，不需要编制记账凭证。

5. 根据总账和明细账，编制资产负债表、利润表。

6. 进行会计档案整理，将会计凭证与账簿装订成册。

三、实训企业基本信息

（一）模拟企业概况

企业名称：烟台荣昌家用电器厂。

注册地址：烟台市福海区 APEC 产业园 17 号。

联系电话：0535-7928188。

法人代表：吕英胜。

企业类型：小型微利企业。

纳税人登记号：370602117625137。

企业代码：72288867-4。

开户行：中国工商银行烟台市福海区支行。

账号：2300037100613200327。

烟台荣昌家用电器厂从业人数 80 人，年度应纳税所得额不超过 30 万元，资产总额不超过 3000 万元，所以被认定为小型微利企业。该企业会计核算制度不健全，所以被税务机关认定为小规模纳税人。

（二）生产特点及公司机构人员

烟台荣昌家用电器厂主要生产热水壶，大多数时候按照销售订单生产，本月生产完工产品即为销售的商品。在成本计算时，不计算在产品成本。

烟台荣昌家用电器厂主要成员如表1所示：

表1　公司机构及人员分工

部门	负责人	部门	负责人
办公室	吕英胜		会计主管：李英
销售门市部	马丹		出纳员：实训学生
行政科、供应科	刘刚	财务部	制单员：实训学生
基本生产车间	徐青		记账员：实训学生
仓库	保管：王娜		成本会计：实训学生

四、实训资料

（一）12月初期初余额

2015年12月初，烟台荣昌家用电器厂总账科目期初余额如表2所示：

表2　总账科目期初余额

单位：元

资产类科目	余额方向	余额	负债及所有者权益类科目	余额方向	余额
库存现金	借	30,000.00	应交税费	贷	24,313.00
银行存款	借	100,000.00	应付账款	贷	150,000.00
原材料	借	100,000.00	本年利润	贷	200,000.00
周转材料	借	50,000.00	实收资本	贷	500,000.00
固定资产	借	500,000.00	利润分配	贷	30,687.00
累计折旧	借	5,000.00			
应收账款	借	20,000.00			
库存商品	借	100,000.00			
合计		905,000.00			905,000.00

（二）12月份经济业务

1. 12月1日，领用不锈钢100千克，单价为50.00元；领用铝板200千克，单价为10.00元；领用蒸汽导管5000根，单价为0.50元；领用温控器3200套，单价为5.00元；领用电源线20000根，单价为2.00元；领用连接线25000根，单价为1.00元；领用开关5000只，单价1.17元；领用开水煲5000个，单价35.10元。

要求：（1）填写出库单；

　　　　（2）填写领料单。

2. 12月1日，从银行提取现金10,000.00元作为企业备用金。

要求：填制现金支票。

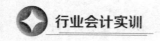

3. 12 月 1 日，销售部门营业员张红预借差旅费 10,000.00 元。

要求：填制借款借据。

4. 12 月 2 日，从烟台海盛公司购进开水煲 1000 个，不含税单价为 30.00 元 / 个，发票及账单已收到，增值税普通发票上列明价款为 30,000.00 元，税额为 5,100.00 元，款项计 35,100.00 元，用转账支票付讫，材料已如数验收入库。

要求：（1）填制收料单；

（2）签发转账支票；

（3）填写进账单。

5. 12 月 10 日，从上海青山公司购入按钮开关 5000 只，单价为 1.00 元；电热壶连接线 10000 套，每套单价为 2.00 元，货已收到，并验收入库，增值税普通发票注明价款为 25,000.00 元，税额为 4,250.00 元，采用电汇方式支付货款。

要求：（1）填制收料单；

（2）填制银行业务结算申请书。

6. 12 月 11 日，张红报销差旅费 9,000.00 元，交回现金 1,000.00 元。

要求：（1）填写差旅费报销单；

（2）填写收款收据。

7. 12 月 12 日，销售给烟台鑫磊公司热水壶 1000 台，收到转账支票一张（号码：009975102），金额为 103,000.00 元，当即送存银行。

要求：（1）开具发票；

（2）填制银行进账单；

（3）填制产品出库单。

注：烟台鑫磊公司纳税人识别号：370602197725134；地址：烟台市开发区轩海路 19 号；电话：4195667；开户行：建行烟台市开发区支行；账号：2400037100613200729。

8. 12 月 15 日，通过银行缴纳上月应交的增值税 10,000.00 元，城市维护建设税 700.00 元，教育费附加 300.00 元，个人所得税 813.00 元，预缴第四季度企业所得税 12,500.00 元，收到各项税金及附加的完税凭证。

9. 12 月 17 日，行政科以转账支票从烟台振兴百货股份有限公司购买办公用品 1,000.00 元，当即发放使用。其中，生产车间领用 500.00 元，行政科和财务科领用 400.00 元，销售门市部领用 100.00 元。

要求：（1）填制转账支票；

（2）办公用品领用单。

10. 12 月 18 日，开出转账支票，向烟台天马广告公司支付广告费 2,120.00 元，收到广告公司开来的发票一张。

要求：填制转账支票。

11. 12 月 20 日，编制"工资结算汇总表"，据此发放职工工资，并开出转账支票一张，直接通过银行代发，转入职工个人工资账户，同时企业对各种代扣款项予以转账。

要求：（1）填制工资结算汇总表；

（2）填制转账支票。

12. 12 月 20 日，根据"工资结算汇总表"计提本月工会经费（2%）。

要求：填制工会经费计算表。

13. 12 月 20 日，签发转账支票一张，交付上月职工住房公积金 7,920.00 元。

要求：填制转账支票。

14. 12 月 20 日，开出转账支票，向烟台市社会劳动保险事业处缴纳上月社会保险费，其中，医疗保险费为 5,940.00 元，养老、失业保险费为 10,395.00 元，收到收款收据一张。

要求：填制转账支票。

15. 12 月 20 日，签发转账支票一张，将计提的本月工会经费拨交给本单位工会委员会。

要求：填制转账支票。

16. 12 月 21 日，销售给烟台联合公司热水壶 2000 个，开具机打发票，销售额 206,000.00 元，款项尚未收到。

要求：（1）开具机打发票；

　　　　（2）填制产品出库单。

注：烟台联合公司纳税人识别号：370602197726349；地址：烟台市开发区白石路 19 号；电话：4195886；开户行：工行烟台市开发区支行；账号：2300037100613200436。

17. 12 月 23 日，领用包装盒 5000 只，单价为 1.50 元；说明书 5000 本，单价为 0.50 元；保修卡 5000 本，单价为 0.50 元；合格证 5000 张，单价为 0.50 元。

要求：（1）填写出库单；

　　　　（2）填写领料单。

18. 12 月 24 日，支付 2015 年度银行存款账户管理费 80.00 元，从银行账户自动划转。

19. 12 月 25 日，计提本月固定资折旧 3,500.00 元，其中：车间计提 3,000.00 元，厂部计提 500.00 元。

20. 12 月 26 日，以现金方式报销业务招待费 1,850.00 元。

21. 12 月 31 日，计算本月应交增值税税费。

要求：（1）计算本月应交增值税；

　　　　（2）填制本月增值税计算表。

22. 12 月 31 日，按应交增值税的 5%、3%、2% 计提城建税、教育费附加、地方教育费附加。

要求：计算并填制税费计算表。

23. 12 月 31 日，期初应收海龙贸易有限公司账款 20,000.00 元，因海龙贸易有限公司倒闭，该款项已确定无法收回。

要求：做出账务处理。

24. 12 月 31 日，企业对库存现金进行盘点，现金盘亏 1,000.00 元。

要求：做出账务处理。

25. 12 月 31 日，收到出纳人员上交的现金盘亏 1,000.00 元。

要求：填制收款收据。

26. 12 月 31 日，结转完工入库产品成本（本月完工产品 5000 件）。

要求：（1）填制产品入库单；

（2）填制产品成本计算单。

27. 12 月 31 日，计算并结转本月销售成本。

要求：填制产成品收发存月报表。

28. 12 月 31 日，结转本月损益。

要求：填制本月"本年利润"明细表。

29. 12 月 31 日，计算本月所得税费用。

要求：填制应交所得税计算表。

公司空白现金支票：

中国工商银行　现金支票　（鲁）　XIII00898145

付款行名称：烟台市福海区支行
出票人账号：23000371006132200327

出票日期（大写）　年　月　日
收款人：
人民币（大写）：

亿　千　百　十　万　千　百　十　元　角　分

用途：
上列款项请从
我账户内支付
出票人签章

复核　记账

本支票付款期限十天

中国工商银行　（鲁）　XIII00898145
现金支票存根

附加信息：

出票日期：年　月　日
收款人：
金额：
用途：
单位主管　　　会计

中国工商银行　现金支票　（鲁）　XIII00898146

付款行名称：烟台市福海区支行
出票人账号：23000371006132200327

出票日期（大写）　年　月　日
收款人：
人民币（大写）：

亿　千　百　十　万　千　百　十　元　角　分

用途：
上列款项请从
我账户内支付
出票人签章

复核　记账

本支票付款期限十天

中国工商银行　（鲁）　XIII00898146
现金支票存根

附加信息：

出票日期：年　月　日
收款人：
金额：
用途：
单位主管　　　会计

中国工商银行 （鲁）
现金支票存根
XIII00898147

附加信息：

出票日期：　年　月　日

收款人：

金额：

用途：

单位主管　　　会计

中国工商银行 现金支票 （鲁）

XIII00898147

出票日期（大写）　年　月　日

收款人：

付款行行名称：烟台市福海区支行

出票人账号：230003710061320O327

人民币
（大写）

亿	千	百	十	万	千	百	十	元	角	分

用途：

上列款项请从
我账户内支付

出票人签章

本支票付款期限十天

复核　　　　记账

中国工商银行 （鲁）
现金支票存根
XIII00898148

附加信息：

出票日期：　年　月　日

收款人：

金额：

用途：

单位主管　　　会计

中国工商银行 现金支票 （鲁）

XIII00898148

出票日期（大写）　年　月　日

收款人：

付款行行名称：烟台市福海区支行

出票人账号：230003710061320O327

人民币
（大写）

亿	千	百	十	万	千	百	十	元	角	分

用途：

上列款项请从
我账户内支付

出票人签章

本支票付款期限十天

复核　　　　记账

公司空白转账支票：

<table>
<tr><td colspan="2">中国工商银行　（鲁）
转账支票存根
XIII 008894193</td></tr>
<tr><td>附加信息：</td><td></td></tr>
<tr><td colspan="2">出票日期：　　年　月　　日</td></tr>
<tr><td>收款人：</td><td></td></tr>
<tr><td>金额：</td><td></td></tr>
<tr><td>用途：</td><td></td></tr>
<tr><td>单位主管</td><td>会计</td></tr>
</table>

中国工商银行　转账支票　（鲁）　　XIII00889419**3**

付款行名称：烟台市福海区支行
出票人账号：2300037100613200327

亿	千	百	十	万	千	百	十	元	角	分

出票日期（大写）　　年　月　　日
收款人：
人民币
（大写）

用途
上列款项请从
我账户内支付
出票人签章

复核　　　记账

本支票付款期限十天

中国工商银行　（鲁）
转账支票存根
XIII 00889419**4**

附加信息：
出票日期：　　年　月　　日
收款人：
金额：
用途：
单位主管　　会计

中国工商银行　转账支票　（鲁）　　XIII00889419**4**

付款行名称：烟台市福海区支行
出票人账号：2300037100613200327

亿	千	百	十	万	千	百	十	元	角	分

出票日期（大写）　　年　月　　日
收款人：
人民币
（大写）

用途
上列款项请从
我账户内支付
出票人签章

复核　　　记账

本支票付款期限十天

中国工商银行 （鲁）

转账支票存根

XIII 00894195

附加信息：

出票日期： 年 月 日

收款人：

金额：

用途：

单位主管 会计

中国工商银行 转账支票 （鲁）

XIII00894195

出票日期（大写） 年 月 日

收款人：

付款行名称： 烟台市福海区支行

出票人账号： 2300037100613200327

人民币
（大写）

亿	千	百	十	万	千	百	十	元	角	分

用途：

上列款项请从

我账户内支付

出票人签章

复核 记账

本支票付款期限十天

中国工商银行 （鲁）

转账支票存根

XIII 00894196

附加信息：

出票日期： 年 月 日

收款人：

金额：

用途：

单位主管 会计

中国工商银行 转账支票 （鲁）

XIII00894196

出票日期（大写） 年 月 日

收款人：

付款行名称： 烟台市福海区支行

出票人账号： 2300037100613200327

人民币
（大写）

亿	千	百	十	万	千	百	十	元	角	分

用途：

上列款项请从

我账户内支付

出票人签章

复核 记账

本支票付款期限十天

中国工商银行　转账支票　（鲁）

XIII00894197

付款行名称：烟台市福海区支行

出票人账号：23000371006132003 27

	亿	千	百	十	万	千	百	十	元	角	分

出票日期（大写）　年　月　日

收款人：

人民币
（大写）

用途

上列款项请从
我账户内支付

出票人签章

复核　　　记账

本支票付款期限十天

中国工商银行　（鲁）

转账支票存根

XIII 008894197

附加信息：

出票日期：　年　月　日

收款人：

金额：

用途：

单位主管　　　合计

中国工商银行　转账支票　（鲁）

XIII00894198

付款行名称：烟台市福海区支行

出票人账号：23000371006132003 27

	亿	千	百	十	万	千	百	十	元	角	分

出票日期（大写）　年　月　日

收款人：

人民币
（大写）

用途

上列款项请从
我账户内支付

出票人签章

复核　　　记账

本支票付款期限十天

中国工商银行　（鲁）

转账支票存根

XIII 008894198

附加信息：

出票日期：　年　月　日

收款人：

金额：

用途：

单位主管　　　合计

中国工商银行　　　　　（鲁）

转账支票　　　XIII00894199

中国工商银行　转账支票 （鲁）　　XIII00894199

付款行名称：烟台市福海区支行

出票人账号：230003710061320327

出票日期（大写）　年　月　日

收款人：

人民币
（大写）

用途：

上列款项请从

我账户内支付

出票人签章

本支票付款期限十天

亿	千	百	十	万	千	百	十	元	角	分

复核　　　　　　　记账

转账支票存根

XIII 00894199

附加信息：

出票日期：　年　月　日

收款人：

金额：

用途：

单位主管　　　会计

中国工商银行　　　　　（鲁）

转账支票　　　XIII00894200

中国工商银行　转账支票 （鲁）　　XIII00894200

付款行名称：烟台市福海区支行

出票人账号：230003710061320327

出票日期（大写）　年　月　日

收款人：

人民币
（大写）

用途：

上列款项请从

我账户内支付

出票人签章

本支票付款期限十天

亿	千	百	十	万	千	百	十	元	角	分

复核　　　　　　　记账

转账支票存根

XIII 00894200

附加信息：

出票日期：　年　月　日

收款人：

金额：

用途：

单位主管　　　会计

转账支票存根 XIII00894201

中国工商银行 转账支票存根 （鲁）

XIII 008894201

附加信息：

出票日期： 年 月 日
收款人：
金额：
用途：
单位主管： 合计

中国工商银行 转账支票 （鲁）

XIII00894201

付款行名称： 烟台市福海区支行
出票人账号： 23000371006132003 27

出票日期（大写） 年 月 日
收款人：

人民币
（大写）

用途
上列款项请从
我账户内支付
出票人签章

本支票付款期限十天

亿	千	百	十	万	千	百	十	元	角	分

复核　　　　记账

转账支票存根 XIII00894202

中国工商银行 转账支票存根 （鲁）

XIII 008894202

附加信息：

出票日期： 年 月 日
收款人：
金额：
用途：
单位主管： 合计

中国工商银行 转账支票 （鲁）

XIII00894202

付款行名称： 烟台市福海区支行
出票人账号： 23000371006132003 27

出票日期（大写） 年 月 日
收款人：

人民币
（大写）

用途
上列款项请从
我账户内支付
出票人签章

本支票付款期限十天

亿	千	百	十	万	千	百	十	元	角	分

复核　　　　记账

中国工商银行 （鲁）

转账支票存根

XIII 008894203

附加信息：

_____

出票日期： 年 月 日

收款人：

金额：

用途：

单位主管 会计

中国工商银行 转账支票 （鲁）

XIII008894203

出票日期（大写） 年 月 日

收款人：

付款行名称： 烟台市福海区支行

出票人账号： 230003710061320 0327

	亿	千	百	十	万	千	百	十	元	角	分
人民币（大写）											

用途： _____

上列款项请从

我账户内支付

出票人签章

复核 记账

本支票付款期限十天

中国工商银行 （鲁）

转账支票存根

XIII 008894204

附加信息：

_____

出票日期： 年 月 日

收款人：

金额：

用途：

单位主管 会计

中国工商银行 转账支票 （鲁）

XIII008894204

出票日期（大写） 年 月 日

收款人：

付款行名称： 烟台市福海区支行

出票人账号： 230003710061320 0327

	亿	千	百	十	万	千	百	十	元	角	分
人民币（大写）											

用途： _____

上列款项请从

我账户内支付

出票人签章

复核 记账

本支票付款期限十天

附：证明及记录模拟企业 2015 年 11 月份经济业务的原始凭证

1

出　库　单

单位　　　　　　　　　　年　月　日　　　　　　　　　　**0000211**

品　名	规格	单位	数　量	单价	金额	备注
合计						

保管　　　　　　　　　　　　制单

第二联　交会计

2-1

领　料　单

年　月　日　　　　　　　　　　**0000501**

材料名称	规格	单位	数量		原价			用途	金额								过账
			原数	实付	单价	金额	运杂费		十	万	千	百	十	元	角	分	

负责人　　　　　　　　　购货人　　　　　　　　　制单

第二联　会计记账

2-2

领　料　单

年　月　日　　　　　　　　　　**0000502**

材料名称	规格	单位	数量		原价			用途	金额								过账
			原数	实付	单价	金额	运杂费		十	万	千	百	十	元	角	分	

负责人　　　　　　　　　购货人　　　　　　　　　制单

第二联　会计记账

3

借 款 借 据

年　月　日

部门名称		借款人	
借款用途			
借款金额（大写）			万	千	百	十	元	角	分
部门负责人		主管领导	
财务处			

4–1

收 料 单

年　月　日　　　　　　　　　　　**0003101**

材料名称	规格	单位	数量		原价				金额									过账
			原数	实付	单价	金额	运杂费	合计	十	万	千	百	十	元	角	分		

负责人　　　　　　　　购货人　　　　　　　　制单

第二联　会计记账

4–2

中国工商银行 **进账单**（回单）

年　月　日　　　　　　　　　　　**1**

出票人	全　称		收款人	全　称	
	账　号			账　号	
	开户银行			开户银行	
人民币 （大写）		千	百	十	万	千	百	十	元	角	分
票据种类　　　票据张数 票据号码		
复核　　记账	开户银行签章

此联是开户银行交给持（出）票人的回单

4—3

山东增值税普通发票

3700062140

国家税务总局监制
发票联

No.05724862

开票日期：2015 年 12 月 02 日

购货单位	名　　称：烟台荣昌家用电器厂 纳税人识别号：370602117625137 地 址、电 话：烟台市福海区 APEC 产业园 17 号 7928188 开户行及账号：工行烟台高明福海区支行 2300037100613200327	密码区	5<-/566<273>21/0990//　加密版本： >/59220556+4/75>+980　　01 -7->0008+8//525889<0 *1>28*036+55-170>>0-

货物或应税劳务、服务名称	规格型号	单位	数量	单价	金　额	税率	税　额
开水煲		个	1000	30.00	30000.00	17%	5100.00
合　　计					¥30000.00		¥5100.00

价税合计（大写）	人民币叁万伍仟壹佰元整	（小写）¥ 35100.00

销货单位	名　　称：烟台海盛贸易有限公司 纳税人识别号：370602112234567 地 址、电 话：烟台科技产业园 6058672 开户行及账号：农行延安路支行 82600087567	备注	烟台海盛贸易有限公司 370602112234567 发票专用章

收款人：韩磊　　　　复核人：刘华　　　　开票人：朱勇　　　销货单位（章）

第三联：发票联　购货方记账凭证

5—1

收　料　单

年　　月　　日

0003102

材料名称	规格	单位	数量		原价				金额								过账
			原数	实付	单价	金额	运杂费	合计	十	万	千	百	十	元	角	分	

负责人　　　　　　　　　购货人　　　　　　　　　制单

第二联　会计记账

5-2

中国工商银行　结算业务申请书

0028838558

申请日期：　　　　年　　月　　日

<table>
<tr><td rowspan="7">客户填写</td><td colspan="2">业务类型</td><td colspan="3">□电汇　□信汇　□汇票　□本票
□其他</td><td colspan="2">汇款方式</td><td colspan="3">□普通　□加急</td></tr>
<tr><td rowspan="3">申请人</td><td>全　　称</td><td colspan="2"></td><td rowspan="3">收款人</td><td>全　　称</td><td colspan="3"></td></tr>
<tr><td>账号或地址</td><td colspan="2"></td><td>账号或地址</td><td colspan="3"></td></tr>
<tr><td>开户银行</td><td colspan="2"></td><td>开户银行</td><td colspan="3"></td></tr>
<tr><td colspan="3" rowspan="2">金额（大写）人民币</td><td colspan="6">千　百　十　万　千　百　十　元　角　分</td></tr>
<tr><td colspan="6"></td></tr>
<tr><td colspan="3"></td><td colspan="2">支付密码</td><td colspan="4"></td></tr>
</table>

附加信息及用途：

银行打印

第一联　记账联

会计主管：　　　　　　复核：　　　　　　记账：

5-3

上海增值税普通发票

3100061140

区　上海
国家税务总局监制
发票联

No.06755865

开票日期：2015 年 12 月 10 日

<table>
<tr><td rowspan="4">购货单位</td><td>名　　称：烟台荣昌家用电器厂</td><td rowspan="4">密码区</td><td>5＜-/566＜273＞21/0990//　加密版本：</td></tr>
<tr><td>纳税人识别号：370602117625137</td><td>＞/59220556+4/75＞+980　　01</td></tr>
<tr><td>地　址、电话：烟台市福海区 APEC 产业园 17 号 7928188</td><td>-7-＞0008+8//525889＜0</td></tr>
<tr><td>开户行及账号：工行烟台高明福海支行 2300037100613200327</td><td>*1＞28*036+55-170＞＞0-</td></tr>
<tr><td>货物或应税劳务、服务名称</td><td>规格型号</td><td>单位</td><td>数量</td><td>单价</td><td>金　额</td><td>税率</td><td>税　额</td></tr>
<tr><td>开关</td><td></td><td>个</td><td>5000</td><td>1.00</td><td>5000.00</td><td>17%</td><td>850.00</td></tr>
<tr><td>连接线</td><td></td><td>桶</td><td>10000</td><td>2.00</td><td>20000.00</td><td>17%</td><td>3400.00</td></tr>
<tr><td>合　　　计</td><td></td><td></td><td></td><td></td><td>￥25000.00</td><td></td><td>￥4250.00</td></tr>
<tr><td>价税合计(大写)</td><td colspan="5">人民币贰万玖仟贰佰伍拾元整　　（小写）￥29250.00</td></tr>
</table>

<table>
<tr><td rowspan="4">销货单位</td><td>名　　称：上海青山贸易有限公司</td><td rowspan="4">备注</td><td rowspan="4">上海青山贸易有限公司
310114170623878
发票专用章</td></tr>
<tr><td>纳税人识别号：310114170623878</td></tr>
<tr><td>地　址、电话：上海市普陀区中山路 18 号 65824672</td></tr>
<tr><td>开户行及账号：建行中山北路支行 11050003402</td></tr>
</table>

第三联：发票联　购货方记账凭证

收款人：姚立　　　　复核人：秦海　　　　开票人：王石　　　　销货单位:(章)

6–1

差旅费报销单

年　月　日

姓　　名	张红	工作部门	营销部门	出差时间	12月1~10日
出差事由	采购	出差地点	上海	往返天数	10 天
发生费用	交通费	住宿费	伙食补贴	参会费	合　　计
	4000.00	2000.00	1000.00	2000.00	
合　　计	人民币（大写）			¥	
预借金额		应退金额		应补金额	

批准人：　　　　　审核人：　　　　　部门主管：　　　　　出差人：

6–2

收　据　　No.056589

年　月　日

今收到										
金额(大写)	佰	拾	万	仟	佰	拾	元	角	分整	
¥：						（单位盖章）				

核准　　　　　会计　　　　　记账　　　　　出纳　　　　　经手人

7-1

山东省国家税务局通用机打发票

记账联

发票代码：137061120001
发票号码：02687600

开票日期：				行业分类：			
购货单位名称				地址／电话			
税务登记代码				开户银行账号			
品名	规格型号	单位	数量	单价	金额	备注	
大写金额				小写			
收款单位名称				地址／单位			
税务登记代码				开户银行／账号			

第三联　记账联（填票单位作记账凭证）（手开无效）

注：此发票二〇一五年底前开具有效，开具金额超过十五万元无效。

7-2

中国工商银行　进账单（收账通知）　　**3**

年　　月　　日

出票人	全称		收款人	全称	
	账号			账号	
	开户银行			开户银行	

人民币（大写）		千	百	十	万	千	百	十	元	角	分

票据种类	票据张数
票据号码	

复核　　记账　　　　　　　　　　开户银行签章

此联是收款人开户银行交给收款人的收账通知

7-3

出 库 单

年　月　日　　　　　　　　　　　　　　0000212

品　名	规　格	单位	数　量	单价	金　额	备注
合　计						

保管　　　　　　　　　　　　　　　　制单

第二联　交会计

8-1

中 华 人 民 共 和 国
税收电子转账专用完税证　（20061）鲁国电

国

填发日期　2015 年 12 月 12 日　　　　　484889

税务登记代码	370602117625137	征 收 机 关	福海区国税一管理二科
纳税人全称	烟台荣昌家用电器厂	收款银行（邮局）	工商银行福海区支行
税（费）种	税款所属时期		实缴金额
增值税	2015 年 11 月 1 日至 2015 年 11 月 30 日		10,000.00
企业所得税	2015 年 11 月 1 日至 2015 年 11 月 30 日		12,500.00
金额合计	（大写）贰万贰仟伍佰元整		¥22,500.00

中国工商银行
烟台市福海支行
2015.12.12
转讫

(1)

税务机关		经手人	备	电子申报
		刘海	注	372106011949867
		（盖章）		621820
				337001987496048

山东省国家税务局
（盖章）★
征税专用章

电脑打印　　　　　手工无效

此凭证仅作纳税人完税凭证，此外无效

8-2

地

中华人民共和国
税收电子转账专用完税证

（20061）鲁地电

0417422

填发日期 2015 年 12 月 12 日

税务登记代码	370602117625137	征收机关	福海区国税—管理二科
纳税人全称	烟台荣昌家用电器厂	收款银行（邮局）	工商银行福海区支行
税（费）种	税款所属时期		实缴金额
城市维护建设税	2015 年 11 月 1 日至 2015 年 11 月 30 日		700.00
教育费附加	2015 年 11 月 1 日至 2015 年 11 月 30 日		300.00
个人所得税	2015 年 11 月 1 日至 2015 年 11 月 30 日		813.00
金额合计	（大写）壹仟捌佰壹拾叁元整		¥1,813.00

税务机关盖章 征税专用章

中国工商银行
烟台市福海支行
2015.12.12
转讫
（1）
收款银行盖章

经手人

（签章）

备

注

工商银行福海区支行（营业部）033700198749604837

电脑打印　　　手工无效

此凭证仅作纳税人完税凭证，此外无效

9-1

烟台市商业零售统一发票
发票联

客户名称：烟台荣昌家用电器厂　　　2015 年 12 月 17 日　　　No.12098977

货　号	品名及规格	单　位	数　量	单　价	超十万元无效	金　额							
						万	千	百	十	元	角	分	
	办公用品						1	0	0	0	0	0	
合计金额（大写）	壹仟元整					¥	1	0	0	0	0	0	
付款方式	现金支票	开户银行及账号			工行烟台市福海区支行 2300037100613200327								

烟台振兴百货股份有限公司
370602117653421
发票专用章

收款企业（盖章有效）　　　收款人：古乐乐　　　开票人：田美丽

2 报销凭证

9-2

办公用品领用单（记 账 联）

2015 年 12 月 17 日

领用部门	用品名称	计量单位	数量		单价	金额	领料人（签名）
			请领	实领			
基本生产车间							
厂部							
销售门市部							
合　　计							

行政科长：刘刚　　　　　　　　发料人：李莉

10

山东增值税专用发票

3100061140

国家税务总局监制
发票联

No.57484858

开票日期：2015 年 12 月 18 日

购货单位	名　　称：烟台荣昌家用电器厂 纳税人识别号：370602117625137 地 址、电话：烟台市福海区 APEC 产业园 17 号 7928188 开户行及账号：工行烟台高明福海区支行 2300037100613200327	密码区	5＜-/566＜273＞21/0990// 加密版本： ＞/59220556+4/75＞+980　01 -7-＞0008+8//525889＜0 *1＞28*036+55-170＞＞0-

货物或应税劳务、服务名称	规格型号	单位	数量	单价	金　额	税率	税　额
广告费					2000.00	6%	120.00
合　　计					￥2000.00		￥120.00

价税合计（大写）	人民币贰仟壹佰贰拾元整	（小写）￥2120.00

销货单位	名　　称：烟台天马广告公司 纳税人识别号：3706022564096688 地 址、电话：烟台市福海区 10001 号 6641226 开户行及账号：中行烟台分行 2169013567890	备注	烟台天马广告公司 3706022564096688 发票专用章

收款人：贾林　　　　复核人：海龙　　　　开票人：隋新　　　　销货单位：（章）

第三联：发票联　购货方记账凭证

11-1

12月份工资结算汇总表

车间部门		基本工资	岗位工资	绩效奖	加班费	津贴、补贴		应扣工资		应付工资	代扣款项				实发工资
						夜班补贴	物价补贴	病假	事假		医疗保险2%	养老8%、失业保险0.5%	住房公积金8%	个人所得税	
基本生产车间	生产工人	12000	10800	7500	3000	3750	3000	300	750	39000	240	1020	960	365	
	管理人员	6000	480	360			1200		50	7990	120	510	480	127	
	小计	18000	11280	7860	3000	3750	4200	300	800		2520	10710	10080	492	
厂部		22500	1275	600			3000			27375	450	1912.5	1800	236	
销售门市部		9000	840	2400			2400		60	14580	180	765	720	85	
合计		49500	13395	10860	3000	3750	9600	300	860		990	4207.5	3960	813	

11-2

特色业务烟台市福海支行批量代付成功清单

机构代码23000371　　　　机构名称：烟台市福海支行　　　　入账时间：2015年12月20日

账号	姓名	金额
23000371326121	胡科	1803
23000371326122	杨美	2516
23000371326123	韩军	2027
……	……	……
合计		

12

工会经费计算表

年　　月　　　　　　　　　　　金额单位：元

工资总额	应提工会经费	
	比例	金额
合　　计		

13

烟台市住房公积金缴款书

2015 年 12 月 20 日　　　　　　　　附变更清册　　　张

缴款单位	烟台荣昌家用电器厂	住房公积金账号 2300037100613200439									项目	比例	金额
缴款项目	年度	月份				金额					备注	个人	8%	3960
			百	十	万	千	百	十	元	角	分		单位	8%	3960
住房公积金	2015	12			¥	7	9	2	0	0	0			

大写　　　柒仟玖佰贰拾元整

项目	上月汇缴		本月增加		本月减少		本月汇缴	
	人数	金额	人数	金额	人数	金额	人数	金额
住房公积金								

收款单位（盖章）　　　　　收款单位经办人（章）　高玉　　缴款单位经办人（章）　韩虹

第三联　交款单位会计记账联

14

山东省社会保险费专用收款票据

NO.242004364682

缴费单位：烟台荣昌家用电器厂　　　经济类别：3854　　　　　　单位：元

缴费项目	起始年月	终止年月	人数	单位缴纳额	个人缴纳额	滞纳金	利息	合计金额
医疗保险	2015.11.1	2015.11.30	80	1,980.00	990.00			5,940.00
养老、失业保险	2015.11.1	2015.11.30	80	10,395.00	4,207.50			14,602.50
				转账收讫				

第一联　收据

人民币合计（大写）贰万零伍佰肆拾贰元伍角整　　　　　¥20,542.50

收款单位（章）：　财务复核人：张翔　业务复核人：杨伟　操作员：01　开据时间：2015.12.20

15

工会经费拨缴款专用收据

国财 1003051　　　　　　　　　　　　　　　　　　　　　　　　NO.01256945

交款单位	烟台荣昌家用电器厂
交款项目	2015 年 12 月份　工会经费
交款金额	人民币（大写）：贰仟叁佰壹拾捌元玖角整 ¥2,318.90

收款单位：烟台荣昌家用电器厂工会委员会　　收款人：张谋

（盖章）　　　　　　　　　　　　　　　（盖章）

张 谋

16-1

山东省国家税务局通用机打发票

记账联

发票代码：137061120001

发票号码：02687600

开票日期：　　　　　　　　行业分类：

购货单位名称				地址 / 电话			
税务登记代码				开户银行账号			
品名	规格型号	单位	数量	单价	金额	备注	
大写金额				小写			
收款单位名称				地址 / 单位			
税务登记代码				开户银行 / 账号			

注：此发票二〇一五年底前开具有效，开具金额超过十五万元无效。

16-2

出 库 单

单位　　　　　　　　　　年　月　日　　　　　　　　　　**0000213**

品　名	规　格	单位	数　量	单价	金　额	备　注
合计						

保管　　　　　　　　　　　　　　制单

第二联　交会计

17-1

出 库 单

单位　　　　　　　　　年　月　日　　　　　　　　　**0000214**

品　名	规　格	单位	数　量	单价	金　额	备　注
合计						

保管　　　　　　　　　　　　　制单

第二联　交会计

17-2

领 料 单

年　月　日　　　　　　　　　**0000503**

材料名称	规格	单位	数量		原价			用途	金额							过账
			原数	实付	单价	金额	运杂费		十万	千	百	十	元	角	分	

负责人　　　　　　　　　　购货人　　　　　　　　　　制单

第二联　会计记账

17-3

领　料　单

年　月　日

0000504

材料名称	规格	单位	数量		原价			用途	金额								过账
			原数	实付	单价	金额	运杂费		十	万	千	百	十	元	角	分	

负责人　　　　　　　　　购货人　　　　　　　　　　　　制单

第二联　会计记账

18

中国工商银行烟台市（支行）
邮、电、手续费收费凭证（付出传票）

2015 年 12 月 24 日　　　　　　　　　　　　第 01846531 号

1159.92.3.25×4.5万

19

固定资产折旧计算表

2015 年 12 月 25 日

类　别	原　值	月折旧率	月折旧额	备　注
生产车间	300,000.00	1%		
管理部门	50,000.00	1%		
合　计				

制单：　　　　　　　　　　审核：

20

烟台市服务业专用发票

付款单位：烟台荣昌家用电器厂　　2015年12月26日　　　　　　No.463853

项目	单位	数量	单价	金额								备注
				百	十	万	千	百	十	元	角	分	
餐费							1	8	5	0	0	0	
													转账收讫
人民币金额合计（大写）						¥	1	8	5	0	0	0	
人民币金额合计　　　壹仟捌佰伍拾元整													

收款单位盖章：　　　　　　　　开票人：章玮

21

本月增值税计算表

部门：财务部　　　　　　　年　月　日　　　　　　　单位：元

月份	本月销售收入	税率	应纳税额
11 月		3%	
合计			

制单：　　　　　　　　审核：

22

税费计算表

年　月

项目	计税基础	税率	金额	计入科目
合计				

财务主管：　　　　　　复核：　　　　　　制表：

23

坏账核销申请

烟台市国税局：

　　烟台市海龙贸易有限公司于 2014 年从我厂购买热水壶产品共 10 套，货款共计 20,000.00 元，我公司于销售当月开具发票，并列入应收账款管理，我厂近年内屡次派人与其对账并催缴货款，但该厂以无款偿还为由而拒付。今年 12 月，我们接到烟台市法院通知，声明该厂因亏损严重已宣告破产，根据《企业破产法》规定的清偿程序，该厂财产支付职工工资欠款、欠交税金和归还部分银行贷款，对一般债务已无力偿付。公司财务将根据《小企业会计准则》规定，对该厂应收账款列为坏账损失进行账务处理。

　　妥否，请批示。

　　附：海龙贸易有限公司破产财产分配方案复印件

　　　　烟台市法院通知

烟台荣昌家用电器厂

2015 年 12 月 31 日

24

库存现金盘点表

单位： 　　　　　　　　　　　　　　　　　　　　　盘点日期：2015年12月31日

现金清点情况			账目核对	
面额	张数	金额	项目	金额
100元	250	25,000.00	盘点日账户余额	31,000.00
50元	60	3,000.00	加：收入未入账	
20元	50	1,000.00		
10元	100	1,000.00	加：未填凭证收款据	
5元				
2元				
1元			减：付出凭证未入账	
5角			减：未填凭证付款据	
2角				
1角				
5分			调整后现金余额	
2分			实点现金	
1分			长款	
	合计	30,000.00	短款	1,000.00

调整事项处理意见：盘亏1,000.00元由出纳人员承担

出纳员：实训学生

盘点人：李英

25

收 据

No.**056590**

年　月　日

今收到	存根（白）客户（红）

金额（大写）　　　佰　　拾　　万　　仟　　佰　　拾　　元　　角　　分整
￥：　　　　　　　　　　　　　　　　　　　（单位盖章）

核准　　　　　　会计　　　　　记账　　　　　出纳　　　　　　经手人

26

产品成本计算单

车间：基本生产车间　　　　　　　　　　　　　　　　　　单位：元

产品名称：热水器　　　　　　　年　月　　　　　　　产量：

成本项目	期初在产品成本	本月发生费用	生产费用合计	完工产品总成本	单位成本	期末在产品成本
直接材料						
直接人工						
制造费用						
合　计						

会计主管：　　　　　　　　审核：　　　　　　　　制单：

27

产成品收发存月报表

年　月

产品名称	计量单位	期初余额			本期完工			本期销售			期末余额		
		数量	单价	金额	数量	单价	金额	数量	单价	金额	数量	单价	金额
合计													

28

月末结转"本年利润"明细表

年　　月　　日　　　　　　　　　　　　单位：元

账户名称	转入"借方"金额	账户名称	转入"贷方"金额
合计			

制单：　　　　　　　　　　　　　　审核：

29

应交所得税计算表

年　　月　　日

应纳税所得额	税率（%）	应交所得税	备注
	20%		

制单：　　　　　　　　　　　　审核：